高等法律职业教育系列教材
审定委员会

高等法律职业教育系列教材

司法助理工作实务

SIFA ZHULI GONGZUO SHIWU

主　编○刘树桥　曾　郁

副主编○徐　微　王月甜

撰稿人○（以撰写章节先后为序）

盛舒弘　何泳欣　王月甜　刘树桥

曾宇航　徐　微　曾　郁

中国政法大学出版社

2020·北京

图书在版编目（ＣＩＰ）数据

司法助理工作实务/刘树桥, 曾郁主编. —北京：中国政法大学出版社, 2020.8
ISBN 978-7-5620-9619-1

Ⅰ.①司⋯　Ⅱ.①刘⋯②曾⋯　Ⅲ.①司法－工作－中国－文集　Ⅳ.①D926-53

中国版本图书馆CIP数据核字(2020)第156012号

出　版　者　　中国政法大学出版社

地　　　址　　北京市海淀区西土城路 25 号

邮　　　箱　　fadapress@163.com

网　　　址　　http://www.cuplpress.com (网络实名：中国政法大学出版社)

电　　　话　　010-58908435(第一编辑部) 58908334(邮购部)

承　　　印　　固安华明印业有限公司

开　　　本　　787mm×1092mm　1/16

印　　　张　　15.25

字　　　数　　316 千字

版　　　次　　2020 年 8 月第 1 版

印　　　次　　2020 年 8 月第 1 次印刷

印　　　数　　1~5000 册

定　　　价　　43.00 元

总 序
Preface

　　高等法律职业化教育已成为社会的广泛共识。2008 年，由中央政法委等 15 部委联合启动的全国政法干警招录体制改革试点工作，更成为中国法律职业化教育发展的里程碑。这也必将带来高等法律职业教育人才培养机制的深层次变革。顺应时代法治发展需要，培养高素质、技能型的法律职业人才，是高等法律职业教育亟待破解的重大实践课题。

　　目前，受高等职业教育大趋势的牵引、拉动，我国高等法律职业教育开始了教育观念和人才培养模式的重塑。改革传统的理论灌输型学科教学模式，吸收、内化"校企合作、工学结合"的高等职业教育办学理念，从办学"基因"——专业建设、课程设置上"颠覆"教学模式："校警合作"办专业，以"工作过程导向"为基点，设计开发课程，探索出了富有成效的法律职业化教学之路。为积累教学经验、深化教学改革、凝塑教育成果，我们着手推出"基于工作过程导向系统化"的法律职业系列教材。

　　《国家中长期教育改革和发展规划纲要（2010~2020 年）》明确指出，高等教育要注重知行统一，坚持教育教学与生产劳动、社会实践相结合。该系列教材的一个重要出发点就是尝试为高等法律职业教育在"知"与"行"之间搭建平台，努力对法律教育如何职业化这一教育课题进行研究、破解。在编排形式上，打破了传统篇、章、节的体例，以司法行政工作的法律应用过程为学习单元设计体例，以职业岗位的真实任务为基础，突出职业核心技能的培养；在内容设计上，改变传统历史、原则、概念的理论型解读，采取"教、学、练、训"一体化的编写模式。以案例等导出问题，根据内容设计相应的情境训练，将相关原理与实操训练有机地结合，围绕关键知识点引入相关实例，归纳总结理论，分析判断解决问题的途径，充分展现法律职业活动的演进过程和应用法律的流程。

法律的生命不在于逻辑，而在于实践。法律职业化教育之舟只有驶入法律实践的海洋当中，才能激发出勃勃生机。在以高等职业教育实践性教学改革为平台进行法律职业化教育改革的路径探索过程中，有一个不容忽视的现实问题：高等职业教育人才培养模式主要适用于机械工程制造等以"物"作为工作对象的职业领域，而法律职业教育主要针对的是司法机关、行政机关等以"人"作为工作对象的职业领域，这就要求在法律职业教育中对高等职业教育人才培养模式进行"辩证"地吸纳与深化，而不是简单、盲目地照搬照抄。我们所培养的人才不应是"无生命"的执法机器，而是有法律智慧、正义良知、训练有素的有生命的法律职业人员。但愿这套系列教材能为我国高等法律职业化教育改革作出有益的探索，为法律职业人才的培养提供宝贵的经验、借鉴。

2016 年 6 月

前言
$\mathcal{F}oreword$

　　司法助理专业所面向的岗位以助理岗位为主，并可以辐射其他基层法律服务工作岗位、司法机关工作岗位及其他企事业法务助理岗位。主要岗位包括律师助理、法院书记员、司法警察。但从目前的司法助理专业的课程体系来看，并没有一门系统的培养学生上述技能的课程和教材。有些学院虽然把司法助理课程纳入到了课程体系，但并没有对应的教材，涉及律师助理、法院书记员、司法警察岗位能力的介绍散见于不同的教材中。这并不利于司法助理专业学生对司法助理所涉及岗位及岗位能力要求进行系统的了解和掌握，也不利于司法助理专业学生对司法助理所涉及岗位技能的系统的操作。这就必然不能完全实现对学生的基于岗位能力的培养，进而难以完全实现法律事务专业的人才培养目标。基于此，本教材编写组编写了《司法助理工作实务》教材。

　　《司法助理工作实务》教材共分三个学习单元、九个学习项目、三十六个学习任务。本教材凸显了司法助理主要岗位技能系统化的项目内容和课程体系的设计：每一个学习项目按照岗位能力要求设计内容，整个课程体系内容反映了司法助理主要岗位能力的要求，力求实现岗位与学习内容的融合。在此基础上，该教材进行了"教、学、做"一体化的"工学结合"的情境设计，各单元从基本理论认知引入学习项目，各学习项目主要根据"知识目标"和"能力目标"的培养要求，从"案例引入"入手，以任务为抓手，导入律师助理、法院书记员、司法警察岗位所要求的基本理论知识，设计了"练习与思考"、"项目实训"，从而形成了符合高职教育要求的完整的知识体系，体现了理论必需性、职业针对性的高职教育理念。同时，基于律师助理、法院书记员、司法警察不同的岗位能力的特点，三个岗位又有不同的知识体系安排，各具特色。

本教材编写组成员组成体现了"校企合作"的基本要求，既包括本校从事教学多年、教学经验丰富和实践经验丰富的教职人员，也吸纳了其他高职院校具有丰富教学和实践经验的教职人员，还包括实务部门一线工作人员。具体包括：广东司法警官职业学院法律系老师刘树桥、盛舒弘；广东司法警官职业学院安全保卫系老师曾郁；河源职业技术学院人文学院老师徐微；广州市经济法学会秘书长曾宇航；广东艾伯纳律师事务所律师王月甜、何泳欣。编写组成员既有对律师助理、法院书记员、司法警察职业理论的深入研究，又熟悉律师助理、法院书记员、司法警察岗位的能力要求。因此，该教材从内容上来讲，既包含了我国依法治国背景下对司法助理岗位如何定位的分析，也包含了新形势下胜任不同岗位所需要的核心技能。特别是，实务部门一线工作人员凭借其丰富的工作经验和对岗位工作的体会，形成了对岗位能力要求的理论的综合梳理，对学习的人来讲，是一笔丰富的财富。它能够保证学习的人对岗位能力的充分认知和具体操作，切实做到让学习的人真正掌握岗位技能。本教材反映了司法助理工作的一些系统的法律制度、理论和实践成果，对于司法助理不同岗位的认识、司法助理不同岗位技能的掌握和提升具有重要的价值。同时，本教材体现了高职教育所要求的"行动导向性"、"知识够用性"，并且语言通俗易懂。本教材不仅可以作为司法助理专业及相关专业学生的使用教材，也是从事司法助理工作的律师助理、法院书记员、司法警察及爱好司法助理工作的学员的良师益友。

本教材由主编刘树桥、曾郁拟定编写提纲和编写计划，徐微、王月甜、盛舒弘、曾宇航、何泳欣参与了编写。具体编写分工如下：

盛舒弘：单元一之项目一

何泳欣：单元一之项目二任务一至任务五

王月甜：单元一之项目二任务六至任务十

刘树桥：单元一之项目三任务一

曾宇航：单元一之项目三任务二、任务三

徐　微：单元二

曾　郁：单元三

在本教材的立项、拟纲、编写过程中，得到了学院领导的大力支持，特别是法律系主任盛永彬教授对具体的编写工作给予了热情指导并提出了宝贵意见，也得到了一些实务部门的指导，在此表示由衷的感谢。为圆满完成本教材的编写，编著者参阅和借鉴了有关学者和相关部门的研究成果和文献资料，在此对他们表示诚挚的谢忱！

由于编著者水平有限，不足和缺陷在所难免，恳请读者多提宝贵意见。

《司法助理工作实务》教材编写组

2020 年 2 月 8 日

目 录
Contents

单 元 一

律师助理工作实务

知识结构图

- 律师助理工作实务
  - 律师执业和律师助理基本认知
  - 律师行业职业道德与执业规范
    - 律师行业职业道德概述
    - 律师行业执业规范
  - 律师事务所办公室工作实务
    - 律师事务所档案管理
    - 律师事务所印章管理
    - 律师事务所公函、介绍信及调查专用证明管理
    - 律师事务所文书资料管理
    - 律师事务所公用办公设施及用品管理
    - 律师事务所采购管理
    - 律师事务所仪容、仪表与礼仪规范
    - 律师事务所财务与监管账户管理
    - 律师事务所会计、出纳岗位职责
    - 公文格式
  - 律师助理在法律事务中的业务范围和工作要求
    - 律师助理协助办理民事案件的业务范围和工作要求
    - 律师助理协助办理刑事案件的业务范围和工作要求
    - 律师助理协助办理非诉讼法律事务中的业务范围和工作要求

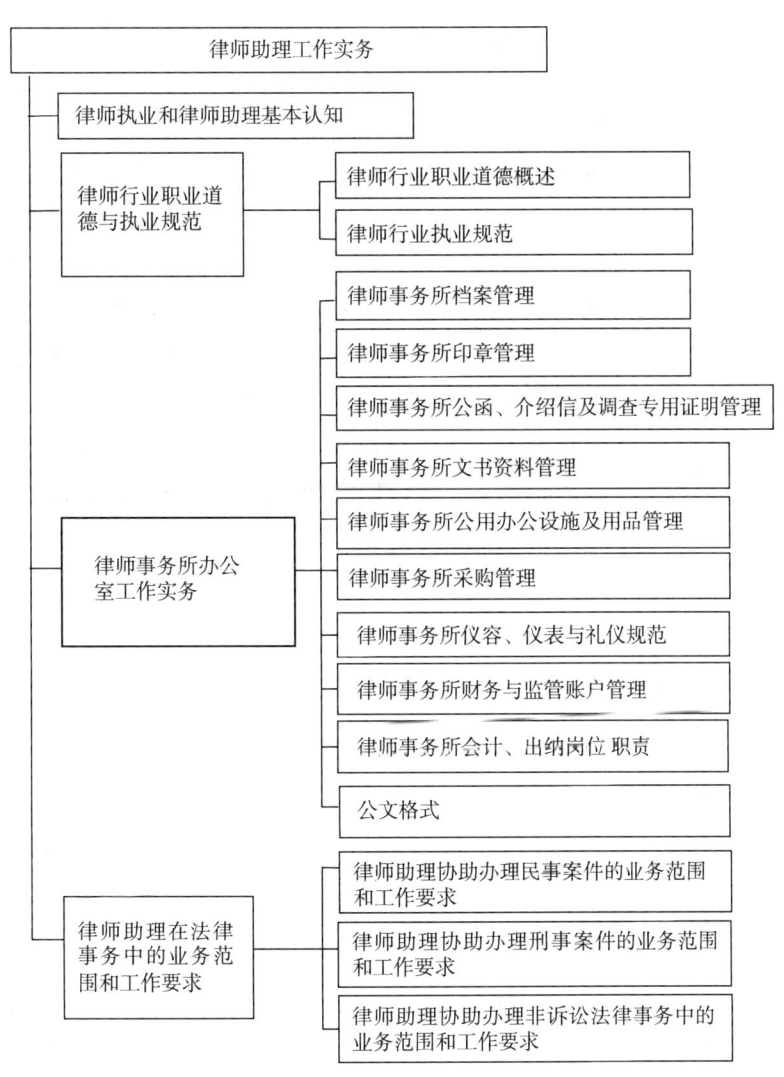

律师执业和律师助理基本认知

法律职业共同体从执业角色来划分，可以分为法官、检察官、律师、公证员、执法人员以及其他从事法律服务的相关人员。也就是说，律师是法律职业共同体的主要组成部分。

律师是指依法取得法律职业资格，通过考核取得律师执业证书，接受委托或者指派为当事人提供法律服务的执业人员。按照工作性质划分，律师可分为专职律师与兼职律师；按照业务范围划分，律师可分为民事律师、刑事律师和行政律师；按照服务对象和工作身份划分，律师分为社会律师、公司律师和公职律师。律师业务主要分为诉讼业务与非诉讼业务。

律师主要依托律师事务所开展工作。律师事务所是指依法取得执业许可，主要通过律师开展法律服务业务的工作机构。律师事务所依开办的组织形式可以分为：公职律师事务所（以下简称公办所）、合伙制律师事务所（以下简称合伙所）和个人制律师事务所（以下简称个人所）。公办所，是指由国家行政机关出资开办，具备公务员身份在本机关内从事律师执业活动的工作机构。合伙所是指若干（人数法定）达到法定执业年限要求的律师共同出资开办的，对合伙债务承担连带责任的律师事务所。合伙所又可分为：普通合伙所和特殊的普通合伙所。特殊的普通合伙所是指合伙律师执业年限、人数和出资额均达到法定要求，合伙人对合伙债务不承担连带责任，只有有过错的合伙人才承担责任的律师事务所。个人所是指律师执业达到法定要求，由律师个人开办的，对外承担无限连带责任的律师事务所。

随着律师行业的发展和壮大，行业内细化分工成为趋势，根据社会的需求和行业发展的需要，必将会有更多不同专业、不同层次和不同工作背景的专业人员参与到律师行业建设中来。律师事务所也会走向专业化、规模化和体系化。律师作为律师事务所的专业主干力量，其定位必将有所调整，职业化的管理人员和辅助人员将应运而生。律师事务所辅助人员作为律师事务所越发重要的组成部分，其职业素养直接影响着律师法律服务的质量。因此我们有必要就这类人员如何开展职业化培训进行研究，以适应行业的发展。

一、律师职业的发展

律师起源于古罗马。罗马共和时代（公元前510或509~前30），诉讼必须根据执政官或法务官的告示、依照法定的程序进行。随着法律和此类告示不断增多，日趋复杂，当事人在诉讼中，特别是在法庭进行辩论时，需要熟悉法律的人协助，因此，从共和制末期到帝国制初期（公元前1世纪后半期），辩护人应运而生。至公元5世纪末，辩护人须在主要城市学习过法律，取得资格。这些人逐渐形成行业，组成自己的职业团体，成为专职律师。

封建制时期，许多欧洲国家废除了古代辩论式诉讼，改为纠问式，使律师失去作用。有的国家，如中古初期的法国，虽保留律师制度，但主要适用于宗教法院，且律师由僧侣充任。世俗法院有时也允许辩护，但也只有僧侣才能执行这一职能。公元12世纪以后，法国禁止僧侣在世俗法院充当辩护人，代之以受过封建法律教育，经过律师宣誓、登记入册的职业律师，但律师权限受到很大限制，形同虚设。

资本主义时期，法治思想在欧洲大行其道，律师职业又开始兴起。当时律师执业均以盈利为主要目的，收取高额的报酬，律师基本不具备公益属性。也有个别国家设有"公设辩护人"，一般附属于法院，领取固定薪金，为无力延请或不愿延请律师的被告人辩护。如日本由法院指定律师为无力延请律师的被告人辩护，称"国选辩护人"。有的国家则设立法律补助制度，由法院根据情况，给予资力不足的当事人一定的补助费，以便其延请律师。此外，有的国家萌生义务律师，由律师组织或慈善团体资助，轮流到看守所会见被羁押人，为他们提供法律意见，协助其联系律师，提出申请等。

中国在封建制时期长期没有建立律师制度。（从律师的职业属性分析，中国古代"辩护士""讼师"不属于律师。）清末1910年起草的《大清刑事民事诉讼法》中初次提到律师。后期在中华民国北洋政府及国民党政府的立法中，都有关于律师和辩护制度的规定。

新中国在人民政府明令取缔旧中国律师制度并解散旧律师组织的基础上，建立起了新型的人民律师制度。根据1954年宪法关于"被告人有权获得辩护"的规定，1954至1956年一些大、中城市成立了律师协会和法律顾问处，初步开展律师工作。其后一度中断，1979年起逐步恢复。1980年8月，第五届全国人民代表大会常务委员会第十五次会议正式通过《律师暂行条例》，对律师制度作出系统、详尽的规定。根据暂行条例规定，律师是国家的法律工作者，其任务是对国家机关、企业事业单位、社会团体和公民提供法律帮助，以维护法律的正确实施，维护国家、集体的利益和公民的合法权益。1996年5月15日第八届全国人民代表大会常务委员会第十九次会议通过《律师法》，并于2001年12月29日和2007年10月28日进行两次修订。律师法规定，律师是指依法取得律师执业证书，接受委托或者指定，为当事人提供法律服务的执业人员。

二、律师助理

（一）律师助理的内涵和工作职责

律师助理，是指与律师事务所建立劳动关系，辅助律师开展法律事务工作和辅助律师事务所开展管理工作的职业人员。

随着社会经济、科技的高速发展以及社会文明程度的大幅提升，律师行业蓬勃发展。律师事务所专业化、规模化、体系化的发展需求，使得律师事务所内部分工日趋精细化。要求律师花费时间处理事务性工作，这是对法律高端人才的极度浪费。律师助理岗位存在的意义，就是将律师从烦琐、耗时的事务性工作中解放出来，使其能集中精力处理只有高端法律人才才有能力解决的问题。

律师助理的工作职责包含辅助律师开展法律事务工作及辅助律师事务所开展管理工作两大类。目前，我国律师助理岗位的职责主要是在遵守律师行业职业道德与工作规范的基础上，掌握一定的诉讼工作实务及非诉讼工作实务技能，以辅助律师法律事务工作，此外，还包括处理办公室工作实务。

从律师助理行业发展角度而言，律师助理岗位职责还应当进行细化，明确职业主攻方向，如主要从事诉讼工作实务的助理、主要从事非诉讼工作实务的助理、主要从事办公室管理工作实务的助理等。这种精细化分工对于律师助理快速掌握实务工作技能、适应工作岗位需求更为有利。

（二）律师助理的产生原因、现状及发展需要

律师助理在西方国家是一个相对成熟的终身化职业。但在我国，律师助理则是律师事务所的新兴力量，社会认可度并不算高。

我国会产生律师助理这一职业，主要是法治建设不断取得成就的结果。随着我国法治建设的推进，人们的法治意识也不断提升，人们对法律服务的需求越来越强烈，这也推动了律师事务所业务的发展。律师事务所承担的业务越来越多，单纯依靠律师个人难以承担，于是就有了律师团队，以团队力量增加行业适应性和竞争力。同时，法律实践也表明并不是所有的法律事务都需要律师亲力亲为，于是辅助性的职业——律师助理也就成为我国法律行业发展的选择。

但我国律师助理发展的现状并不理想。一是律师助理目前并不是被人们认可的可以终身化的职业，难以营造利于该职业发展的环境；二是律师助理队伍不稳定。目前从事律师助理工作的大多是取得法律职业资格欲从事律师业务的人员。这部分人通过了法律职业资格考试，无疑对法律业务很熟悉。但其从事律师助理工作只是为从事律师工作做准备，并不具备长期性。他们往往在律师的指导下熟悉了业务后，就转而脱离律师助理岗位去从事律师职业。因此，这部分人从事律师助理工作具有不稳定性。另一部分从事律师助理工作的人主要是大专院校毕业的法律专业学生，他们掌握了一定的法律专业技能，但又不具备考取法律职业资格证的条件，是比较适合担任律师助理的群体。但由于该岗位并没有成为一种固定的职业，而且薪酬很低，缺乏合理晋升渠道，职业前景不佳，难以保证其长期从事该工作。

从律师行业的发展来看，我们需要职业化的律师助理队伍，一是可以形成律师行业科学、合理的人员结构，二是可以更好地分工合作，形成律师团队强大的竞争力。

项目一　律师行业职业道德与执业规范

知识目标

1. 了解律师职业的发展及律师助理的职责范围。
2. 理解律师行业职业道德。
3. 理解律师行业执业规范。

能力目标

1. 能准确把握律师行业职业道德的内涵，并在律师行业实践中做到遵守职业道德。
2. 能准确把握律师行业执业规范的内涵，并在律师行业实践中做到遵守执业规范。

案例引入

小李是一个刚刚取得法律职业资格并从事律师工作的新手，从事律师工作不到一个月，就代理了一个离婚案件，他感到很成功，茶余饭后不断和别人谈论这个案件。

对小李的做法你如何评价？为什么？

基本原理

任务一　律师行业职业道德概述

从事律师行业工作应当清晰地了解律师职业与其他职业群的区别，了解律师在社会上起的作用、在推进人类文明的历程中的功能，特别是了解律师及律师助理在律师行业中担负的职责和使命。

一、律师和律师助理在律师行业的基本职责

（一）维护委托人的合法权益

律师接受律师事务所的指派，经委托人授权为委托人委托的事项提供法律服务。律师助理主要是辅助律师开展法律服务工作。这就决定了律师及律师助理必须维护委托人的合法权益，律师及律师助理履行的职责和提供的法律服务不得超出委托人的授权范围。在执行委托事务时，律师或者律师助理应当明确法律规定的委托人享有的权利和需要履行的义务，利用专业技能最大限度保障委托人的合法权益，这是律师的基本职责和使命，当然也是律师助理的基本职责和使命。

（二）维护国家法律的正确实施

根据《律师法》规定，律师要维护法律的正确实施，维护社会公平与正义；律师

执业必须遵守宪法和法律；必须以事实为根据，以法律为准绳。律师制度是国家法律制度的有机组成部分。律师制度与国家司法制度的建立宗旨是完全相符的，法律职业群体需要共同维护法律的尊严，促进法律的正确实施，实现司法公正。律师和律师助理在工作中作为委托人的法律服务人员，帮助委托人实现其合法利益；除此之外作为法律专业人员，在工作中要对法律负责，对国家负责。律师和律师助理应当有机地将维护国家法律的正确实施与维护委托人的合法权益结合起来，从而实现法律职业人员的核心价值。

（三）推动社会的和谐与进步

律师作为从事法律服务的执业人员，应当顺应国家法治建设的需要，推动社会的和谐与进步。作为新时代的法律职业人员，律师和律师助理更应当充分利用法律专业技能和专业知识参与到各种社会矛盾的调处工作中来，从法律角度提出解决方案，在诉讼中应当积极配合法院依法查明案件事实并正确适用法律解决纠纷，起到定纷止争的作用。另外还要在上访、调解或者社会公益法律援助等方面发挥应有的调停作用。

（四）维护社会的公平与正义

公平和正义是法律的核心价值。法律职业人员的社会功能在于通过保障委托人的合法权益来维护社会的公平与正义，而不是在追求自身职业利益的最大化方面。因此，律师和律师助理对于社会生活中出现的非公平和非正义事件应当具备相应的敏感性，应强化对于弱势群体的保护和社会生活中的不公平事件的反应程度，以维护社会公平正义。

二、律师行业的职业道德

（一）忠于事实、忠于法律

"忠于事实、忠于法律"是法律人首要的道德底线。律师和律师助理在参与具体的业务工作过程中应当尊重客观事实，尽可能地挖掘事物的本质，不得歪曲和编造事实。在法律实践中，有个别法律工作者组织和参与虚假诉讼，这是一种脱离法治精神、扰乱司法制度的恶劣行为。法律工作者一旦脱离"以事实为依据、以法律为准绳"的基本道德准则，将对法治造成毁灭性的破坏。

以下几种情形在工作中必须加以重视，坚决杜绝：①组织和参与虚假诉讼；②组织和煽动群众非法上访；③发表不实言论；④制作虚假法律文件；⑤提供虚假证据。

律师和律师助理在从业过程中将会遇到很多的困难与诱惑，在作出抉择的时候，应将"忠于事实、忠于法律"作为行为的底线。所有与此冲突的决定，都将严重违反执业规范。

（二）勤勉尽职、恪守诺言

我国的律师制度不允许律师私自执业，律师应当在律师事务所申请执业。律师事务所与委托人之间形成委托代理关系。律师接受律师事务所的指派办理相关委托事项，而律师助理则根据律师事务所的分工和律师的辅助需求，参与委托事项的办理工作。律师助理原则上只对经办律师或者交办人负责。

诚信是承接委托事项的前提。委托人基于信任委托律师事务所为其提供法律服务，律师在作出承诺时应当依据客观事实，尊重客观规律，不得以招揽业务为目的随意承诺委托人。无论是律师还是律师助理在办理业务的过程中都应当恪守诺言，严格按照执业规范接洽业务。一旦作出承诺就应当勤勉尽责地完成委托事项。夸大事实、随意承诺将会失去信任的基础。

对于律师助理而言，如何做到勤勉尽责，应当着重考虑以下几方面：

1. 做事"三回复"。所谓"三回复"，就是指接受任务时要回复、执行任务过程中要回复、任务完结后要回复。这就要求律师助理在接受任务时应当清晰准确地掌握交办意图与交办事项。在接受任务时没有把握交办人意图必然导致任务无法完成，甚至造成不必要的损失。因此，律师助理在接受任务时应当向交办人回复其对任务的理解以及准备执行的方式方法，便于交办人对其执行思路的掌握和错误理解的纠正。在执行任务的过程中应当及时和定期向交办人反馈交办事务的处理信息，以便交办人掌握交办事务的进度。任务完结后要按照交办人的意图和时间的要求对完成交办事务的结果予以回复。无论交办事务办理成功与否都必须向交办人回复交办结果，并请示交办人是否有下一项交办事务，以便于交办人了解交办事务的总体情况，对下一项交办事务作出规划和安排。

2. 做到"及时请示、主动汇报"。律师助理在日常工作中应当依据职责协助律师事务所和律师开展工作。律师助理履职过程中，可以在规章制度规定的权限范围内享有一定的事务处理决定权，若规章制度未规范、职权不明晰或者有可能造成重大影响，则应当及时向律师事务所或律师请示。律师助理在工作中应当及时收集工作信息，发现工作中存在的漏洞或者问题，应先拟定解决方案或者处理措施，然后立即主动向律师事务所或律师进行汇报。刚参加工作的新任律师助理应主动积极地定期向律师事务所或律师汇报思想动向，以便于律师事务所或律师对其个人的能力、认识水平和工作适应度有较为全面的掌握，让律师事务所或律师在人事任用方面尽可能地做到知人善用。

3. "统筹安排、科学调配"。"统筹安排、科学调配"是律师助理在工作中进行时间管理的原则。科学有效的时间管理能使工作事半功倍。这就要求做到"急事缓办、缓事急办"。急事是指上级领导或者同事临时交办或者委托，需要紧急处理、迅速完成的事务。所谓急事缓办并不是指将事情缓慢办理，而是强调在处理这种事务时心态要放缓，冷静应对，谨防急中出错。迅速规划时间，为自己和交办人留有纠错的时间和余地，只有这样才能科学地对时间进行管理，工作上才能游刃有余。缓事是指在工作中每月、每周或者每日都需要完成的事项，例如：客户走访、案件进度跟踪、整理财务凭证和填写工作记录等。这些日常性的"缓事"做多了可以信手拈来，但更需要我们抓紧时间处理。因此，缓事急办意味着处理缓事在心态上不能放松和拖延，要做到统筹兼顾，有计划地迅速完成，为处理急事腾出时间。虽然这些是平时熟悉的工作内容，大多数都可以公式化处理，但在谨慎的前提下提高处理速度可以避免错误的发生，也是个人对工作熟悉程度的具体体现。缓事急办忌讳将缓事拖延到最后一刻处理。

4. "工作留痕、及时记录"。工作留痕是指在工作中对每一个中间环节都予以记录，例如拍照、录像、文字记录等，要将其以工作资料的形式予以保存。这是展现工作成果的方式之一，也能满足上级检查和委托人询问的需要。

工作留痕的意义在于以下几方面：

第一，工作过程需要可追溯。工作中不能一味追求目标导向，还要注重过程的科学性和可持续性，不能重结果轻过程。如同建一座高楼大厦，其中每一个环节都不能省略，更不能有瑕疵，否则大厦将倾覆在一瞬间。工作也是一样，只有过程一目了然，才能直接佐证结果的正确性与合理性。因此，必要的"痕迹"对追溯工作过程至关重要。

第二，工作质量需要可检验。工作过程中的"痕迹"是检验工作质量的必要条件。例如，在工作评估中，如果只有一个结果而没有工作记录等相关佐证材料，就容易受到质疑。因此，必要的"痕迹"对检验工作成果至关重要。

第三，工作成果需要可延续。必要的"痕迹"对延续工作成果至关重要。通过工作痕迹才能检验工作的效果，进而对将来工作的改良提供参考，提高工作质量和效率。当然，在工作中也并不是凡事都要留痕。只有做到恰到好处，适度留痕，才能适应新时代对高质量工作的新要求。

5. "把握节奏、稳步推进"。对工作节奏的把握程度往往决定了工作质量的好坏，推进工作要做到"又稳又快"。在处理具体的法律事务过程中，委托事项往往是需要一段较长的时间去完成的，这时我们既要依照法律规定也要参照个人的工作时间安排，来制定完成该项委托事务的工作计划，设计工作时间节点。第一步，确定完成委托事项适用的法律程序和工作程序；第二步，确定必经程序的工作目标和信息交换要求，此时应当有针对性地对委托事项进行阶段性地请示和汇报；第三步，在完成上一阶段工作的基础上，预留足够的时间提前准备下一阶段工作所需的资料和处理方案。如此处理，工作节奏不容易被打乱。

（三）严守秘密

严守秘密是律师助理法律职业的重要准则，其中包括有以下四个方面：①严守国家秘密；②严守律师事务所秘密；③严守律师个人隐私；④严守在办理委托事项过程中知悉的委托人秘密。

律师行业是一个因为信任而托付的行业。严守秘密作为律师行业的基本道德准则，对律师行业的兴衰起着关键性的作用。因为，基于办理委托事项的需要，无论是律师还是律师助理，都能获取到以上四个方面不宜公开的信息，一旦泄露出去，轻则造成经济损失，重则触犯刑法被追究刑事责任。因此，严守秘密作为律师行业职业道德的基本准则，有其深远意义。

作为律师助理，应当牢记未经授权不得向外披露信息的原则。特别是在办理刑事案件的过程中，在未取得律师实习人员证书和委托人授权的情况下，律师助理接触案件证据和法律文书是受到限制的，不能参与案件实质处理，只能提供程序上的辅助服务。律师助理在对自己严格要求不突破道德底线的同时，还应做好防范窃密的工作，应当警惕非案件承办人对案件进度和实际内容的打探或者过问，警惕办公区域有可能导致泄密的各种情形。具体应当做到以下几点：①未经授权不得谈论与秘密相关的事项；②未经授权不得过问与秘密相关的事项；③未经授权不得查阅与秘密相关的文件；④未经授权不得携带秘密文件外出；⑤不在私人书信和谈话中涉及秘密；⑥不在非保密本上记录秘密；⑦传递秘密时应当做好保密措施；⑧未经授权不得复制保存和销毁秘密；⑨禁止携带秘密载体参加私人活动。

另外，在结束每天阶段性工作任务时，应当做到"三清一归"，即离开办公场所时，清理用具、清理文件、清理记录和归放档案。

（四）向委托人负责

律师是基于委托人的授权开展代理，而律师助理是基于律师事务所的指派或者律师的交办协助律师开展委托代理业务。律师助理虽然在法律上与委托人没有直接的委托代理关系，但律师助理的工作也将直接影响委托人合法权益的实现。这意味着律师助理的工作行为与委托人的利益是直接关联的。虽然委托事务承办质量的好坏往往取决于承办律师，但这并不等于律师助理辅助办理委托事务无需向委托人承担任何法律责任。以委托人的合法权益为中心是每一位委托承办人和参与者应当遵循的道德准则，片面地走程序、走过场是对委托人不负责任的行为。用心钻研，认真负责，关注细节，才能不辱使命地完成委托事项。在工作中，忌讳粗心大意，胡编乱造虚构事实，向委托人隐瞒委托事项的实际情况，损害委托人的知情权和决策权。这就要求在作出影响委托人利益的决定时，要确保委托人的知悉权。重大利益决策只能向委托人提供方案或者建议，不得代替委托人作出决定。在实践中，也时有律师助理遗忘交办事务损害委托人利益的情况发生，导致需要承担相应的法律责任。说到底这是责任心不强，没有向委托人负责的意识的具体体现。

在实际工作中，应当做到以下几方面：①定期向委托人汇报委托事项工作进度和发展情况；②制定行动方案后或者修订方案后，交由委托人作出决策，才能实施；③依照委托权限作出影响委托人利益的决定时，应当告知委托人，委托人明确表示反对的，不得作出与委托人意思表示相反的决定；④委托人通过非书面方式作出意思表示的，应当尽快进行书面确认。如果条件不能成就的，可以采取有利于确认身份和保存的方式进行记录；⑤所有关于委托人作出意思表示的文件和电子数据，应当存入委托档案备查。

（五）尊重同行、平等竞争

取得执业法律资格或者从事法律职业相关工作的人员，都可以统一称为法律职业共同体，都是依照法律开展业务活动的职业工作者。法治是法律职业者共同的信仰，忠于法律、维护法制是法律职业共同体恪守的基本原则。自从我国建立了对法律职业人员统一的考核制度，法律职业人员对法律就有了较为统一的认识和理解，相互尊重也成为维护法制和法律尊严的一项重要内容。

在实际工作中，个别律师行业从业人员毫无依据地批评法官判案不公、徇私舞弊、收受贿赂，这样的行为会导致当事人形成对法律职业的错误认识。久而久之，会对法律的严肃性造成冲击，造成当事人不相信法治、不尊重法律的后果。这对法律行业的损害是巨大的。

除此以外，诋毁同行，批评、肆意评论他人的代理方案的行为，也是应当禁止的。每一位律师认识水平不同、切入角度不一，对委托事务的广度和深度都有自己的判断，从来就没有完美的代理方案。因此，包容和理解应当作为律师行业从业人员从事律师职业的必备品德。有些人在业务接洽的过程当中，通过否定其他律师获得业务来源，其个人品质是被业界否定的。有些当事人，实际上也乐意见到同业者之间相互恶意竞争，从而使其获得最大利益，但同时也藐视这类为满足一己私欲肆意妄为的人。想在律师行业得到长足的发展，尊重同行是必要的品质。

（六）捍卫行业声誉、维护法治文明

律师行业的声誉需要大家共同去维护。这就要求每一位从事律师行业的人员应树立良好的职业道德，对损害律师行业声誉的人和行为要勇于指出和纠正。只有营造良好的职业道德环境，才能形成凝聚力，共同塑造良好行业声誉。反之，任何一个从业人员做出了有损行业声誉的行为，都会损害整个行业的声誉。每一位从业人员不能"只扫门前雪"，而是应当共同捍卫行业声誉，勇于指出损害律师行业声誉的人和行为，唯有如此，才能够真正促进律师行业的良好发展。

律师作为法律职业共同体的重要组成部分，必须以维护法治文明为其重要职责。法治文明的缺失必然会影响到律师执业环境，损害律师行业利益。维护法治文明，营造良好的法治环境，才能保护律师行业从业人员的利益，保障律师行业的良性发展。

任务二 律师行业执业规范

一、保守秘密

律师与当事人之间存在着紧密的利益关联，而当事人的秘密事项与当事人的利益密切相关，因此律师必然在某种程度上获知当事人的部分秘密。委托人之所以委托律师，是基于信任，以及认可其法律专业技能，律师未得到当事人的许可而泄露当事人秘密的行为，将破坏律师与当事人之间的信任关系甚至导致当事人对律师群体的质疑。这必然带来信任危机，损害行业利益，破坏法治环境，后患无穷。

《律师执业行为规范》规定，律师应当保守在执业过程中知悉的国家秘密、商业秘密，不得泄露当事人的隐私。可见，律师保密的范围包括国家秘密、商业秘密和个人隐私。大多西方国家律师执业行为规范规定的律师的保密对象，主要是基于委托而产生的信息和秘密事项。这与我国律师的执业要求有着明显区别。

（一）保守国家秘密

国家秘密是指关系国家安全和利益，依照法定程序确定，在一定时间内只限一定范围的人员知悉的事项。国家秘密事项包括：①国家事务重大决策中的秘密事项；②国防建设和武装力量活动中的秘密事项；③外交和外事活动中的秘密事项以及对外承担保密义务的秘密事项；④国民经济和社会发展中的秘密事项；⑤科学技术中的秘密事项；⑥维护国家安全活动和追查刑事犯罪中的秘密事项；⑦经国家保密行政管理部门确定的其他秘密事项。

国家秘密的密级分为"绝密""机密""秘密"三级。

"绝密"是指最重要的国家秘密，泄露会使国家的安全和利益遭受特别严重的损害。

"机密"是指重要的国家秘密，泄露会使国家的安全和利益遭受严重的损害。

"秘密"是指一般的国家秘密，泄露会使国家的安全和利益遭受损害。

律师以及律师助理在工作中应当注意以下事项：①律师以及律师助理在工作中应当在维护当事人合法利益的同时维护国家利益。对于在执业活动中涉及的各种秘密事项，要具有较强的职业敏感性。对于无法判断是否属于秘密事项的信息，应当谨慎对待，必要时可以征询国家保密部门的意见，避免泄露国家秘密；②律师在刑事辩护和代理活动中，对于涉及的国家秘密信息需要格外谨慎。刑事辩护律师在辩护活动中，不可避免地会接触到维护国家安全活动和追查刑事犯罪中的秘密事项。对于这些事项，辩护律师应当持高度谨慎的态度，在资料的运用和处理上都应当严格遵守保密的操作规程以防秘密泄露。实践中，存在律师因为工作不谨慎，对有关侦查活动中的信息资料的运用不当导致被追诉的情况；③律师在承办涉外案件时，对于需要向国外当事人提供的信息资料应当加以仔细甄别，以防过失泄露国家机密。

除此之外，律师以及律师助理在承办案件中，应当同时做到以下事项：①应当在律师事务所设置的保密文件柜存放涉密文件；②应当通过律师事务所授权的保密管理工作人员调阅和使用涉密文件，并按规定进行登记和检查；③禁止非法律事务承办人查阅和使用非本人承办的案件；④涉密文件未解密前禁止向承办人以外的对象公开，特别是在处理刑事案件过程中禁止承办人以外的第三人查阅和复制刑事案卷；⑤外出需要携带涉密文件的，文件应当单独封装，专人携带，禁止携带涉密文件到与承办事务无关的场所逗留；⑥禁止通过非保密电讯方式传输涉密文件，例如微信、电子邮件等；⑦承办人未经允许禁止向与承办事务无关的人披露其通过承办事务获取的秘密，同时应当防止其他人员对涉密事项的刺探和窃取。

（二）保守商业秘密

商业秘密是指不为公众所知悉、具有商业价值并经权利人采取相应保密措施的技术信息、经营信息等商业信息。商业秘密是企业的财产权利，它关乎企业的竞争力，对企业的发展至关重要，甚至直接影响企业的生存。

商业秘密具有以下特征：

1. 私密性。此类信息是当事人所拥有和掌握的，知悉群体控制在较小范围内，当事人不愿意现有知悉群体外的他人知悉；

2. 利益性。此类信息具有一定的经济价值，或者与当事人的经济利益密切相关，一旦泄露可能造成当事人经济上的损失；

3. 控制性。当事人对于具有商业价值的信息采取了必要的控制措施。如果当事人对于具有一定利益性的信息不采取主动措施控制其泄露，就会丧失商业秘密的私密性。因此控制性是商业秘密的重要特征。

根据《刑法》第219条的规定，侵犯商业秘密的行为主要表现为：一是采用非法手段获取商业秘密，即采用不正当手段直接从权利人那里获取，或从侵权行为人处获取；二是非法披露商业秘密，包括采用不正当手段获取或从非法途径获取者披露，及合法知悉者违反保密义务而披露；三是非法使用商业秘密，即采用不正当手段获取者直接使用，合法知悉者不经权利人许可而使用，或非法获取者、合法知悉者违反权利人的意愿允许他人使用。

律师及律师助理在具体的工作中，特别是在非诉讼法律服务中，会大量接触企业主体的商业秘密，在一些诉讼案件代理中更是直接涉及商业秘密的保护问题，因此必须具有高度的商业秘密保护意识。

律师及律师助理在工作中涉及商业秘密时应当注意以下事项：

1. 对于委托人案件中涉及商业秘密的，律师及律师助理应当采取措施严格保护涉密事项。承办涉及商业秘密的案件时，委托人要求与律师事务所订立保密协议的，律师事务所应当就合理的保密要求与之订立保密协议，并在承办工作中严格遵守保密协议的约定。对于没有签订保密协议的案件，如涉及商业秘密，律师及律师助理同样应当严格遵守保密的规定，防止将当事人的商业秘密事项泄露；

2. 涉及当事人商业秘密的案件，在开庭审理前，承办律师应当主动代理当事人向法院提出申请，要求法院不公开审理，保护当事人的商业秘密，律师助理应当尽提醒义务；

3. 在承办仲裁案件过程中，根据仲裁相关法律法规的规定，律师及律师助理除不得泄露商业秘密外，还不得对外公开案件信息，包括委托人的基本情况等；

4. 律师及律师助理不得利用委托人未公开的信息为自己或者律师事务所谋取利益；

5. 律师及律师助理不得泄露所任职的律师事务所的商业信息。即便离任，仍需承担保守曾任职律师事务所信息的义务。

（三）保护个人隐私

个人隐私是自然人的私人事务、私人信息，其范围包括当事人住宅、通讯、情感、健康、个人癖好、家庭成员、个人财产和家庭财产等与委托人有关的所有的信息。公民对这些信息有自我支配的权利，不受他人干预。隐私不得为他人获取、公开和使用。

保护个人隐私即保守当事人的秘密，意味着律师以及律师助理对在承办委托事项过程中获悉的当事人的隐私，应当保密。相对于国家秘密和商业秘密而言，律师及律师助理在日常的法律事务中接触更多是当事人的个人隐私，因此，更容易被泄露的也是当事人的个人隐私。律师助理泄露委托人的个人隐私导致委托人的利益受到损害的，承办律师应当承担相应的民事赔偿责任。

律师及律师助理在工作中涉及个人隐私时应当注意以下事项：

1. 未经允许不得泄露委托人的个人信息；

2. 对对方当事人和第三人的私密事项同样负有保密义务；

3. 律师及律师助理的保密义务不因未收取费用、未正式建立委托代理关系或者委托代理关系结束而豁免。自与当事人接触并知悉有关个人隐私事项时起，律师及其助理即应承担保密义务，该义务不因承办案件结束而消灭；

4. 承办人对于已处理的案件应当及时将案卷归档，由律师事务所统一保管。

律师在执业过程中获取的秘密，对要求公开的第三人享有拒绝的权利，此时，律师保守秘密的义务即转化为律师的执业特权。即律师可以就执业涉及的秘密事项拒绝出席法庭作证，以及拒绝行政机关和司法机关扣押有关文件和书面材料。

由于律师享有保守秘密的义务，因此律师以外的机关、单位和个人不能强迫律师公开有关委托人的信息，律师的办公场所和文件、代理案件的档案资料不受非法搜查和扣押。联合国《关于律师作用的基本原则》规定："遭逮捕、拘留或监禁的所有的人应有充分机会、时间和便利条件，毫不迟延地、在不被窃听、不经检查和完全保密的情况下接受律师来访和与律师联系协商。这种协商可在执法人员能够看得见但听不见的范围内进行。"这一规定反映了律师保守执业秘密的特权。

（四）保守秘密的例外规则

律师及律师助理应保守秘密，也有在特定情况下公开信息的情形：

1. 为制止即将发生的违法犯罪行为而公开。律师以及律师助理获悉的将要发生违法犯罪活动的信息，可以公开。律师以及律师助理保护的是当事人合法的利益，对于当事人违法犯罪的行为，应当予以制止。

2. 为保护国家利益而公开。律师以及律师助理知悉的信息中有当事人侵犯国家利益的重大事项，应当采取必要的措施予以制止，防止国家利益受到侵犯。

3. 为维护律师正当利益而公开。如出现当事人控告律师或者律师控告当事人的情形，律师基于维护自身的利益可以在一定限度内公开当事人的私密事项。但对这种情况必须严格限制在适度的范围，不得滥用信息披露权。

二、利益冲突规范

利益冲突是指律师事务所所代理的委托事项与该所其他委托事项的委托人之间存在利益上的冲突，继续代理会直接影响到相关委托人的利益的情形。

律师代理或辩护中的利益冲突缘于律师与其他法律主体之间的特定关系，而这种关系的存在使得现委托人的利益处于不利的境地。利益冲突的存在将破坏律师对现委托人的忠诚并将影响律师保守执业秘密义务的遵守，因此律师发现利益冲突时，应当采取必要的措施以消除利益冲突。

利益冲突的基本类型包含以下几方面：

1. 根据利益冲突发生的时间，可以分为同时性利益冲突与连线性利益冲突。同时性利益冲突主要表现为律师或律师事务所与多个委托人同时具有委托关系或利益关系上的冲突；连续性利益冲突主要表现为律师代理的委托人或潜在的委托人与前委托人或利害关系人之间产生利益上的冲突。

2. 根据利益冲突的外部表现形态，可以将利益冲突分为直接利益冲突与间接利益冲突。

（1）直接利益冲突。是指律师和律师事务所的利益在代理活动中与当事人的利益无法达成一致。即律师和律师事务所如果不能退出一方代理，将不可避免地导致对代理的当事人利益上的损害。对于直接利益冲突，律师及律师事务所，不得同时接受利益冲突当事人的委托；已经接受委托的，应当立即终止存在利益冲突的其中一方或多方委托关系。

直接利益冲突包括：①在对抗性案件中，同一律师事务所的律师同时担任双方当事人的代理人，或者在非诉讼业务中，除双方当事人共同委托外，同一律师事务所的律师同时担任利益冲突的双方当事人的代理人；②在刑事案件中，同一律师事务所的律师同时担任同一刑事案件的被害人、犯罪嫌疑人（被告人）的代理人和辩护人；③在刑事案件中，同一律师事务所的律师同时担任共同犯罪案件两个或两个以上存在利益冲突的犯罪嫌疑人（被告人）的辩护人；④在刑事案件中，律师事务所律师担任犯罪嫌疑人（被告人）的辩护人，而同一律师事务所的其他律师是该案件的被害人；⑤在民事诉讼、仲裁案件中，律师事务所律师担任一方当事人的代理人，而同一律师事务所的其他律师是该案件中的对方当事人；⑥曾经处理或审理过某一案件的政府官员、审判员、仲裁员，成为律师后又代理同一案件的诉讼、仲裁、执行、申诉、再审；⑦同一律师事务所律师在对抗性案件或非诉讼案件中结束与一方当事人的委托关系后，在同一案件后续审理或处理中又接受对方当事人委托的；⑧同一律师在结束代理当事人的对抗性案件或非诉讼委托业务后半年之内，又担任该当事人在对抗性案件或非诉讼业务中对方当事人的代理人；⑨律师在代理某当事人的对抗性案件或非诉讼业务期间，转所至另一律师事务所，但该当事人仍为原律师事务所的客户，该律师在转入的律师事务所担任该当事人在同一对抗性案件或非诉讼业务中对方当事人的代理人，或者在半年内该律师在转入的律师事务所担任该当事人在对抗性案件或非诉讼业务中对方当事人的代理人。

（2）间接的利益冲突。主要是潜在的利益冲突，即虽然表面上律师和律师事务所与当事人间存在利益冲突，但如果有利益冲突的当事人同意代理，律师和律师事务所可以继续代理，在律师和律师事务所与当事人之间达成利益的一致。对间接利益冲突，律师可以接受委托，但应当立即将利益冲突的事实和可能产生的后果通知利益冲突的各方当事人，提请利益冲突的各方当事人在合理时间内给予豁免。在取得当事人的有效豁免前，律师应当谨慎接受委托或者实施委托。

间接利益冲突包括：①在民事诉讼、仲裁案件中，律师事务所律师担任一方当事人的代理人，而同一律师事务所的其他律师是该案件中对方当事人的近亲属；②在刑事案件中，律师事务所律师担任犯罪嫌疑人（被告人）的辩护人，而同一律师事务所的其他律师是该案件被害人的近亲属；③律师事务所律师在结束代理当事人的对抗性案件或非诉讼业务的半年之内，同一律师事务所其他律师担任该当事人在对抗性案件或者非诉讼业务中的相对方；④律师事务所律师代理当事人的对抗性案件或非诉讼业务，而该律师的近亲属是对方当事人的高级管理人员、律师，或者与对方当事人的高级管理人员、律师有利害关系；⑤律师事务所与当事人存在法律服务关系，在某一对抗性案件中该当事人未要求该律师事务所担任其代理人，而该律师事务所其他律师担任该当事人在该案件中对方当事人的代理人；⑥曾在原单位担任中层以上管理职务，转入律师事务所后1年内即担任该单位在对抗性案件或者非诉讼业务中对方当事人的代理人；⑦除通过证券交易取得股份外，律师作为公司股东，又担任该公司在对抗性案件或者非诉讼业务中对方当事人的代理人；⑧同一律师事务所接受正在代理的对抗性案件或非诉案件当事人的对方当事人所委托的其他法律业务。⑨同一律师事务所代理当事人的对抗性案件或非诉讼业务，又违反与当事人的约定代理该当事人主要竞争对手的对抗性案件或非诉讼业务。

3. 根据利益冲突发生的领域，可以将利益冲突分为诉讼利益冲突和非诉讼利益冲突。诉讼中的利益冲突是指律师的诉讼辩护或者代理活动引起的利益冲突。

4. 根据利益冲突的主体关系，可以将利益冲突分为单一关系利益冲突和复合关系利益冲突。单一关系利益冲突，主要表现为律师与委托人之间直接的利益冲突。复合关系的利益冲突，主要表现为法律关系主体的复杂性。

在接受委托之前，律师及其所属律师事务所应当进行利益冲突查证。只有在委托人之间没有利益冲突的情况下才可以建立委托代理关系。律师事务所应当建立利益冲突检索部门，专门应对利益冲突问题。律师事务所应根据本所业务状况制定利益冲突的审查流程或制度，指派专人负责利益冲突的查证评估，对存在利益冲突的案件，及时通知有关人员。

实践中，发现是否存在利益冲突并不困难，困难的是律师如何面对和处理这种利益冲突，因为大多数的利益冲突直接影响到律师自身的利益。退出代理往往意味着律师在收入方面要作出一定的牺牲，这是律师处理利益冲突问题面临的根本性问题。有的律师已经发现存在利益冲突，千方百计对当事人隐瞒有关利益冲突的事实，把自身的利益放在客户的利益之上。有的因为利益冲突问题而触犯刑事法律，受到处罚。律师在对待利益冲突问题上，应当从客户利益角度考虑，把客户的利益放在第一位，正确处理利益冲突问题。在利益冲突的查证方面律师自身应当起到主导作用。

根据利益冲突的理论，并不是在所有的利益冲突案件中，律师都必然要退出代理。对于有的利益冲突案件，律师主动通知当事人并和当事人进行协商，在征得有关当事人的同意和豁免的条件下，律师仍然可以继续代理。豁免函一般要求为书面形式，当事人作出知悉存在利益冲突，且同意该事务所律师代理的声明，并签字。豁免包括单一豁免和双方豁免、多方豁免。

单一豁免，即只要委托人豁免就可以继续代理利益冲突案件。单一豁免主要适用于律师和委托人之间的单一的利益冲突类型。

双方豁免和多方豁免，是指在有利益冲突的案件中，需要有利益冲突双方当事人或多方当事人同意才可以继续代理的豁免。双方豁免或多方豁免在大多数情况下是双方委托人或多方委托人委托同一律师事务所的律师或关联律师事务所的律师从事法律服务而产生的利益冲突。这种类型的利益冲突如果属于间接性的利益冲突，则在双方委托人或多方委托人签发豁免函件后，律师可以继续代理。但是律师的继续代理要始终持谨慎的态度，防止利益冲突方对律师的法律服务产生合理的怀疑。

有些利益冲突案件虽然得到当事人豁免，但是总体上无法消除利益冲突，或者可能影响司法制度的公正性，则当事人不能豁免，律师只能退出代理。我国现行的有关律师利益冲突的规范，缺乏豁免例外的指导性原则和具体规范。在实践中，利益冲突豁免的限制，主要有以下几个方面：①法律明确规定禁止代理的利益冲突案件，不允许当事人豁免代理。比如《刑事诉讼法》和《律师法》有关利益冲突的禁止性法律规范，当事人无权豁免。②总体上无法排除利益冲突严重影响的案件，不允许当事人豁免代理。若律师的代理将不可避免地在委托人与律师之间产生紧张的利益关系，不允许豁免代理。③影响司法制度和裁判公正的案件。涉及司法制度和裁判公正的利益冲突案件，不允许豁免。如委托人拟聘请律师处理的法律事务，是该律师从事律师职业之前曾以政府官员或司法人员、仲裁人员身份经办过的事务，律师和其律师事务所应当回避；再如，在民事案件中，同一律师事务所的律师在一个仲裁案件中分别担任代理人和仲裁员。在这种类型的案件中，即便双方当事人豁免，也无法消除其影响裁判公正的消极因素。对于这种类型的利益冲突，律师不可以寻求当事人豁免而继续代理。④违反保守职业秘密的规定。律师因为代理利益冲突案件与律师执业秘密规范相冲突，禁止豁免代理。

某些案件的利益冲突情况是律师在代理过程中发现的，对于这些已经发生的利益冲突案件，律师应当采取补救措施，避免利益冲突带来更大损失。

律师发现代理案件存在利益冲突时，律师有及时通知委托人的义务。符合豁免的利益冲突的案件，在获得相关当事人书面豁免后继续代理；无法取得豁免和不允许豁免的案件应当撤出代理，并告知当事人相关理由。

律师利益冲突发生后应当区别情况进行处理。在利益冲突出现时，律师可以根据具体情况作出以下选择：一是通知所有与之有利益冲突或潜在冲突的当事人，正式告诉他们基于利益冲突如果继续代理可能出现的后果，待得到各方当事人正式明示的许可之后可再继续代理；二是在通知有利益冲突的当事人之后，从其中一方撤回代理；三是在通知有利益冲突的当事人之后，从双方撤回代理。例如，律师在接受委托后知道诉讼相对方或利益冲突方已委聘同一律师事务所其他律师的，应由双方律师协商解除一方的委托关系，协商不成的，应与后签订委托合同的一方或尚没有支付律师费的一方解除委托关系。

三、律师事务所收费规范

律师收费、律师执业保密以及利益冲突属于律师与当事人关系的三大核心问题。律师为当事人提供法律服务，收取一定的费用作为报酬。律师服务的有偿性为律师行业的持续性发展提供了经济基础。

律师服务收费实行政府指导价和市场调节价，律师收费应遵循以下基本原则：

（一）公开、公平

由于我国律师收费制度过于原则化，缺乏具体指引，律师收费通常与委托人协商确定，不公开、不透明，一案一价。这必然导致同案不同价的情况出现。律师事务所的收费乱象使得律师因收费问题遭到投诉的事件频发。将公开作为律师服务收费的首要原则，律师服务收费透明，才能使市场调节发挥应有的作用。公平原则强调律师的知识水平、提供法律服务的质量与律师收费之间正相关的关系，即律师的收费与律师的实际法律服务水平一致。公平原则主要是针对协商收费的案件，律师应当通盘考虑案件的复杂程度和需要的时间等因素，确定合理、公道的价格，禁止利用律师的职业优势，增加当事人法律服务的支出。

（二）自愿有偿

协商收费是目前世界上通行的法律服务收费方式。它的突出优点在于可以发挥市场的调节作用，促进法律服务市场的公平竞争，使得律师收费价格和服务价值趋于一致。同时，协商收费可以充分反映当事人和律师之间的自愿与平等关系，也可以充分考虑律师服务的各种因素。

（三）诚实信用

对于律师来说，由于案件属于稀缺资源，律师总是希望拥有更多的案源，也希望能代理标的额更大的案件。理论上律师的代理案件数应当与律师的执业水平、技能和职业道德相关。但在实践中，有的律师采用低价竞争等不正当的手段获取案源，这种做法不仅损害了律师行业公平竞争的秩序，也损害了当事人的利益。律师收费应当遵循诚实信用原则，禁止通过不正当的价格手段影响法律服务市场公平竞争的环境。

（四）降低成本

律师事务所在收取案件当事人费用时，应当从当事人的利益角度考虑，尽可能帮助当事人降低案件成本。有些案件可以案外调解的，尽可能帮助当事人协商，协商不成的再进入诉讼或仲裁程序。实践中有的律师不顾当事人的利益，在采取法律行动方面把有利于自己收费作为案件处理的出发点，增加当事人不必要的支出，这种做法必然损害当事人的利益。律师事务所应当采取必要的措施，在保证服务质量的前提下，尽可能降低案件的服务成本，减少开支。

（五）特殊减免

特殊案件减免的原则体现了法律服务具有一定的社会性和公益性的特点。办理法律援助案件不得向受援人收取任何费用。对于经济确有困难，但不符合法律援助范围的公民，律师事务所可以酌情减收或免收律师服务费。

（六）律师事务所收费方式

律师服务收费可以根据不同的服务内容，采取计件收费、按标的额比例收费和计时收费等方式。计件收费一般适用于不涉及财产关系的法律事务；按标的额比例收费适用于涉及财产关系的法律事务；计时收费可适用于全部法律事务。

1. 计件收费。按承办业务的数量收费，称为"计件收费"。不涉及财产关系的案件，如律师单纯为当事人撰写法律文书等，多采用这种方式。实践中，通过计件形式收取费用的案件并不多见，主要存在于经济不发达地区。

2. 计时收费。律师事务所根据律师提供法律服务的时长和律师的每小时收费标准进行计价收费。律师服务按照计时方式收费是西方律师业普遍适用的一种收费方式。我国一些涉外业务较多的律师事务所也开始采取这种收费方式。这种收费方式比较规范的做法是，先由律师事务所根据律师的受教育程度、律师在事务所中的职位以及执业的年限与经验等决定该年度该律师的计时收费标准，计时收费的律师在提供法律服务之前，要明确告知当事人自己的收费标准和具体计算方法。计时收费的律师事务所制定统一的工作计时表格，律师在执业时严格按照规范的表格要求填写工作内容和工作时间等，并将表格与费用账单定期一同报送给律师事务所财务部门，然后由财务部门统一发给当事人进行催收。

律师计时收费的优点在于较好地体现了律师的个人价值、提供法律服务的工作时间与收费的正相关关系。就法律服务市场而言，律师法律服务价格的定量化，体现了法律服务的价格取决于法律服务价值并围绕价值波动的市场规律，有利于在法律服务市场上形成公平的市场价格，可以满足不同当事人不同层次的法律服务需求。对于律师事务所而言，采取计时收费方式，不仅利于管理，而且可以激发律师积极向上的精神，营造律师事务所内部团结合作的氛围。

3. 按标的额比例收费。标的额，指案件争议金额。按标的额比例收费，即根据双方当事人的约定，按照标的额的一定比例收取法律服务费用。一般而言，标的额越大的案件，收取比例越低。由于各地区经济发展不平衡，全国并未制定统一的收费指导标准。

4. 风险代理。2006年4月，国家发展和改革委员会、司法部印发的《律师服务收费管理办法》规定："实行风险代理收费，律师事务所应当与委托人签订风险代理收费合同，约定双方应承担的风险责任、收费方式、收费数额或比例。最高收费金额不得高于收费合同约定标的额的30%。"该种收费方式将律师的服务结果与律师的收费联系起来，将当事人的利益与律师的利益联系起来，以激发律师工作的积极性，促使律师提供高质量的法律服务。按照风险收费的一般做法，如果律师的法律服务达不到当事人预期的效果，律师就应当承担收费风险，而当事人毋需对未带来预期结果的法律服务付费。在合理控制下，律师的风险收费还是有一定积极意义的。实践中风险收费一般要比同类法律服务非风险收费方式要高，律师在承担高风险的同时也可能获得高收益，这种风险收费因此也很受欢迎。

（七）律师事务所协商收费需考虑的因素

律师事务所与委托人协商律师服务收费应当考虑以下主要因素：耗费的工作时间；

法律事务的难易程度；委托人的承受能力；律师可能承担的风险和责任；律师的社会信誉、知名度和工作水平等。

1. 耗费的工作时间。律师服务属于服务商品，商品的价格很大程度上取决于生产商品所需要的时间。案件花费的时间是律师收费首先应考虑的因素，花费的时间越多，律师收费自然越高，这符合经济学的价值规律。当然，有些案件并不是在最初就能决定花费的具体时间，但是律师收费之前应当对案件需要花费的时间作出总体的评估，同时把评估结果告诉当事人。有的可能比预期时间短，有的可能比预期时间长，如果缩短和延长的幅度比较大，律师应当及时和当事人协商变更收费。当然，律师不能因为自己的收费而随意延长和拖延办案时间，增加当事人的成本。

2. 法律事务的难易程度。简单的案件收费低，复杂的案件收费高，这体现了律师收费与律师执业技能的关系。有的案件非常简单，甚至不需要律师，当事人自己也可以处理。有的案件争议比较复杂，缺乏法律明确的规定，需要多方调查，这样的案件对于律师的执业能力和水平要求就比较高。对于这样类型的案件可以适当提高收费。另外，对于专业性很强的案件如专利、涉外金融等案件，过去没有或很少发生的争议很大的案件，律师收费可以适当提高。

3. 委托人的承受能力。有的案件虽然复杂并且需要的时间长，但是当事人没有相应的支付能力，律师也可综合考虑适当降低收费，满足当事人的法律服务需求。当然律师要综合考虑，不仅是当事人的承受能力，还要考虑律师事务所和律师的成本负担能力。对于当事人缺乏承受能力而案件比较复杂、难度较大的案件，律师可以考虑与当事人协商采取风险代理的方式收费。

4. 律师可能承担的风险和责任。律师办理案件和提供法律服务如果出现过错给委托人带来损失，则要承担赔偿责任。案件风险大，律师收费高，体现了风险分散分担的原则。当然律师办理任何案件都有风险，律师评估案件的风险主要取决于该案件可能发生的赔偿风险。

5. 律师的社会信誉、知名度和工作能力。律师的信誉高，知名度大，工作能力强，可以收取相对高的律师费。这是法律服务市场自然选择的结果。

（八）律师收费的禁止性规定

1. 禁止律师个人私自收费。律师收费采取律师事务所统一收费的方式进行。律师私自收费的，代委托人支付的费用和异地办案差旅费不符合规定的，不向委托人提供预收异地办案差旅费用预算的，不开具律师服务收费合法票据的，不向委托人提交代交费用、异地办案差旅费的有效凭证的，应当给予律师或者律师事务所相应的处罚。

2. 禁止律师不正当竞争。律师事务所和律师不得以诋毁其他律师或者支付介绍费等不正当手段争揽业务。律师和律师事务所不得向委托人、中介人或者推荐人以许诺兑现任何物质利益或者非物质利益的方式，获得有偿提供法律服务的机会。另外，律师收费应当公平公开，禁止以明显低于成本的收费进行不正当竞争。

3. 禁止违反收费标准。对于不按规定公示律师服务收费标准的，提前或者推迟执行政府指导价的，超出政府指导价范围或幅度收费的，采取分解收费项目、重复收费、扩大范围等方式变相提高收费标准的，违反律师事务所统一保管、使用律师服务专用文书、财务票据的，应当给予律师或者律师事务所相应的处罚。

四、律师执业推广规范

（一）含义

律师及律师事务所的执业推广，是指律师及律师事务所通过发布法律服务信息等手段拓展业务的活动。即执业律师及律师事务所为了扩大影响，承揽法律业务，树立法律服务品牌，以及为了实现推广业务、有效竞争的目的，自行或授权他人所进行的各种业务推广活动。

从我国目前的律师业发展来看，竞争日趋激烈，具体表现为律师之间、律师事务所之间的竞争，同时也存在着律师和其他法律服务市场服务主体的竞争。如何迅速建立足够数量的委托关系，是摆在律师面前的一个重要任务。因此，准确把握律师执业推广规范，对于律师事业的发展具有重要意义。

（二）执业推广的类型

1. 业务推广，是通过中介、简介、发表学术论文、案例分析、专题解答、授课、专题和专业研讨会，或参加各种社会公益活动和各种社团组织的方式进行的。

2. 律师广告，是通过相关信息在公共范围的发布进行的。

3. 律师宣传，是通过公共传媒以消息、特写来访等形式对律师和律师事务所进行报道、介绍的信息发布行为。与律师广告行为不同的是，律师一般不需要也不允许为这部分发布行为支付额外的费用。

（三）律师进行业务推广的具体规范

1. 具体规范。近年来，部分省市的司法行政部门或律师协会为了规范本省律师事务所及律师进行业务推广宣传的行为，鼓励并保障律师事务所及律师的公平竞争，维护律师行业的执业秩序，根据本地区的实际情况分别制定了律师事务所及律师业务推广宣传行为规范。具有执业资格，并已按照规定通过当年度年检注册的律师事务所和经所在律师事务所同意的律师，可以以下列方式进行业务推广宣传活动：

（1）通过报纸杂志、广播电视电影、互联网等公众媒体发布广告；

（2）利用新闻报道形式进行宣传；

（3）印发简介、名片，以及其他具有广告宣传性质的书面资料或者视听资料；

（4）对客户或者公众进行口头宣传；

（5）其他合适的业务推广宣传形式。

2. 注意事项。

（1）律师和律师事务所推广律师业务，应当遵守平等、诚信原则，遵守律师职业道德和执业纪律，遵守律师行业公认的行业准则，公平竞争；

（2）律师和律师事务所应当通过提高自身综合素质、提高法律服务质量、加强自身业务能力的途径，开展、推广律师业务；

（3）律师和律师事务所可以依法以广告方式宣传律师和律师事务所以及自己的业务领域和专业特长；

（4）律师和律师事务所可以通过发表学术论文、案例分析、专题解答、投课、普及法律等活动，宣传自己的专业领域；

（5）律师和律师事务所可以通过举办或者参加各种形式的专题、专业研讨会宣传自己的专业特长；

（6）律师可以以自己或者其任职的律师事务所的名义参加各种社会公益活动；

（7）律师和律师事务所在业务推广中不得为不正当竞争行为。

3. 禁止采用以下方式进行业务推广。律师事务所及律师进行业务推广宣传，应当依法进行，遵循客观真实、公平竞争的原则，符合行业管理规范和律师的职业精神。律师事务所或者律师进行业务推广宣传，不论是由自己或授权他人进行，均应遵守相应的规范。由他人做出的涉及该律师事务所或者律师的任何业务推广活动，将被视为由其授权做出，除非该律师事务所或者律师有相反的证明。当律师事务所或者律师得知以其名义做出的业务推广宣传有不符合相应规范的情形时，必须尽快纠正或制止该业务推广宣传行为，并消除由此造成的不良影响。

以律师事务所名义进行业务推广宣传行为，应当署明律师事务所名称、执业许可证号和律师事务所核准登记住所；以律师个人名义进行业务推广宣传行为，须经执业的律师事务所同意，并载明执业律师事务所全称、本人姓名及执业证书号码。

律师事务所或者律师进行业务推广宣传活动不得损害律师行业形象，禁止采用下列宣传方式：

（1）通过户外灯箱、户外拉挂的横幅或在移动交通工具进行推广宣传；

（2）在公众聚集场合派发宣传单、册招揽业务；

（3）在餐饮、娱乐等不适合的场所设置广告标牌。

律师事务所或者律师进行业务推广宣传，不得包含以下内容：

（1）对律师事务所或者律师进行不符合实际的陈述或宣传的；

（2）宣传律师事务所或者律师曾经获得与律师职业无关的荣誉、头衔、社会兼职的；

（3）明示或者暗示律师事务所或者律师与司法机关或者行政机关关系密切的；

（4）贬损或者诋毁其他律师事务所或者律师的；

（5）提及本律师事务所或者律师的胜诉或成功率的；

（6）对诉讼结果作出胜诉承诺的；

（7）未获有权机构认定，使用"最……""优秀""著名""资深"等文字的；

（8）宣称不收费（法律援助情况除外）或低于其他律师事务所及律师收费的；

（9）在没有得到客户事先同意的情况下，提及客户名称或者客户商业事项的；

（10）其他违反我国法律、法规规章和行业管理规范规则的规定，违反律师执业纪律或者有损律师形象的。

（四）律师广告

1. 含义。所谓律师广告，是指律师和律师事务所为推广业务与获得委托，让公众知悉、了解律师个人和律师事务所法律服务业务而发布的信息及其行为过程。

律师广告对促进律师行业发展，有着一定的促进作用：

（1）律师广告是现代律师执业活动商业化的一个表现。

（2）律师广告是维护法律服务消费者利益的重要途径。

（3）律师广告是促进律师业市场竞争的一个有力手段。

2. 律师发布广告的注意事项。

（1）律师发布广告应当遵守国家法律、法规、规章和其他相关规范。坚持真实、严谨、适度原则。

（2）律师发布广告应当具有可识别性，应当能够使社会公众辨明是广告，应当明确宣示律师有能力处理的业务范围，不得使用"办理各种法律事务"一类的模糊性语言。

（3）律师广告可以以律师个人名义发布，也可以以律师事务所名义发布。以律师个人名义发布的律师广告应当注明律师个人所任职的执业机构名称，注明律师执业证号。非律师人员不得以律师的名义发布广告。

（4）律师个人广告的内容应当限于律师的姓名、肖像、年龄、性别、学历、学位、专业、律师执业许可日期、所任职律师事务所名称、在所任职律师事务所的执业期限；收费标准、联系方法；依法能够向社会提供的法律服务业务范围；执业业绩。

（5）律师事务所广告的内容应当限于律师事务所名称、住所、电话号码、传真号码、邮政编码、电子信箱、网址；所属律师协会；所内执业律师及依法能够向社会提供的法律服务业务范围简介；执业业绩。

（6）律师和律师事务所不得歪曲事实和法律，或者进行可能使公众对律师产生不合理期望的宣传。

（7）律师和律师事务所不得进行律师之间和律师事务所之间的比较宣传。

（8）律师和律师事务所不得以有悖于律师使命、有损律师形象的方式制作广告，不得采用一般商业广告的艺术夸张手段制作广告。律师广告使用的图片、语言、背景应当向公众传达律师服务的可信赖性，不得破坏律师的职业形象。

（9）律师广告中不得出现违反所属律师协会有关律师广告管理规定的内容。

具有下列情形之一的，律师广告应当视为具有虚假性和误导性：①使委托人对律师事务所能够取得的结果抱有不切实际的期望的；明示或暗示律师能通过不正当手段取得有利于委托人的结果的；②关于法律服务质量的声明包含有为一般公众所不能合理判断的内容的，如"最好""极其优秀""经验丰富"等字样的，省略部分必要事实，使其广告整体上具有误导性的；对律师本人及其同事、律师事务所等的描述具有虚假内容的；③就服务质量、服务费用等方面同其他律师和律师事务所进行无根据的比较的。

3. 禁止发布律师广告的情形。有下列情形之一的，律师和律师事务所不得发布律师广告：

（1）没有通过年度考核的；

（2）处于中止会员权利、停止执业或停止整顿处罚期间，以及前述期间届满未满1年的；

（3）受到通报批评公开谴责未满1年的。

（五）律师宣传

律师宣传是指通过公众传媒，以消息、特写、专访等形式对律师和律师事务所进行报道、介绍的信息发布行为。实践证明通过公众传媒以消息、特写、专访等形式对律师和律师事务所进行报道、介绍的信息发布行为，是一个行之有效的业务推广形式，有些律师及律师事务所正是通过有效利用公共传媒，取得了很好的宣传效果。

律师宣传规范，具体有以下要求：

1. 律师和律师事务所不得歪曲事实和法律，或者进行可能使公众对律师产生不合理期望的宣传。

2. 律师和律师事务所可以宣传所从事的某一专业法律服务领域，但不能自我声明或暗示其被公认或证明为某一专业领域的权威专家。

3. 律师和律师事务所不得进行律师之间或者律师事务所之间的比较宣传。

练习与思考

1. 律师助理在执业过程中要勤勉尽责，接受委托事项要做到"三回复"。下列不属于"三回复"情形的是（　　）

A. 接受任务时要回复

B. 执行任务过程中要回复

C. 律师事务所讨论案情的结果要回复

D. 任务完结后要回复

2. 下列不属于律师和律师助理在执业过程中应当保守的秘密的是（　　　）

A．国家秘密

B．商业秘密

C．个人隐私

D．当事人的犯罪信息

3．律师和律师助理在参与具体的业务工作中应当忠于事实、忠于法律，下列哪些情形是应当坚决杜绝的（　　　　）

A．组织和参与虚假诉讼

B．遵守宪法和法律

C．制作虚假法律文件

D．尊重客观事实

4．律师和律师助理在律师行业的基本职责包括（　　　　）

A．推动社会和谐与进步　　　　　　B．维护社会公平与正义

C．维护国家法律的正确实施　　　　D．维护委托人的合法权益

5．律师利益冲突发生后可进行如下处理（　　　　）

A．通知所有与之有利益冲突或潜在冲突的当事人，正式告诉他们基于利益冲突如果继续代理可能出现的后果，得到各方当事人书面明示许可之后方可继续代理

B．只要有利益冲突，律师都必然要退出代理

C．在通知有利益冲突的当事人之后，从其中一方撤回代理

D．在通知有利益冲突的当事人之后，从双方撤回代理

项目二　律师事务所办公室工作实务

知识目标

1．熟悉律师事务所档案、印章、公函、介绍信、信件收发、办公设施、采购、会计、出纳职责、财务管理规定；

2．理解律师事务所前台岗位工作标准；

3．掌握律师事务所礼仪、仪容仪表规范。

能力目标

能熟练进行律师事务所办公室的各项业务操作。

案例引入

李某大专毕业后，入职到一家律师事务所当律师助理。在不到一个月的时间里，她先后介入了档案整理、文件管理、前台的客户及来访者接待、电话的接听与拨打、

邮件和包裹的收发等工作。

请问，律师事务所办公室工作有哪些？这些工作如何开展？

📝 **基本原理** ⌐

任务一 律师事务所档案管理

一、业务档案

档案是人类活动的真实记录，是人们认识和把握客观规律的重要依据。借助档案，我们能够较好地了解过去，把握现在，预见未来。律师业务档案是律师进行业务活动的真实记录，可以反映律师维护国家法律正确实施、维护委托人合法权益的情况，体现律师的基本职能和社会作用。律师业务档案整理和管理工作，是律师自我保护的必要证据，是为客户提供具有延续性的长期服务的基础，是大型事务所知识管理的重要组成部分，使律师事务所知识共享成为可能，为后期整理和利用节省大量的人力和物力。对律师助理而言，这项工作还有助于自己尽快熟悉各类业务，吸取前辈经验。

律师在办案过程中形成的全部卷宗档案应由事务所档案室统一集中管理，以确保档案的完整、准确、系统和安全。律师的卷宗档案应由承办律师或律师助理按事务所统一的归档要求归档后，移交档案管理部门。

（一）业务档案管理原则

业务档案按照年度排序，并遵循"一案一卷、一卷一号"原则立卷。

在立卷过程中，内容相同的文字材料一般只存一份，特别重要的文字材料除外。对已提交给人民法院、仲裁机构或其他有关部门的证据材料，应将其副本或复印件入卷归档。对不能附卷归档的实物证据，可将其照片及证物的名称、数量、规格、特征、保管处所、质量检查证明等记载或留存附卷后，分别保管。

两个以上律师共同承办同一案件或同一法律事务一般应当合并立卷，不同律师事务所律师合办的法律事务应当分开立卷。

下列文件材料，不必立卷归档：

1. 委托律师办理法律事务前有关询问如何办理委托手续的信件、电文电话记录、谈话记录以及复函等。

2. 没有参考价值的信封。

3. 其他律师事务所委托代查的有关证明材料的草稿。

4. 未经签发的草稿，历次修改草稿（定稿除外）。

（二）业务档案的装订

1. 装订要求。律师业务文书材料装订前要进一步整理。对破损的材料要修补或复制，复制件放在原件后面。对字迹难以辨认的材料应当附上抄件。主要外文材料要翻译成中文附后。卷面为 A4 纸，窄于或小于卷面的材料，要用纸张加衬底；大于卷面的材料，要按卷面大小折叠整齐。需附卷的信封要打开平放，邮票不要揭掉。文书材料上的金属物要全部剔除干净。

案卷装订一律使用棉线绳，三孔钉牢。

2. 装订顺序。律师业务档案应按照案卷封面、卷内目录、案卷材料、备考表、卷底的顺序排列。案卷内档案材料应按照法律事务程序的客观进程或时间顺序排列。具体顺序为：

刑事卷：①委托代理合同；②收费凭证；③委托书或指定书；④阅卷笔录；⑤会见被告人、委托人、证人笔录；⑥调查材料；⑦承办人提出的辩护或代理意见；⑧集体讨论记录；⑨起诉书、上诉书；⑩辩护词或代理词；⑪出庭通知书；⑫裁定书、判决书；⑬上诉书、抗诉书；⑭结案报告。

民事/经济/行政诉讼代理卷：①委托代理合同；②收费凭证；③委托书（委托代理协议、授权委托书）；④起诉书、上诉书或答辩书；⑤阅卷笔录；⑥会见当事人谈话笔录；⑦调查材料（证人证言、书证）；⑧诉讼保全申请书、证据保全申请书、先行给付申请书和法院裁定书；⑨承办律师代理意见；⑩集体讨论记录；⑪代理词；⑫出庭通知书；⑬庭审笔录；⑭判决书、裁定书、调解书、上诉书；⑮结案报告。

法律顾问卷：①聘方的申请书、聘书或续聘书；②聘请法律顾问协议；③聘方基本情况介绍材料；④收费凭证；⑤办理各类法律事务（如起草规章、审查合同、参与谈判、代理解决纠纷、提供法律建议或法律意见、咨询或代书等）的记录和有关材料；⑥协议存续、中止、终止的情况；⑦结案报告。

其他非诉讼法律事务：①委托代理合同；②收费凭证；③与委托人谈话笔录；④委托人提供的证据材料；⑤调查材料；⑥律师出具的法律意见，或草拟的法律文书、办理具体法律事务活动的记录等；⑦结案报告。

律师业务档案一律编号入档，编号原则上与办案合同号一致。档案应使用阿拉伯数字逐页编号，两面有字的要两面编页号。页号位置正面在右上角，背面在左上角（无字页不编号）。

承办案件日期以委托书签订日期或人民法院指定日期为准；结案日期以收到判决书（裁定书、调解书）之日为准；法律顾问业务的收结日期，以聘请法律顾问合同的签订与终止日期为准；其他非诉讼法律事务，以委托事项办结之日为结案日。

卷宗应在结案或非诉案件完成后 1 个月内完成归档。凡不符合立卷要求的，由档案管理部门退回立卷人重新整理，涉及国家机密或个人隐私时，应确定密级，并在卷宗封面左上角加盖密级章。

（三）业务档案保管期限

业务档案的保管期限分永久、长期和短期三种。

1. 永久保管：需要长远查考、利用的业务档案。在律师事务所保存 10 年后，移交统计档案馆管理。

2. 长期保管：在较长时期内需要查考、利用，作为证据保存的业务档案。保管期限为二十年。

3. 短期保管：在一段时间内需要查考、利用，作为证据保存的业务档案。保管期限为五年。

律师事务所撤销时，档案由主管司法行政机关代管或移交同级档案馆管理。

为加强和促进律师业务档案管理，保证档案归档及时，每宗律师业务收费应预留归档保证金，在归档后凭档案保管人员出具的归档证明由财务核发归档保证金，归档保证金一案一结。

律师的业务档案所有权属于律师事务所，如律师转所、退休或停止执业，其形成的业务档案不得带走，但可以复制。在转所期间，未办结的业务，由客户与律师事务所及转入所之间签订业务接转协议，并明确原律师事务所不负责档案保管或承担管理责任。

档案管理人员接收档案时应进行严格审查，凡不符合立卷要求的，一律退回立卷人重新整理。事务所应备有各种装订工具，由档案保管人员保管，为立卷之用。

二、人事档案

档案的作用主要体现在为单位人事部门提供依据。档案是历史的真实记录，通过档案可以清楚地了解一个人过去的工作轨迹，总结经验教训，为领导科学决策和科学管理提供重要参考。机关、单位会尽可能全面、准确地了解一个人，做到知人善任、选贤举能。这些机关、单位通常会将考察现状与查阅档案材料中的思想言行、业务水平、个人素质、历史情况等原始材料有机结合。在用人过程中形成的定级、调资、任免、晋升、奖惩等方面的呈报、审批材料都会汇总、归入本人档案，作为考核依据，从而全面准确地了解个人的情况，为人力资源的正确选拔和配置起到了重要的参考作用。

（一）人事档案材料类别

1. 员工入职登记表；

2. 个人简历；

3. 劳动合同书；

4. 入职前 6 个月内的体检表；

5. 入职人员身份证复印件；

6. 入职人员的毕业证、学位证复印件；

7. 律师执业证复印件；

8. 入职人员社保卡、住房公积金卡复印件；

9. 离职证明；

10. 调令通知书；

11. 全国普通高等学校毕业生就业协议书；

12. 实习律师实习协议；

13. 党员信息采集表；

14. 大中专毕业生介绍信；

15. 律师事务所人事任命。

（二）人事档案管理原则

人事档案按入职时间"一人一档案、一档案一号"原则建档，实行统一管理。由专人定期整理更新人事档案资料，建立电子版人事档案，每月更新一次。

（三）人事档案的借阅

人事档案的借阅。查阅人事档案必须办理登记手续，一般仅限在行政部内查阅，如需外借应经负责行政管理的合伙律师书面或邮件同意。档案外借应在一周内归还，档案管理人员要催交过期档案。

（四）人事档案的销毁

人事档案在该员工离职 2 年（建议 5 年）后可销毁，销毁档案时，须经 2 人以上进行监销并在销毁清册上签名，销毁清册上应注明销毁方式和日期。电子版可继续保留备查。

档案管理员丢失或擅自提供、泄露机密，应给予纪律处分，情节严重的依法追究刑事责任。

任务二　律师事务所印章管理

印章对于每一个企业都具有特殊重要的意义，不仅是企业对内管理、对外开展经营活动的唯一合法凭证，也是企业形象的具体表现，签章行为将对企业产生重大影响。

一、印章管理范围

1. 事务所公章。

2. 法定负责人章。

3. 事务所业务专用章。

二、印章管理员和印章保管员

律师事务所印章统一由行政部专人负责，印章管理员根据规定给予公章的使用人（下称用章人）用章（盖章），并负责对盖章的文件等书面材料实行备案登记和归档管理。印章管理员必须认真履行印章管理规定，严格遵守职业道德，加强组织纪律，坚持保密工作原则，避免因工作疏忽而造成损失。对未按印章管理制度用印而造成严重后果的，由印章管理员负责，并予以处分，情节严重的移交司法机关处理。

律师事务所任何人使用公章，必须填写印章使用登记。写明申请事项，征得管委会主管律师签字同意，连同需盖章文件一并交印章保管员存档。用章人未按规定的程序和要求完整填写的印章使用登记表，印章保管人应拒绝给予用章。

负责审批的律师因故不能进行审批时，用章人必须先以电话或邮件形式告知审批的内容，负责审批的人口头同意后向印章保管员发出指令，允许用章人先行用章，但用章人应在 3 日内补办审批手续。负责审批的律师也可以电话或书面委托管委会其他成员代行签字审批。

行政事务因同一事项需重复用章的，在首次审批批准后，随后办理同一事项所需用章可不再审批。

专职律师在签订业务合同后，需开具调查介绍信、行政介绍信（调查用）、致法院函、会见在押犯罪嫌疑人介绍信、取保候审申请书、取证申请书、取证介绍信、通知证人出庭申请书、提请收集调取证据申请书等相关法律文书的，凭有效的业务合同使用公章，可不经审批。专职律师出具律师函、法律意见书和律师见证书必须经过审批才能使用公章。

专用格式的介绍信、致法院函、委托代理合同等文书或文件原则上要在空白填写完整后才给予用章，若所办理业务确有特殊需要，在文书或文件上填写使用人姓名后，经律师事务所管理委员会中有权审批人书面同意可以给予用章。印章的使用原则上不能离开保管人的办公室，如办理业务确有需要，必须经律师事务所管理委员会主管律师批准后方可由印章保管人携带于办公室外使用。

凡以律师事务所的名义对外签署的采购合同、租赁合同、招商合作等重要协议，及向政府部门呈报的重要文件、重要材料须经管委会行政主管律师批准后方可申请用章。

三、印章使用要求

1. 禁止在空白纸张上盖章外带使用。

2. 公司印章应盖在文件正面。

3. 盖印文件必要时应盖骑缝印。

4. 除特殊规定外，盖公司章时一律应用朱红印泥。

5. 用印的文件、资料等应做到准确、规范，用印后的文件应妥善保管和使用，若不能保存原件的，应留存复印件并统一归档。

6. 盖章必须保证规范、清晰、端正。文件如需加盖多级印章，不能交叉重叠，不得压住正文或盖出底边。

四、特别注意

（一）以下情况须取得律师事务所管理委员会或行政主管律师同意后方可用章

1. 申请实习律师、实习备案、实习期满考核、执业申请；

2. 转所业务、入伙、退伙；

3. 事务所与专职律师签订的聘用合同、与行政人员签订的劳动合同、与律师助理签订的劳动合同等；

4. 每年度事务所各类证照的年检需用章的文件；

5. 事务所员工人事调动所需用章；

6. 律师协会要求的所需用章的文件，如各类报名表等。

（二）有下列情形之一的，印章管理部门应申请报废印章

1. 使用年限届满。

2. 遗失。

3. 破损。

印章申请报废时，印章保管部门应填写申请，经本所主任审批后，由印章保管部门进行销毁。

任务三　律师事务所公函、介绍信及调查专用证明管理

掌握律师事务所公函、介绍信、调查专用证明管理工作实务，必须首先熟知律师事务所公函、介绍信及调查专用证明的保管和使用管理规范及行政内务流程规范。

一、介绍信及调查专用证明

介绍信及调查专用证明包括律师事务所介绍信、调查专用证明、律师会见在押犯罪嫌疑人专用证明。原则上不得签发空白介绍信和调查专用证明，如有特殊情况必须经主任或主管合伙人许可方能出具。使用人事后应及时将尚未使用的专用证明交回办公室予以注销。

二、公函

公函，即处理公务所用的书信。包括委托代理合同及律师函、法律意见书等。

委托代理合同是委托人与律师事务所关于委托事项的协议。委托人委托律师事务所进行法律事务代理，必须与律师事务所签订委托协议或授权委托书。如果委托人为律师事务所常年法律顾问单位，除非法律顾问合同中有特别指明，否则经办律师仍需要求委托人签署委托协议或授权委托书。

律师函是律师以律师事务所的名义代表委托人给其他人发送的信函。法律意见书

是律师以律师事务所的名义给委托人或有关机关出具的专业法律建议。严禁律师以个人签名方式对外出具律师函和法律意见书。律师函和法律意见书必须打印成文且不得有任何涂改，文书有两页以上的必须盖骑缝章。

上述公函、介绍信及调查专用证明均由行政部统一保存管理，实行审批登记制度，律师函和法律意见书由主管业务合伙人审批，且应当在公函、介绍信、调查专用证明及存根上写明事由、经办人及有效期限。公函需加盖律师事务所印章。但经办律师未向律师事务所说明授权性文件来源的，不得盖章。行政人员必须及时做好公函、介绍信及调查专用证明的核销存档工作。

对主管业务合伙人不予审批，或经办人对其提出的修改意见不予认可的，经办人有权要求业务管理委员会进行复查，对业务管理委员会复核结果仍有异议的，经办人可以要求律师事务所管理委员会审核，律师事务所管理委员会审核结果为最终决定。

任务四　律师事务所文书资料管理

律师实务工作总是要接触许多电子文档和纸质文档，如红头文件、临时通知、会议纪要、请示报告、信息简报等专业性文书，还有课件、论文、汇编、统计、文章等非专业性的重要参考文书。那么应该如何收集和保管这些文书资料，以便日后方便地查询和利用呢？

一、文书资料的含义

文书资料是指上级有关部门下发的文件、内部资料及本所上报的有关请示、报告、函件等。

文书资料实行集中统一管理制度，由办公室（行政部）指定专人负责。具体职责如下：

1. 对上级下发的文书资料要及时登记，防止漏登、迟登。

2. 登记后，送行政主管提出拟办意见，并及时送交律师事务所主管领导批阅后根据批阅意见再行传阅或存档。

3. 对传阅、借阅完毕的文书资料，要及时收回入档，严防遗失与泄密。

4. 根据文件的密级做好保密工作。

二、注意事项

1. 律师事务所人员对上级下发的文件、内部资料应在收到的一天内及时传阅，并保持文书资料的完整、清洁。

2. 请示、报告、函件等，由分管副主任签发，主任会签后方可交付打印，底稿必须存档。

3. 调用有关文书资料须经分管副主任同意，查阅后应及时归还。

4. 文书定期进行公文清理，根据文件的去向登记，索回借阅文件，如发现有漏登、遗失的，应及时设法补登和追回。

5. 文书的立卷归档、销毁工作，根据有关档案管理制度办理。

任务五　律师事务所公用办公设施及用品管理

为加强办公设施用品的管理，提高办公设施的使用效率和使用寿命，确保办公设施安全可靠稳定的运行；同时为了规范办公用品的采购、保管、领取和使用，降低消耗、杜绝浪费，律师事务所有必要根据自身需要制定律师事务所公用办公设施及用品管理章程。

一、办公设施及用品的分类

办公设施主要包括空调、办公桌椅、复印机、电脑电话、传真机、切纸机、碎纸机、打孔机、饮水机、投影机、影音器材、数码摄像机、摄像摄影器材等。

办公用品分为消耗品和管理品两类。

1. 消耗品：铅笔、签字笔、档案袋、胶水、胶带、回形针、订书针、橡皮笔记本、信纸、白板笔、电池、打印纸等。

2. 管理品：剪刀、美工刀、订书机、计算器、尺子、印台、印油、文具等。

二、管理职责

1. 行政部主要负责办公设施及用品的采购申请提交、采购、保管、配发、设施调换等事宜。

2. 公用办公设施由行政部统一管理，所内设专人负责办公设施的使用、保管、维修、定期组织维护保养等事宜。

3. 律师事务所分配到个人或个人借用的办公设施应妥善保管，以保证设施的完好及正常使用，不得外借给非律师事务所人员使用。凡损坏或丢失，一律照价赔偿。

三、办公设施及用品购置

律师事务所应根据业务发展需要添置办公设施和用品。价值较大的办公设施及用品的购置由管理委员会提出方案提交合伙人会议决定。其他办公设施及用品的购置由行政部根据实际需要拟定购置方案报行政主管批准，具体由行政人员负责实施。

四、办公设施及用品的登记

1. 办公设施由专人负责保管，进行出借登记。

2. 办公用品实行入库领取制。购入的办公用品交行政人员统一管理，根据需要和节约的原则实行领用登记。

五、办公设施及用品的使用管理

（一）复印机使用管理

1. 复印机作为内部办公设施，用于复印打印非保密性资料、文件，不得对外开放。

2. 行政部负责复印机的管理、使用和保养，未经批准，非律师事务所人员不得擅自使用。

3. 使用者应遵守规定，厉行节约，对违反规定的不合理要求，行政部有权拒绝。

（二）电脑管理

1. 使用者必须掌握电脑操作技能，严格遵守操作规程，注意安全操作，以防设备损坏。

2. 爱护机器设备，发生故障及时告知行政部。

3. 涉密材料的存贮和电脑操作系统中的密码均应采取相应的保密措施，任何人员不得窃取和泄露密码、涉密材料等。

4. 禁止非律师事务所人员使用律师事务所的电脑。

5. 定期对电脑进行整理扫毒，做好防尘、防湿、防高温工作。

6. 下班后或长时间离开办公区要关闭电脑，并关闭电源。

（三）电话管理

1. 电话由行政部统一负责管理，每月根据话务公司账单核收费用。

2. 电话是为方便工作，处理公务之用，私事不得使用。

3. 非本所人员未经许可不得使用律师事务所电话。

4. 使用办公电话，须爱护通信设施，不得随意拆卸和移位通信设备，因拆卸和移位造成损坏或线路故障，应照价赔偿。

（四）其他办公设施的使用管理

1. 律师事务所内全部办公设施均实行专管专用，由行政部指定专人管理，任何人使用须向行政部提交申请。

2. 办公设施要定期进行保养维护，以免发生故障影响正常工作使用。

3. 办公设施要严格按有关说明书使用；若出现损坏或故障，请及时通知行政部。

4. 办公设施的使用者要保证设施的安全，如因使用者的过失造成损失，要追究责任。

5. 办公设施和装备因使用时间过长而损坏或无法使用而需再行购置，使用者应及时向行政部反映。行政部征得主任同意后，安排维修，需再行购置的要征得主任同意后再行购置。

（五）办公用品的使用管理

1. 使用办公用品要树立节约意识，尽量降低办公成本。

2. 办公用品应为办公所用，不得据为己有，挪作私用；不得将办公用品随意丢弃废置。

3. 办公用品使用要物有所值。物尽其用。大头针、曲别针等反复使用；纸张可双面利用，充分发挥各种办公用品的最大使用率。

4. 律师事务所可根据自身情况规定免费提供的办公用纸数量，如每月提供免费复印纸××张、打印张××张。原则限于复印、打印与案件相关的资料，不得浪费。复印、打印纸张者超额使用将按照每张 A4 复印纸（包含 A3 纸）×元计收费用。

5. 律师事务所每月提供价值不超过××元的办公用品（一般限于书写工具、文件管理用品、装订系列固液体胶），超额使用将按照所购入的成本价格计收。

6. 对于价值较高的耐用办公用品，各部门应最大限度协调相互借用，原则上不得重复购置。办公用品出现故障，由原采购人员负责协调和联系退换、保修、维修、配件事宜；故意造成设备损坏的，直接责任人应予以赔偿。

7. 人员调离时，应将剩余办公用品交至行政部，办公用品严禁私自带离办公区域。

任务六　律师事务所采购管理

为规范律师事务所采购工作，应细化采购审批程序，加强采购的管理和监督。

一、采购的范围

律师事务所采购工作主要包括：固定资产、低值易消耗品、礼品等。

1. 固定资产：办公设施、设备。

2. 低值易消耗品：办公设施（非固定资产）、办公用品、书籍、卫生清洁、日用品等。

3. 礼品：用于拜访客户、活动、会议赠送的礼品等。

二、采购管理

1. 为了更好地完成律师事务所所有物品的采购工作，并合理地控制采购成本，应对采购物品进行分类，采购工作分类管理，其中：固定资产低值易消耗品、礼品等由行政部负责采购；电子设备类的采购工作由网络部采选，经审核后，由行政部负责采购。

2. 采购物品如有具体技术或专业要求的，相关部门配合采购。各部门申请采购的金额超过××元，应向主管合伙人作重大事项报备，经审核后由行政部负责采购。

三、采购审批流程

1. 固定资产、低值易耗品、礼品的采购：由需求部门根据工作需要，向行政部提交采购申请单，行政部按照审批权限和预算计划进行审批采购。

2. 采购大件物品或是贵重物品，采购申请单应先提交本所主任审批同意，再由行政部负责采购。

3. 以上物品的购买均需财务部进行审核。

四、采购的询价、比价

1. 采购前，要根据所需求的产品规格、型号、性能进行询价。

2. 律师事务所长期大宗购买的，要与资信好的供应商建立良好合作关系，议定长期最优惠的价格，并保障产品质量。

3. 采购工作中，采购人员在询价时，原则上每一种产品应对三家以上供应商的价格进行比较，负责采购部门根据价格、质量、售后服务和交货期等情况进行综合考虑，确定供货商。

4. 行政部根据采购申请单及供货商的资料和报价，按照审批程序进行审批采购。

五、供应商资信调查

1. 采购大件物品和数量较多的物品，应对供应商资格信誉审核。按照国际通用规则，调查项目一般包括：①经营的合法性；②公司的性质、注册资金、公司规模；③经营状况；④经营的主要产品；⑤产品认证；⑥主要产品销售业绩；⑦质量保障体系；⑧售后服务体系；⑨公司信誉等。

2. 根据供应商资格调查，统计整理出资信好的供应商的详细信息，包括：单位名称、地址、联系电话、联系人、主营产品等内容。在进行采购时，要首先查询已记录供应商的供货价格情况。

六、购货合同的签订和管理

采购总金额在××元以上的，必须与供应商签订书面的订单或协议，采购总金额在××元以上的，必须与供应商签订正式供货合同。

七、采购货物验收工作

1. 固定资产和低值易耗品、礼品的采购，由行政部负责入库检验工作，并对物品的型号、数量、价格进行备案记录。

2. 采购设备验收出现质量瑕疵、数量或规格型号与协议不符等问题，采购人员或经办人负责应立即与供应商联系，进行调整处理，如不能及时解决，根据合同约定违约条款执行。

3. 采购完成后，由行政部做好采购资料的整理工作，将部门采购申请单、询价的资料、供应商的相关信息、采购发票复印件、合同复印件等整理归档。

任务七　律师事务所仪容、仪表与礼仪规范

一、仪容仪表规范

为了规范律师事务所管理，塑造律师事务所及律师严谨专业、积极向上的良好形象，提供舒适的办公环境，律师事务所员工应注重仪容仪表。律师事务所所有员工有义务履行仪容仪表规范，认真贯彻，以实际行动为律师事务所品牌建设作出贡献。

（一）基本原则

律师事务所所有工作人员着装及妆容以整洁、大方、得体、端庄、优雅为原则。

（二）男士

男士上班时间仪容仪表应符合以下规范：

1. 保持头发、指甲清洁，不得留过长头发和指甲，发型和发色不得过于夸张。

2. 着衬衣、西装、打领带。西装宜深色；衬衣宜浅色不带突出花纹，衬衣下摆应当扎进裤腰；领带花纹不宜花俏。西装、衬衣、领带均应整洁挺括，不得有污渍。正式商业谈判或会议不得着短袖衬衣。

3. 着皮鞋。皮鞋、袜子颜色应当深于裤子颜色。

4. 不得穿着运动鞋、拖鞋、凉鞋、体恤、花衬衣、短裤、运动裤、牛仔裤。

（三）女士

女士上班时间仪容仪表应当符合以下规范：

1. 妆容应当淡雅，不得浓妆艳抹。发型、发色及指甲颜色不宜过于突出、夸张，香水不宜浓烈。

2. 佩戴首饰不宜过于复杂、夸张，以简单、精致为宜。

3. 服装应当裁剪得体，以套装为宜。不得过于紧身、透明、暴露。内着的衬衣下摆应当扎进裙腰或裤腰。

4. 裙装以窄身裙为宜，裙摆及膝或过膝，不得高于膝盖以上3厘米。

5. 除夏季外，穿裙装应当穿肉色或深色长筒丝袜，正式商务会谈及会议均应穿薄丝袜。袜口不得露于裙摆外，不得有破洞、抽丝，丝袜颜色不得鲜艳，不得带明显花纹或网格。

6. 应当穿高跟或中跟皮鞋。正式商务会谈及会议应当穿圆口船型皮鞋。

7. 不得穿着无领无袖衫、露脐装、牛仔裤、运动裤、超短裙、短裤、凉鞋、拖鞋。

（四）适用范围

适用于律师事务所全体律师、律师助理、行政辅助人员。事务所统一配备工作服的人员上班时间应当着工作服。

行政部有权劝阻妆容、服饰不符合上述要求的工作人员进入律师事务所。

二、礼仪规范

为提升律师事务所的整体素质建设，树立良好律师事务所形象，打造出色的律师事务所文化品牌，礼仪是必不可少的前提。

（一）仪态礼仪要求

1. 微笑。微笑的要求：

（1）微笑是一种国际礼仪，能充分体现一个人的热情、修养和魅力。真正甜美而非职业化的微笑是发自内心的、自然大方的、真实亲切的。

（2）要与对方保持正视的微笑。

（3）眼睛要正视对方，也要坦然接受对方的目光。

（4）微笑应贯穿礼仪行为的整个过程。

2. 站姿、坐姿与行姿。站姿、坐姿与行姿反映一个人的形象。良好的站姿、坐姿与行姿要求如下：

标准站姿要做到抬头、挺胸、含颚、夹肩、收腹、提臀，双臂自然下垂；基本坐姿要做到入座要轻，后背轻靠椅背，头平正，挺胸、夹肩、立腰；规范行姿体现在女士要抬头、挺胸、收紧腹部，手轻轻放在两边，自然摆动，步伐轻盈，不拖泥带水，身体有向上拉长的感觉；男士要抬头、挺胸，步伐稳重摆臂自然，充满自信。

3. 手势。手势的幅度和频率不要过大过多，要特别注意手势的规范和手势的含义，在示意方向或人物时，应用手掌，切不可用手指。

在示意他人过来时，应用手掌，且掌心向下，切不可掌心向上。

（二）电话礼仪

拨打接听电话时要做到：

1. 使用电话，轻拿轻放，应在电话铃响三声内接听电话。

2. 接听电话时必须使用规范应答语，如"您好，×××律师事务所"。

3. 语音清晰，注意表情，电话中的语言应该比平时速度稍慢一些，调整好自己的情绪，听到对方责难时亦应保持礼貌、克制和耐心，并做好记录。

4. 体态优雅，沉着大方，接电话过程中的体态是挺拔潇洒还是慵懒无力，直接影响声音、语气和精神状态。

5. 谈话要注意礼节，并使用礼貌用语。

6. 代转电话的礼节——接听需连线本所其他工作人员的电话，应礼貌说明情况，并热情地为对方转接给相关人员。

7. 长时间离开岗位时，应设定电话转移，以免误事。

（三）接待礼仪

对来访客人进行接待时要做到：

1. 接待客人：提前做好接待准备，提前十分钟在约定地点等候，客人来到时应主动迎上，初次见面的还应主动作自我介绍，并引领客人至接待处，安置好客人后，奉上茶水或饮料。

2. 乘电梯：陪同客人乘电梯时，如电梯内没有其他人，应在客人之前进入电梯，按住"开"的按钮，再请客人进入电梯；到楼层时，应按住"开"的按钮，请客人先出，如电梯内有人，则无论上下都应客人、上司优先。

电梯内不可大声喧哗或嬉笑吵闹；先上电梯的人应靠后站，以免妨碍他人乘电梯；电梯内已有很多人时，后进的人应面向电梯门站立。

3. 引路：在为客人引导时，应走在客人左前方二三步前，让客人走在路中央，并适当地做些介绍。

在楼梯间引路时，让客人走在右侧，引路人走在左侧，拐弯或楼梯台阶的地方应使用手势，提醒客人"这边请"或"注意楼梯"。

4. 开门：向外开门时，先敲门，打开门后把住门把手，站在门旁，对客人说"请进"并施礼，进入房间后，用右手将门轻轻关上。请客人入座向内开门时，敲门后，自己先进入房内，侧身，握住门把手，对客人说"请进"并施礼，轻轻关上门后，请客人入座。

5. 送客：送客时应主动为客人开门，待客人走出后，再紧随其后；可在适当的地点与客人握别，如电梯（楼梯）口、大门口，停车场或公共交通停车点等。

（四）办公场所礼仪

办公场所要做到：

1. 办公场所使用应按规定申请，不应随意占用办公场所资源。

2. 要爱惜办公场所公共设施，不应随意挪动办公场所内的办公家具、调动控制开关。

3. 在办公场所内不应乱堆乱放物品，不占用通道，妨碍通行。

4. 不可直接在墙壁上涂画、粘贴海报，可以在指定区域的标准展板上进行宣传布置；在张贴展板时，不应遮挡办公场所标识、安全警示牌等。

5. 不可在独立办公室和会议室的玻璃墙面上张贴遮挡物。

（五）办公场所个人行为举止的礼仪

办公场所内的个人行为举止，应当做到：

1. 在日常工作中，养成良好的待人处事习惯，摒弃"以我为主""自以为是"的不良作风。

2. 在办公区内，安静的办公环境是保证职员工作效率的前提之一。因此，说话的音量应保持适度，切忌旁若无人地大声喧哗，或窃窃私语；如无必要的工作联系，不随意进入其他办公场所区域。

3. 切忌擅自取用他人办公桌上的书籍或办公用品，甚至将他人财物随意转借。因工作需要，借用他人书籍、办公用品或其他财物应当尽快完好归还；归还如剪刀等锋利物品时，切勿把锋利的一端或尖端指向他人。

4. 办公桌面要保持整洁，桌面上不得过多摆放个人物品，下班前须整理桌面。

5. 须保持办公场所卫生。办公场所内不可吸烟，吸烟应到指定吸烟区域。

6. 在公共场所行走时注意与他人保持适度距离，以免造成他人不适。

（六）会议礼仪

开会时要做到：

1. 申请会议室等公共资源须按流程办理，如申请时间发生冲突，要服从管理人员的安排，尊重服务人员。

2. 与会者必须提前 5 分钟到达会场，关闭一切通信工具。

3. 主持人或发言者上台讲话前，应向与会者行 30°鞠躬礼。

4. 会议迟到者必须向主持人行 15°鞠躬礼表示歉意，会议中途离开者必须向主持人行 15°鞠躬礼示意离开。

5. 会议进程中，应集中注意力，不干扰他人发言，若要发言，则应等待时机，不可随意发表评论。

6. 会议进程中，应详细记录会议讨论的重点和其他与会者的意见。

7. 会议进程中，若有不明白的地方，可于适当时机要求发言者给予解答。

8. 主持人或发言者发言完毕，应向与会者行 30°鞠躬礼，与会者应鼓掌回礼。

9. 若开会时使用纸杯或瓶、罐等容器，散会后，应把身边的空罐、纸杯、纸巾收拾好。

10. 公共会议室使用完毕后，须整理好物品，确保设备无损坏。

任务八　律师事务所财务与监管账户管理

一、财务管理的要求

对律师事务所财务的管理，应该做到：

1. 律师事务所依法配备专职财会人员，依财务制度和律师事务所实际财务项目设置会计科目，进行会计核算。律师事务所所购置的财产物品，为合伙人的共同财产，合伙期间由律师事务所统一管理、使用和支配，未经全体合伙人会议同意，不得私自分割、挪用和处理。

2. 律师事务所在银行统一开设若干账户，供律师事务所全体律师使用。禁止任何人以任何形式、任何理由私自以事务所名义在银行或其他金融机构开设账户。

3. 律师事务所建立一套符合会计准则的财务账册，账册设总账和明细账，禁止另设暗账或第二套账。

4. 律师业务收入（律师费及办案费）无论支票或现金均须进入事务所设立的账户，由律师事务所财务人员统一开具税务票据。禁止律师事务所律师私自收费、私自开票。

5. 律师事务所的公共费用根据合伙协议和律师事务所章程的约定由全体合伙人分担，收入按约定比例共享。

6. 律师事务所的房屋租金、物业管理费、空调费、水电费、电话费等经常性支出由财务人员核对，报经主管合伙人签字同意后支付。其他公共费用支出须先经行政部经理提出，再由财务人员核对并报经主管合伙人批准后支付。

7. 费用报销应由报销人按照规定粘贴单据并由报销人签名，出纳核对，主管会计复核签字。

报销凭证必须是税务或财政部门、海关等统一印制的凭证，否则财务人员有权拒绝给予报销。报销人应对自己提交的报销凭证的真实性、合法性和关联性负责，否则，因报销凭证不合规而产生的所有后果由报销人承担。

律师个人使用饮食业发票或大额耐用品发票报销，不得超过当年度税务部门的相关文件规定的比例。

8. 合伙人或聘用律师支取个人业务收入，应填写支取凭证，经收案登记人员和主管会计审核签名后，再经主管合伙人签署同意后领取。单张票超过人民币50万元金额的退票事项，报主管合伙人同意后办理；单次超过100万元人民币的款项支取、退票事项，报律师事务所主任同意后办理。

9. 合伙人完税后，个人业务收入账上余额不得少于其应承担的事务所2个月费用的支出额，超过部分可全额支取。

聘用律师的个人业务收入完税后余额，不得少于聘用合同约定的提取比例或其本人应承担的律师事务所一个季度的费用支出额，超过部分按相关规定支取。

10. 合伙人或聘用律师欠费的，自收到财务报表或财务欠费通知之日起，合伙人应在5个工作日内，聘用律师应在10个工作日内缴清欠费，逾期者，事务所按日计收欠缴额0.1%的滞纳金。

合伙人欠费超过1个月，财务人员签发催告通知；欠费超过3个月，执行合伙人签发欠费催告通知，并向管理委员会通报；欠费超过6个月，按自动退伙处理。由此发生的退伙，合伙人无权要求退返投资款（含装修投资等递延资产），律师事务所有权追讨欠费。

聘用律师欠费超过1个月，由财务人员签发催告通知，欠费达3个月者，事务所有权终止其聘用合同，并追讨欠费。

11. 合伙人或聘用律师在律师事务所欠交的费用，财务人员有权用欠费的合伙人或聘用律师的个人业务收入优先冲抵，或在银行账户中直接予以划扣。

12. 合伙人和聘用律师在从业过程中，因过错或过失给当事人造成损失的，由该合伙人或聘用律师承担民事赔偿责任。事务所先行承担赔偿责任的，有权向该合伙人或聘用律师追偿。

13. 合伙人有权监督律师事务所的财务收支情况。

14. 财务人员应对事务所当月的收入和支出及时做好收支节余明细账，以便合伙人核查。同时，财务人员应每月制作合伙人月度资金收支节余表和当月的公共管理费用收支明细表，通过事务所邮件发送给各合伙人。合伙人在核对后如有疑问，应于收到合伙人月度资金收支节余表后的 5 个工作日内，到事务所财务部门进行核查。

15. 财务人员须在每季度首月第 10 个工作日前，对上个季度的财务收支状况进行财务分析，并将财务分析的结果与上季度财务报表一并呈报管理委员会。呈报财务年报时应附带财务分析结果。

16. 律师事务所财务人员应做好税费的代扣代缴工作，按时报税。

17. 律师事务所财务人员有权拒绝合伙人和聘用律师违反财务制度的不合理要求。律师事务所财务人员有权向主管合伙人、管理委员会或合伙人会议反映律师所合伙人或专职律师违反财务制度的行为。

18. 律师事务所的财务印章由财务主管负责保管，执行合伙人私人印鉴由其本人或委托的出纳负责保管。

19. 律师事务所应按规定设立事业发展、执业风险、社会保障和培训等项基金，具体的提取比例按有关规定办理。

二、对监管账户管理的要求

（一）账户用途

下列款项可以暂时存入监管账户：

1. 办理委托事务过程中，其他各方向委托人支付的各类费用。

2. 司法机关、仲裁部门同意由律师事务所代为收取的委托人的执行款、诉讼费用等款项。

3. 在办理业务过程中，由其他单位或个人向委托人支付的各种与办理业务有关的款项。

4. 资金监管业务中委托人的资金。

5. 委托人和律师事务所协商一致，由委托人预付，律师事务所或律师代为支付的各类办案费用。

6. 根据委托合同，委托人或委托人的代理人预付的律师费。

（二）账户监管

1. 监管账户应当专门用于收取和支付本办法上述规定的各类款项，不得挪用，也不得擅自将款项转入基本账户。

2. 监管款项属于代收代付资金，收支必须依据委托协议约定及委托人和付款人的授权，财务核算应为付款人或委托人单独设立明细科目，核算逐笔记录，账款专用。

3. 监管资金如需退回或转入第三方账户，应有委托协议约定及委托人和付款人的书面授权，同时填写监管款项代付款申请书，款项按原路无息退回或无息转入第三方账户。

4. 监管资金如转为律师费并转入律师事务所基本账户，必须有委托协议约定及委托人和付款人的书面授权，同时填写预收律师费转律师费付款申请书，无息转入基本账户，律师事务所应向委托人开具发票；委托事项已完成，委托人和付款人拒绝出具书面授权的，主办律师可以向律师事务所管委会申请将预收律师费转为律师费，律师事务所管委会根据委托协议及相关书面材料审查付款条件是否成立，并据此决定是否将预收律师费转为律师费。

5. 严禁以律师个人账户代收代支委托人的款项，严禁利用监管账户从事非法活动。

6. 开设监管账户后1个月内向当地律师协会备案，按要求提交监管账户相关资料。

（三）律师事务所退费

1. 律师事务所与当事人签订法律服务委托合同并收费后，原则上不再退费。但具有下列情况之一的，可以酌情退费：

（1）当事人与律师事务所协商终止法律服务委托合同的；

（2）收费超过政府指导价标准的；

（3）经查实，承办律师在服务过程中，有违反执业纪律或职业道德行为；

（4）收费的确不合理的；

（5）经查实，存在承办律师服务态度、服务质量较差的情况；

（6）其他可以酌情退费的情况。

2. 退费应由当事人向律师事务所提出书面申请，书面申请上应写明申请理由和金额。

3. 律师事务所收到申请后，由律师事务所主任负责审查和确定。律师事务所主任在收到申请后，应在3日内向承办律师了解情况，听取意见，并及时与当事人进行沟通。在此基础上，作出退费与不退费、退费金额的决定。

4. 退费不得超出律师事务所收取的律师服务费和预收的办案、差旅等费用的范围之内。

5. 律师事务所主任作出的退费决定，承办律师必须接受。

6. 律师事务所作出退费决定后，根据退费性质按以下程序办理手续：

（1）退费仅涉及律师服务费的，由承办律师负责将原开具的发票收回，经律师事务所主任签字后交给财务作废或红冲，财务人员在退费后根据实际收费重新开具发票。当事人在收到退费后出具收款凭证。

（2）退费仅涉办案、差旅等费用的，承办律师将应退办案、差旅等费用交财务室，由财务人员退还给当事人，当事人在收到退费后出具收款凭证。财务人员在退费后，根据实际收费向当事人开具发票。

（3）如退费既涉及律师服务费，又涉及办案、差旅等费用，则分别按上述方式处理。

7. 退费时，律师事务所应与当事人签订退费协议，退费协议附卷。

8. 退费部分已计入承办律师创收中的，由财务人员在其创收中扣除；承办律师已提取的，由财务人员在本月度结算日前扣除，不足部分由承办律师本人以现金补足。因退费给律师事务所造成损失的（如税费等），由承办律师承担，财务人员在本月底从其收入中扣除。

9. 律师事务所可以根据退费原因，对承办律师作出批评、警告、解除合同的处理决定，或提请司法行政机关和律师协会予以处理。

任务九 律师事务所会计、出纳岗位职责

一、律师事务所会计岗位职责

律师事务所会计岗位职责包括：

1. 依照《会计法》和律师事务所财务管理制度的规定，负责律师事务所财务记账、核算、编制会计报表和财务分析报表等工作。

2. 编制律师事务所年度财务预算、年度财务决算，负责会计报表审计工作。

3. 负责律师事务所工作人员工资、酬金的核算，律师收支明细的登记，编制各律师收支明细表和汇总表。

4. 负责办理律师事务所工作人员的保险、住房公积金等各种社会统筹费的计缴工作。

5. 负责律师事务所固定资产账务核算，定期与实物管理部门核对清点，保持账实相符。

6. 负责律师事务所税款的申报、缴纳及变更税务登记事项。

7. 负责律师事务所财务专用印章、发票专用印章、网上银行支付 UKEY 和密码的保管与使用。

8. 保守财务秘密。

9. 负责统计部门数据计算和申报工作。

10. 完成行政主管和管委会交办的其他工作。

二、律师事务所出纳岗位职责

律师事务所出纳岗位职责包括：

1. 负责办理律师业务的开票、收费。

2. 负责日常现金及银行存款项目的收支管理，财务相关单据、空白凭据和空白支票领用及使用管理，保证银行存款余额与银行对账单和会计相应科目一致。

3. 负责复核、报销经主任或分管财务合伙人签批的各种票据。

4. 负责律师事务所工作人员的工资、酬金及其他福利费的发放。

5. 负责法人印章、网上银行支付 UKEY 和密码的保管与使用。

6. 负责税务发票领用、核销。

7. 保守财务秘密。

8. 完成行政主管和管委会交办的其他工作。

任务十　公文格式

一、范围

公文格式指党政机关公文通用的纸张要求、排版和印制装订要求及公文格式各要素的编排规则。公文格式适用于各级党政机关制发的公文。其他机关和单位的公文可以参照执行。使用少数民族文字印制的公文，其用纸、幅面尺寸及版面、印制等，按公文标准执行，其余可以参照本任务内容并按照有关规定执行。

二、具体细则

1. 公文用纸主要技术指标。公文用纸一般使用纸张定量为 $60 \sim 80 g/m$ 的胶版印刷纸或复印纸。纸张白度 $80\% \sim 90\%$，横向耐折度 $\geqslant 15$ 次，不透明度 $\geqslant 85\%$，pH 值为 $7.5 \sim 9.5$。

2. 公文用纸幅面尺寸。公文用纸采用 GBT148 中规定的 A4 型纸，其成品幅面尺寸为 210mm×297mm。

3. 页边与版心尺寸。公文用纸天头（上白边）为 37mm±1mm，公文用纸订口（左白边）为 28mm±1mm，版心尺寸为 15mm×225m。

4. 字体和字号。如无特殊说明，公文格式各要素一般用 3 号仿宋。特定情况可以作适当调整。

5. 行数和字数。一般每面排 22 行，每行排 28 个字，并撑满版心。特定情况可以作适当调整。

6. 文字的颜色。如无特殊说明，公文中文字的颜色均为黑色。

7. 制版要求。版面干净无底灰，字迹清楚无断划，尺寸标准，版心不斜，误差不超过 1mm。

8. 印刷要求。双面印刷；页码套正，两面误差不超过 2mm。黑色油墨应当达到色谱所标 BL00%，红色油墨应当达到色谱所标 Y80%、M80%。印品着墨均匀；字面不花、不白、无断划。

9. 装订要求。公文应当左侧装订，不掉页，两页页码之间误差不超过 4mm，裁切后的成品尺寸允许误差±2mm，四角成 90°，无毛卷或缺损，骑马订或平订的公文应当：

（1）订位为两钉外订眼距版面上下边缘各 70mm 处，允许误差±4m；

（2）无坏钉、漏钉、重钉，钉脚平伏牢固；

（3）骑马订钉锯均订在折缝线上，平订钉锯与书脊间的距离为 3~5mm，包本装订公文的封皮（封面、书脊、封底）与书芯应吻合、包紧、包平、不脱落。

10. 公文格式各要素编排规则。

（1）公文格式各要素的划分。版心内的公文格式各要素划分为版头、主体、版记三部分。公文首页红色分隔线以上的部分称为版头；公文首页红色分隔线（不含）以下公文末页首条分隔线（不含）以上的部分称为主体；公文末页首条分隔线以下、末条分隔线以上的部分称为版记。页码位于版心外。

（2）版头。

第一，份号。如需标注份号，一般用 6 位 3 号阿拉伯数字，顶格编排在版心左上角。

第二，密级和保密期限。如需标注密级和保密期限，一般用 3 号黑体字，顶格编排在版心左上角第二行。保密期限中的数字用阿拉伯数字标注。

第三，紧急程度。如需标注紧急程度，一般用 3 号黑体字，顶格编排在版心左上角。如需同时标注份号、密级和保密期限、紧急程度，按照份号、密级和保密期限、紧急程度的顺序自上而下分行排列。

第四，发文机关标志。由发文机关全称或者规范化简称加"文件"二字组成，也可以使用发文机关全称或者规范化简称。

发文机关标志居中排布，上边缘至版心上边缘为 35mm，推荐使用小标宋体字，颜色为红色，以醒目、美观、庄重为原则。

联合行文时，需同时标注联署发文机关名称，一般应当将主办机关名称排列在前。如有"文件"二字，应当置于发文机关名称右侧，以联署发文机关名称为准上下居中排布。

第五，发文字号。编排在发文机关标志下空二行位置，居中排布。年份、发文顺序号用阿拉伯数字标注。年份应标全称，用六角括号"〔〕"括入。发文顺序号不加"第"字，不编虚位（即 1 不编为 01），在阿拉伯数字后加"号"字，上行文的发文字号居左空一字编排，与最后一个签发人姓名处在同一行。

第六，签发人。由"签发人"三字加全角冒号和签发人姓名组成，居右空一字，编排在发文机关标志下空二行位置。"签发人"三字用 3 号仿宋体字，签发人姓名用 3 号楷体字。

如有多个签发人，签发人姓名按照发文机关的排列顺序从左到右、自上而下依次均匀编排，一般每行排两个姓名，回行时与上一行第一个签发人姓名对齐。

第七，版头中的分隔线。发文字号之下 4mm 处居中印一条与版心等宽的红色分隔线。

（3）主体。

第一，标题。一般用 2 号小标宋体字，编排于红色分隔线下空二行位置，分一行或多行居中排布；回行时，要做到词意完整，排列对称，长短适宜，间距恰当，标题排列应当使用梯形或菱形。

第二，主送机关。编排于标题下空一行位置，居左顶格，回行时仍顶格，最后一个机关名称后标全角冒号。如主送机关名称过多导致公文首页不能显示正文时，应当将主送机关名称移至版记。

第三，正文。公文首页必须显示正文。一般用 3 号仿宋体字，编排于主送机关名称下一行，每个自然段左空二字，回行顶格。文中结构层次序数依次可以用"（一）""1.""（1）"标注。一般第一层用黑体字、第二层用楷体字、三层和第四层用仿宋体字标注。

第四，附件说明。如有附件，在正文下空一行左空二字编排"附件"二字，后标全角冒号和附件名称。如有多个附件，使用阿拉伯数字标注附件顺序号（如"附件：1.××××"）；附件名称后不加标点符号。附件名称较长需回行时，应当与上一行附件名称的首字对齐。

第五，发文机关署名、成文日期和印章。①加盖印章的公文。成文日期一般右空四字编排，印章用红色，不得出现空白印章。单一机关行文时，一般在成文日期之上、以成文日期为准居中编排发文机关署名，印章端正、居中下压发文机关署名和成文日期，使发文机关署名和成文日期居印章中心偏下位置，印章顶端应当上距正文（或附件说明）一行之内。联合行文时，一般将各发文机关署名按照发文机关顺序整齐排列在相应位置，并将印章一一对应、端正、居中，下压发文机关署名，最后一个印章端正、居中，下压发文机关署名和成文日期。印章之间排列整齐、互不相交或相切，每排印章两端不得超出版心，首排印章顶端应当上距正文（或附件说明）一行之内。②不加盖印章的公文。单一机关行文时，在正文（或附件说明）下空一行右空二字编排发文机关署名，在发文机关署名下一行编排成文日期，首字比发文机关署名首字右移二字。如成文日期长于发文机关署名，应当使成文日期右空二字编排，并相应增加发文机关署名右空字数。联合行文时，应当先编排主办机关署名，其余发文机关署名依次向下编排。③加盖签发人签名章的公文。单一机关制发的公文加盖签发人签名章时，在正文（或附件说明）下空二行右空四字加盖签发人签名章，签名章左空二字标注签发人职务，以签名章为准上下居中排布。在签发人签名章下空一行右空四字编排成文日期。联合行文时，应当先编排主办机关签发人职务、签名章，其余机关签发人职务、签名章依次向下编排，与主办机关签发人职务、签名章上下对齐。每行只编排一个机关的签发人职务、签名章，签发人职务应当标注全称。签名章一般用红色。④成文日期中的数字。用阿拉伯数字将年、月、日标全，年份应标全称，月、日不编虚位（即 1 不编为 01）。⑤特殊情况说明。当公文排版后所剩空白处不能容下印章或签发人签名章成文日期时，可以采取调整行距、字距的措施解决。⑥附注。如有附注，居左空两字加圆括号编排在成文日期下一行。⑦附件。附件应当另面编排，并在版记之前，与公文正文一起装订。"附件"二字及附件顺序号用 3 号黑体字顶格编排在版心左上角第一行。附件标题居中编排在版心第三行。附件顺序号和附件标题应当与附件说明的表述一致，附件格式要求同正文。如附件与正文不能一起装订，应当在附件左上角第一行顶格编排公文的发文字号并在其后标注"附件"二字及附件顺序号。

（4）版记。

第一，版记中的分隔线。版记中的分隔线与版心等宽，首条分隔线和末条分隔线用粗线（推荐高度为 0.35mm），中间的分隔线用细线（推荐高度为 0.25mm）。首条分隔线位于版记中第一个要素之上，末条分隔线与公文最后一面的版心下边缘重合。

第二，抄送机关。如有抄送机关，一般用 4 号仿宋体字，在印发机关和印发日期之上一行左右各空一字编排。"抄送"二字后加全角冒号和抄送机关名称，回行时与冒号后的首字对齐，最后一个抄送机关名称后标句号。

如需把主送机关移至版记，除将"抄送"二字改为"主送"外，编排方法同抄送机关。既有主送机关又有抄送机关时，应当将主送机关置于抄送机关之上一行，之间不加分隔线。

第三，印发机关和印发日期。印发机关和印发日期一般用 4 号仿宋体字，编排在末条分隔线之上，印发机关左空一字，印发日期右空一字，用阿拉伯数字将年、月、日标全，年应标全称，月、日不编虚位（即 1 不编为 01），后加"印发"二字。版记中如有其他要素，应当将其与印发机关和印发日期用一条细线隔开。

（5）页码。一般用 4 号半角宋体阿拉伯数字，编排在公文版心下边缘之下，数字左右各放一条一字线；一字线上距版心下边缘 7mm。单页码居右空一字，双页码居左空一字。

公文中的横排表格。A4 纸型的表格横排时，页码位置与公文其他页码保持一致，单页码表头在订口一边，双页码表头在切口一边。

（6）公文的特定格式。

第一，信函格式。发文机关标志使用发文机关全称或者规范化简称，居中排布，上边缘至上页边为 30mm，推荐使用红色小标宋体字。联合行文时，使用主办机关标志发文机关标志下 4mm 处印一条红色双线（上粗下细），距下页边 20mm 处印一条红色双线（上细下粗），线长均为 170mm，居中排布。

如需标注份号、密级和保密期限、紧急程度，应当顶格居版心左边缘编排在第一条红色双线下，按照份号、密级和保密期限、紧急程度的顺序自上而下分行排列，第一个要素与该线的距离为 3 号汉字高度的 7/8。发文字号顶格居版心右边缘编排在第一条红色双线下，与该线的距离为 3 号汉字高度的 7/8。

标题居中编排，与其上最后一个要素相距二行。

第二条红色双线上一行如有文字，与该线的距离为 3 号汉字高度的 7/8。首页不显示页码。

版记不加印发机关和印发日期、分隔线，位于公文最后一面版心内最下方。

第二，命令（令）格式。发文机关标志由发文机关全称加"命令"或"令"字组成，居中排布，上边缘至版心上边缘为 20mm，推荐使用红色小标宋体字。

发文机关标志下空二行居中编排令号，令号下空二行编排正文。

第三，纪要格式。纪要标体由"××纪要"组成，居中排布，上边缘至版心上边缘为 35mm，推荐使用红色小标宋体字。

标注出席人员名单，一般用 3 号黑体字，在正文或附件说明下空一行左空二字编排"出席"二字，后标全角冒号，冒号后用 3 号仿宋体字标注出席人单位、姓名，回行时与冒号后的首字对齐。

标注请假和列席人员名单，除依次另起一行并将"出席"二字改为"请假"或"列席"外，编排方法同出席人员名单纪要格式，可以根据实际制定。

练习与思考

1. 关于律师事务所业务档案管理，说法错误的是（　　　　）

A. 业务档案按照年度排序，并遵循"一案一卷、一卷一号"原则立卷

B. 两个以上律师共同承办同一案件或同一法律事务一般应当合并立卷

C. 不同律师事务所律师合办的法律事务应当分开立卷

D. 委托律师办理法律事务前有关询问如何办理委托手续的信件要立卷归档

2. 关于律师事务所的印章的使用，说法错误的是（　　　　）

A. 禁止在空白纸张上盖章外带使用

B. 公司印章应盖在文件正面

C. 盖章必须保证规范、清晰、端正

D. 文件如需加盖多级印章，可以交叉重叠，但不得压住正文或盖出底边

3. 业务档案的保管期限分为以下几种（　　　　）

A. 永久　　　B. 长期　　　C. 中期　　　D. 短期

4. 律师助理在接待客户及来访者时正确的做法有（　　　　）

A. 看见顾客进入律所，主动起立。向客人点头微笑，欠身问好："您好，请问找

哪位？"

B. 如客人需找律师，先拨打律师的分机号，通知律师

C. 如被访者不在律所，应明确告知来访者。在其离开时，应请其留下联系方式，以便转告被访者

D. 引导客人在咖啡厅、接待室或者会议室等待律师

5. 为提升律师事务所的整体素质建设，树立良好企业形象，打造出色的律师事务所文化品牌，礼仪是必不可少的前提。下列关于微笑的礼仪，正确的做法是（   ）

A. 微笑是一种国际礼仪，能充分体现一个人的热情、修养和魅力。真正甜美而非职业化的微笑是发自内心的、自然大方的、真实亲切的

B. 微笑时要与对方保持正视

C. 眼睛要正视对方，也要坦然接受对方的目光

D. 微笑应贯穿礼仪行为的整个过程

6. 关于接听电话的要求，正确的做法是（   ）

A. 接听电话必须口齿清晰、音量适中、语气和蔼

B. 应熟记常用的电话号码、传真号码等，对方询问时能够做到脱口而出

C. 接听电话过程中，须注意保守律师事务所的机密

D. 通话结束后，应在对方挂断电话后再将话筒轻轻放下

7. 为提升律师事务所的整体素质建设，树立良好律师事务所形象，打造出色的律师事务所文化品牌，礼仪是必不可少的前提。下列关于接听电话的礼仪，正确的做法是（   ）

A. 使用电话，轻拿轻放，应在电话铃响三声内接听电话

B. 接听电话时必须使用规范应答语，如"您好，×××律师事务所"

C. 语音清晰，电话中的语言应该比平时速度稍慢一些，调整好自己的情绪，听到对方责难时亦应保持礼貌、克制和耐心，并做好记录

D. 长时间离开岗位时，应设定电话转移，以免误事

8. 为提升律师事务所的整体素质建设，树立良好律师事务所形象，打造出色的律师事务所文化品牌，礼仪是必不可少的前提。下列关于接待的礼仪，正确的做法是（   ）

A. 接待客人：提前做好接待准备，提前十分钟在约定地点等候，客人到来时应主动迎上

B. 乘电梯：陪同客人乘电梯时，如电梯内没有其他人，应在客人之前进入电梯，按住"开"的按钮，再请客人进入电梯

C. 引路：在为客人引导时，应走在客人左前方二三步前，让客人走在路中央，并适当地做些介绍

D. 送客：送客时应主动为客人开门，待客人走出后，再紧随其后

【项目实训】律师事务所前台工作

【实训目的】能够熟悉律师事务所前台不同工作要求，熟练进行岗位操作

【情境设计】张某电话咨询某律师事务所前台律师助理赵某，拟找钱律师委托钱律师对其案件进行代理。赵某将电话转接给钱律师。一天后，钱律师嘱咐赵某打电话给张某，约其第二天来律师所面谈。张某来到律师事务所后，赵某负责了接待工作，并安排其在第二会议室，接待完后，送走了张某。

【实训步骤】

步骤 1：根据班级人数分组，选出 1 人担任小组长；

步骤 2：各小组根据实训实训情境设计进行情景模拟，汇总答案；

步骤 3：各小组派 1 名成员发言；

步骤 4：指导老师根据各小组综合表现评分并进行点评。

项目三 律师助理在法律事务中的业务范围和工作要求

知识目标

1. 熟练掌握律师助理在办理民事案件中的业务范围和工作要求；
2. 熟练掌握律师助理在办理刑事案件中的业务范围和工作要求；
3. 熟练掌握律师助理在办理非诉讼法律业务中的业务范围和工作要求。

能力目标

1. 能够协助律师办理好民事案件业务；
2. 能够协助律师办理好刑事案件业务；
3. 能够协助律师办理好非诉讼法律业务。

案例导入

焦某、韩某夫妇共生育子女三人，儿子焦平，长女焦英，次女焦珍。1966 年焦某夫妇在吉林市丰满区购买房屋两间，建筑面积 82 平方米。1980 年 1 月，焦平结婚，并于同年 7 月搬出分家另过。次年 9 月，焦某病故，其遗产未作处理。焦某去世后，韩某与女儿焦英、焦珍共同生活。1995 年，焦英结婚，搬出另过。1998 年焦珍结婚，与母亲韩某一起生活。2004 年 6 月，韩某病故，其生病期间一直由次女焦珍照顾。病故前，韩某于 2004 年 5 月 10 日经吉林市丰满区公证处公证立下遗嘱，全文如下："将房屋留给我的小女儿焦珍。"并将房屋产权证交给了焦珍，此外，韩某尚有工资存款和有价值邮票若干未作分配。韩某去世后，其长女焦英声明将自己应有份额房屋产权赠给焦珍。焦平认为，自己也是家庭成员，理应分得部分遗产，遂起诉到人民法院。

如果焦平委托你办理此案，你如何办理？

基本原理

任务一　律师助理协助办理民事案件的业务范围和工作要求

代理案件或者其他法律事务，从开始处理到最终完成，是需要做很多工作的。律师一个人的精力非常有限，不可能同时处理过多事务，否则将无法认真思考如何办理案件。实际上，案件或者其他法律实务代理过程中的很多事务是需要律师助理协助完成的。可以说，如果没有律师助理，律师很难为委托人提供高质量的法律服务。

一、民事案件咨询与接案

律师的工作非常繁忙，有时可能需要同时接待几个不同案件的当事人，分身乏术。此时，就需要律师助理帮忙分担非必须由律师本人完成的工作，如协助律师做好民事案件的咨询与接待。律师助理做好民事案件的咨询与接案工作，也有助于自己业务水平的提高和职位薪资的提升。

（一）电话约见

当事人在见律师之前，一般会和律师电话约定见面的时间。电话约见，可以安排律师助理来负责，即由律师助理与当事人通过电话沟通约见律师的具体事宜。电话约见，多数情况下是当事人和律师助理的初次接触，也可以说是当事人与律师团队的第一次接触。在通话过程中，如果律师助理表现专业、干练、温和、有礼，则会增加当事人对律师团队的信任感；否则，当事人很有可能对律师团队的专业能力产生怀疑，甚至打消委托该团队代理的念头。

电话沟通需要特别注重两项技巧：听和说。

听，即倾听，倾听当事人的想法与诉求。倾听表面上是一个被动行为，却需要倾听者在倾听的同时不断地进行思考与总结，对倾诉者所阐述的内容进行消化与归纳，适时予以恰当反馈。这样才能算作是高质量的倾听。比如：有些当事人在沟通时情绪激动或急于表达，表述过程中思路混乱、语焉不详，或者存在较多无意义的重复。此时，律师助理一方面要有十足的耐心，不得随意打断当事人，另一方面，也要快速抓取并组织有效信息，在当事人停顿时用简练的语言对当事人阐述的内容进行概括性复述。复述时可采用"您看我理解得对吗？""您是说……吗？"等句式。在当事人予以肯定后，表示已经进行记录，更多细节可以见面时再谈，并引导当事人确定会见的时间与地点。

说，即用语言表达思想。广义上，语言包含语句、语音、语调、肢体动作、表情等一系列因素。电话沟通时，肢体动作与表情是无法传递信息的，律师助理要多在语句、语音、语调上下功夫。与当事人通话时，要专业而不高傲，亲切但不卑微，充满自信、不卑不亢。通过电话沟通，律师助理应高效获取并传达信息。如遇到当事人不谈案情，只要求见律师的情况，律师助理应进行主动追问，用"您能大概说一下是什么类型的案件吗?""您方便简单谈谈案情吗?"等句式引导当事人说出有效信息，以便律师为接下来的会见做更充分地准备。

会见地点一般应安排在律师事务所。特别是初次会见的当事人，安排在律师事务所更容易让当事人对律师形成专业度高的第一印象，也更容易使当事人产生信服感。对于一些老顾客或法律顾问单位，如对方提出需要律师上门会见，也未尝不可。尽量不要将会见地点安排在饭店，一方面容易失去庄严感，另一方面也缺乏私密性。如当事人提出希望在饭店、酒楼等地会见，律师助理应婉言拒绝。

会见的时间要综合考虑律师与当事人双方的需求。一般情况下，律师助理可以对照律师的时间安排表，将律师近期可安排会见的时间提供给当事人选择，由当事人敲定。需要注意的是，尽量不要安排律师在非常短暂的空闲时间内会见当事人。如会见过于仓促，可能导致当事人与律师之间无法充分沟通，形成无效会见，也难免使当事人怀疑律师没有慎重对待自己，这对于双方后续的合作是非常不利的。

最后，放下电话前不要忘记提醒当事人两件事：其一，带上所有与案件有关的文字材料；其二，一定要按时赴约。

（二）会见前的准备

律师会见当事人时，律师助理有可能也会跟随会见。因此，对于一些基本的法律关系，律师助理也应该知晓。如果是常见的法律关系，相关法律也比较熟悉，律师助理可以不作准备；如果案情比较复杂，或所涉及的法律不太熟悉，律师助理就应该抓紧时间翻阅相关资料，尽可能多地了解相关的法律规定。

律师助理应规范穿着。男性律师助理最好西装革履，女性律师助理应庄重得体。在一般人的眼中，法律人是严肃、专业的，法律人的穿着应该显示出法律人的专业性。切不可炫耀财富、珠光宝气。律师和律师助理要保持十足精气神、头发柔顺、衣服干净，给当事人一个精明强干的印象。

需要强调的是，律师助理应该树立严格的时间观念。如果在当事人指定的场所会见，律师助理和律师应该准时出现在约定的场合。不要过早出现，打乱当事人的计划；但切记不能迟到。有意地踩点出现，使当事人感受到律师助理和律师有较强的时间观念，可以增强当事人对律师的信心。

（三）沟通

初次会见时，当事人往往都急于将一切告知律师。律师此时应当安抚当事人，让当事人先不要着急，给自己一点时间浏览案件材料。结合电话约见时获取的部分信息，律师可以大体掌握案件情况。此时，再细心听取当事人的叙述，可以迅速从中抓取有效信息，并在充分听取当事人陈述的基础上，就当事人未表述清楚的关键性问题发问，提高会见的效率。

有些当事人由于种种原因，不愿意将其所掌握的所有案件事实和盘托出。特别是初次会见的当事人，因为双方此时还未建立足够的信任。但隐藏部分案件信息会给律师接下来的工作带来极大的阻碍，甚至有可能导致满盘皆输。因此，律师及律师助理在会见时可以委婉地提醒当事人应告知自己真相，或者在听取陈述时记录疑点并请当事人予以解释，承诺为当事人保守秘密，并告知当事人隐瞒相关信息的后果。

同时，律师及律师助理要提醒当事人客观描述事实，尽量不要加入主观判断，更不要对事件进行评价，以免影响律师对案情的理解和分析。

（四）接案

作为一名法律人，每天都有可能接触纠纷，但对于当事人来讲，他一生可能只打一次官司，因此对选择律师会非常慎重。他不断地进出不同律师事务所，听不同律师的分析，最后才会下定决心签约委托。这就意味着有时候，有些当事人与律师和律师助理见面后就不再回来，律师和律师助理的工作不能获得相应的酬劳。

但无论如何，律师助理都不能再未得到律师许可的情况下催当事人签约付款，要尊重当事人的选择。

律师的咨询接案工作应考虑咨询收费的问题。当事人咨询之后，律师是都应该收取咨询费。严格按法律规定来说，收取咨询费是对的，但在实践中很可能会起相反的效果，使当事人产生排斥。因此，是否收费要具体问题具体分析。

另外，接案也要有所选择。如果所涉及的法律关系是律师助理不太熟悉的领域，律师助理也不应盲目接收案件或者评论案件。尤其是对复杂案件，律师助理则很难在短时期内真正掌握其精髓。盲目接受委托，然后再想办法，这种做法对当事人极不负责任。长此以往，也会损害律师助理以及律师个人的声誉，甚至损害整个律师行业的声誉。

如果案情非常简单，当事人明显有理或者明显无理的，律师助理不妨向当事人讲清楚，是否有请律师处理的必要。赢自赢，输自输，不请律师可以省去许多费用。

败迹非常明显的案子，除非是律师授权，否则律师助理不能擅自接案。案子本来就是输面较大，律师代理后自然也很难改变结局，但当事人会认为是律师水平不行把官司打输了。最忌讳的事情是，律师助理心里也清楚地知道案子不会赢，但为了赚取代理费欺瞒当事人。这样的做法，确实能骗得几个当事人，但骗得多了以后，上当的人自然会越来越少。

（五）办理委托相关手续

律师与当事人达成代理合意后，会指示律师助理协助当事人办理相关手续。

我国法律规定，律师不能私自接案，因此委托合同应该由律师所在的律师事务所与当事人签订。律师助理应当将当事人介绍给律师事务所的工作人员，由工作人员负责办理相关手续。律师助理要向工作人员交代清楚本案双方当事人的名称、案由、诉讼标的、管辖法院及收费的办法。如果当事人不亲自到律师事务所办理手续，律师助理也可以在律师事务所办好之后再带给当事人签字，但合同的内容必须事先告知当事人。

确定办理委托合同后，当事人要向律师助理提供授权委托书。在填写授权委托书时，律师助理应该注意授权范围的填写。如果当事人能出席法庭，原则上应该填"一般授权"，如果当事人不出席法庭，则原则上应该填"特别授权"，且必须明确特别授权的范围，习惯的写法是："有权代为承认放弃，变更诉讼请求，进行和解，提起反诉或者上诉。"因为经过特别授权的律师所承担的责任远远大于没有特别授权的律师，因此，律师助理应该把特别授权的意义和当事人解释清楚，但不得向当事人索要特别授权。

（六）收费

委托合同的一项关键内容是代理费的收取数额和方式。

一般情况下，在签订委托合同之时，当事人就应该向律师事务所交纳代理费，代理费的交纳与最后的诉讼结果并没有关系。但也不排除例外情况。

律师对自己的当事人应该有个基本的估计，大部分当事人信守承诺，不会拖欠律师代理费，但有些当事人则想尽一切办法编造各种理由拖延交费。特别是在败诉的情况下，律师更不要想得到分文了。因此，在律师的授意下，律师助理应当委婉地反复提醒当事人，律师事务所有严格的纪律，不交纳代理费，律师事务所不出具介绍信，就无法开展调查活动，不开出庭函律师就无法以律师身份出庭。

关于律师收费的标准，我国实行的是政府指导价，即国家规定律师收费的大概标准。涉及财产关系的案件以涉案金额收费，采用累进制：标的额 10 万元以下确定一个提取比例，10 万元至 50 万元，50 万元至 100 万元，100 万元至 1000 万元，1000 万元以上是一个标准。提取比例随标的额增加而降低。国家规定的标准设定了底限和上限，在政府指导的范围内，一些律师事务所有自己的标准，每个律师助理也可以自己把握。

律师也可以进行风险代理，即根据诉讼的结果决定收费。风险代理的方式中，当事人可以事先交纳部分手续费，也可以一分钱不交在官司胜诉之后一并交付。风险代理费一般要比正常收费高。是否采取风险代理完全取决于律师与当事人协商的结果。如果当事人经济紧张，在签订委托合同时不能支付代理费，或者当事人主动要求采取风险收费方式，律师就可以考虑风险代理。

律师最好不要主动地要求当事人以风险代理的方式签订委托代理合同。律师事务所看好的案件，必然是把握性比较大的案件，如果当事人完全可以正常交纳代理费，律师助理为了多得钱，唆使当事人签订风险代理合同，是不道德的行为。

另外需要注意的是，不是所有的案件都可以风险代理。国家发改委、司法部颁布的《律师服务收费管理办法》中明确规定："办理涉及财产关系的民事案件时，委托人被告知政府指导价后仍要求实行风险代理的，律师事务所可以实行风险代理收费，但下列情形除外：①婚姻、继承案件；②请求给予社会保险待遇或者最低生活保障待遇的；③请求给付赡养费、抚养费、扶养费、抚恤金、救济金、工伤赔偿的；④请求支付劳动报酬的。"同时规定："禁止刑事诉讼案件、行政诉讼案件、国家赔偿案件以及群体性诉讼案件实行风险代理收费。"且规定："实行风险代理收费，最高收费金额不得高于收费合同约定标的额的30%。"

（七）差旅费的收取

按照惯例，律师在签订委托合同时预收差旅费，案子了结后再与当事人结账，多退少补。因此，律师在刚接手案件的时候，需要初步估计案件的难度及所需要的时间。差旅费如果预收过低，办案过程中再次向当事人索要差旅费，往往会令当事人不快。差旅费预收过高，则可能让当事人误会律师在借口多收费甚至认为律师在私自收费。律师助理要明确律师收取的差旅费数额，以便跟随律师出差时合理安排行程。

二、调查取证

律师与委托人建立委托代理关系后，应该立即开展工作。有些律师工作的第一步是为委托人撰写起诉状，然后立即到法院立案。其实，除非案情简单，律师在接案时已经非常了解所有的情况，否则着急撰写起诉状是不明智的选择。律师这时的首要工作应该是调查取证，没有调查就没有发言权，只有经过细致的调查取证之后，律师才能确立自己的诉讼方向和策略。

（一）会见纠纷相关人员

1. 会见纠纷相关人员。在与委托人的谈话后，应该对纠纷相关人员进行分类，哪些是当事人，哪些是知情人，在此基础上确定取证的对象。对纠纷相关人员，律师原则上都应该会见。有时候，单方面听取委托人对纠纷的陈述就可以了解事情的所有细节，但更多时候，委托人自己也未能了解案件所有细节，或者委托人自以为知道一切，其实他对个别细节的了解是错误的，因此，明智的做法是会见纠纷涉及的所有人。

当然，不一定纠纷中涉及的所有人都愿意向律师提供情况，但是律师不能在事先想当然地把他们排除在外。也许有些人并不能给律师提供新的信息，但这个结论只有在会见之后才能得出。

在律师确定了需要会见的对象后，一般律师和律师助理会相互配合，分别会见当事人。一般情况下，律师助理不宜单独会见，因为面对一个陌生的法律人，许多人什么都不愿意说。因此，为了使会见顺利，律师助理首先应该谨慎选择陪同他会见的人。陪同律师助理会见的人应该与所会见的对象比较熟悉，且有一定的交际能力，善于周旋，选择这样的人陪同有利于会见的顺利进行。如果陪同人与所会见的对象不认识，甚至陪同人对所会见的对象有成见，则无益于会见。因此，一般应考虑由委托人或者相关人员陪同律师助理前往。

会见前还需要考虑的一问题是，是否提前与所会见的对象联系，提前约定会见的时间和地点。如果不事先联系就贸然前往，会见的对象不在，只能浪费律师助理的时间和当事人的金钱。但也可能因为事先联系，使欲会见对象闻风而走，让律师助理吃一个闭门羹。因此，在决定会见之前，律师助理应该与委托人共同分析所会见的对象。乐于提供情况的人，则应该提前约见；不乐于提供情况的人，不妨来个突然袭击，也许能探听出一些很有价值的信息。

2. 适当的寒暄。在见到会见的对象之后，陪同前往的人会简单地向对方作介绍："这是我们请的律师的助理，我们的那个事情你也知道，现在要打官司了，他找你了解些情况。"律师助理也应该客气地向对方问好："我是某某律师事务所律师的助理，今天来打扰你了。"简单的介绍之后，免不了一番客气，让座、端茶、倒水。坐定之后，不要单刀直入直奔主题，不妨稍作寒暄。律师助理应该根据对象的身份、地位、兴趣，设法找一个能够调动会见对象积极性的话题。这时候非常考验律师助理的能力。

在交流过程中，律师助理应该分析其所面对的对象是哪一类人：是豪爽之人，还是谨慎之人，与委托人的关系是否符合委托人的认知。这些分析非常有利于以后的谈话，有利于情况的获得。

寒暄的目的是活跃气氛，拉近与交流对象的距离。适当的寒暄之后，律师或律师助理就应该切入主题。对于配合的对象，可以直接谈所要了解的情况，对于犹豫徘徊的对象，律师助理还需要耐心细致地做思想工作，打消其顾虑。对于不合作的对象，律师助理也不要轻易放弃。只要所会见的对象和律师助理谈话，律师助理就应该设法从了解需要掌握的情况。即使对方不会为律师助理详细讲述他所知道的一切，但律师助理依然可以引导其谈一些细节，或者律师助理讲出其所了解的事实，让对方核实。

3. 在倾听中进行信息的捕捉。如果会见的对象愿意为律师助理提供情况，其往往会问律师助理想知道什么。此时最好不要直接向会见对象提问，而是应当引导他将所经历或知晓的事情和盘托出，也许会有意外收获。

由于会见对象时，律师助理已不像当初接案听委托人叙述时那样一无所知，甚至已经了解了全部的事实。但有时候，律师助理了解的事实未必是案件真实，只有通过调查了解之后，律师助理才能更全面地把握纠纷的全过程。因此，在会见的对象叙述的过程中，律师助理的任务应是静静地听、细细地想，努力捕捉其所不知道的信息，或者与其知道的信息不一致的地方，进而证实或推翻某些想法。

对于律师助理认为重要的一些细节，可以引导对方详细地叙述。有些细节，可能会见对象认为价值不大，会一语带过，言之不详。这时候就需要适度提醒对方，将某些事实进行更细致地陈述。

4. 获取证明材料。会见对象未提供有价值，信息的不必记录。会见对象为律师助理提供了许多信息，但这些信息是否有价值，暂时不能确定的，不要急于作笔录，而是应当先对其阐述的真实性作综合分析，以免影响案件顺利进行。不过，如果证人属犹豫徘徊类型的人，最好还是把他的话尽快变成文字，以免夜长梦多。

如果会见对象的陈述内容中有律师助理认为有价值的信息，或者说证实了律师助理原本希望得到证实的信息，这时就应该考虑将会见对象叙述变成文字。应当注意的是，这样的要求不要在会见对象一开始叙述的时候就提出，否则会影响会见对象的叙述的完整性。在会见对象陈述完之后，可以用商量的口气说："你的有些话对当事人非常重要，可否为他作个证明，帮助他一把。"

把会见对象（证人）的话变成文字的办法有两种：一是写成证明材料；二是制作成调查笔录。

证明材料是由证人亲笔书写的证言。这是把证人的话变成文字的最好的办法，如果证人有文化能书写最好采用这种办法。证人在下笔之前往往会征求律师助理的意见，要求给予指导。就证明材料的基本格式，律师助理可以进行指导。对证明材料的内容，没有必要把证人知道的全部事实都叙述出来，只要把想要向法庭证明的事实叙述清楚即可。可以先打一个草稿，律师助理大概看过之后，再让证人抄写一遍。对证明材料内容的指导，仅仅限于材料的基本结构，不能把律师助理的意思强加给证人，更不能愚弄证人把不反映证人真实想法的内容写进去。把握一个原则：材料中的每一句话绝对是证人陈述的事实，是证人的真实意思表示。

证明材料的基本结构为：首先介绍证人的基本情况，如姓名、出生年月、单位及住址；然后表明自己如实陈述事实的态度，并保证对所陈述的事实负责，不说假话；接下来对所证明事实的陈述。事实陈述的部分，应当是一篇小小的记叙文，时间、地点、人物、事件均应该叙述得清清楚楚。最后是证人的签名和书写该材料的时间。

一些证人在提供证言的时候，往往会要求律师助理代写一份由他抄写，或者是让律师助理口述，证人根据律师助理的口述记录。证人也许是好意，认为只是让律师助理组织语言，让证词看起来更符合事实。但律师助理应当明白，这样的行为必须禁止。即使所写的均为事实，以后若有变故，证人会说证言不是他的真实意思，他是照律师助理写的抄了一遍，或者说他是按照律师助理说的写的。他如果以此为理由推翻自己的证言，律师助理也难以证明真实情况。因此，律师助理绝对不要为证人起草好证言让其照抄，也不要为证人口述证明材料的内容，避免不必要的麻烦。

还有两个细节需要注意：一是书写工具不要使用圆珠笔，因为圆珠笔留下的笔迹不易保存，曾有法官以此为由判决用圆珠笔书写的证据不予采纳；二是要求证人在证明材料上签字后捺上指印。尽管我国法律上从没有规定指印的法律效力，但许多法官认为签名可以伪造而指印无法伪造。律师助理要在其公文包中常备一盒印泥，随时可以使用。

5. 制作调查笔录。如果证人不会书写或者不愿书写，那么律师助理可以将其与证人的对话记录下来，形成所谓的调查笔录。

调查笔录的开头应该写明调查的时间、地点、调查人、被调查人和记录人。在调查笔录中，律师助理与被调查人的对话应该这样展开：

律师助理：我是某某律师事务所某某律师的助理某某，我们所某某律师接受张某的委托参与诉讼，今天想就张某与李某合伙经营商店的事向你了解一些情况，你同意吗？

被调查人：同意。

律师助理：你的话会在法庭上作为证据，我们希望你如实陈述你所知道的事实，不要作虚假陈述，否则要承担法律责任。你能保证你讲的全部是实话吗？

被调查人：我保证我讲的全部是事实。

之所以要强调这些，是因为法律规定调查取证应该取得调查对象的同意，在笔录中写进相应的话能使证言从程序上更加合法，不留瑕疵。在笔录中记录被调查人作真实陈述的承诺，是因为如果证人出庭，法庭上有证人在保证书上保证的程序，如果证人不出庭，则无法履行这一程序。调查笔录写入证人的保证也是一种弥补的办法。

随后的对话就是所要证明的事实，律师助理可以用关于什么事情"你看见了什么""你知道什么"之类的话引出被调查人的话，让其把事情的经过比较完整地叙述一次。然后，就某些细节问题，可以通过提问的方式让被调查人回答，进一步证实某些事实。这部分内容应该是纠纷的双方有争议的部分，因此，对双方没有争议的内容，没有必要浪费笔墨纸张，一带而过即可。

在调查笔录的最后，应该写上："你看一下我做的记录是否全是你说的话。如果没有错误，请在笔录后面签字确认。"被调查人回答："以上所记录没有错误，是我的话。"最后被调查人签字按指印。如果调查笔录不止一张纸，被调查人应该在每一张调查笔录上按指印。律师助理在记录时有修改的地方，也应该让被调查人捺上指印。在按指印时，应该留心一下，注意让被调查人把指印按完整、清晰，不要模模糊糊看不清楚。

如果被调查人没有文化，则不能采用上述办法。这样容易出现被调查人推诿扯皮现象，这样对律师助理开展工作是非常不利的。最好的办法是邀请被调查人的亲属到场，在制作完笔录后念给他们听，然后要求其亲属作为见证人签字。

（二）录音或者录像的要求

在信息技术越来越发展的今天，律师助理完全可以用录音或者录像的办法来固定证言。现代手机的功能已经越来越完善，都具备较好的录音录像功能。律师助理也应该更新观念，学会使用科技的手段来固定证据。

在征得证人的同意后，律师助理可对和证人对话的过程进行了录音录像，这样可以清楚地反映律师助理取证的过程，以证明取证的合法性。未经证人同意进行的录音录像，均不得作为证据在法庭上出示。

准备提交法庭的录音、录像，需要准备一份复制件。同时把原始版本保存好，不要随意删除，以备法院核查。同时，将其中的语言对话用文字打印出来，作为该拷贝的文字版提供给法官，这样更有利于法官对证据的理解。

（三）协助证人出庭

按照《民事诉讼法》的规定，凡是知道案件情况的单位和个人，都有义务出庭作证。经人民法院通知，证人应当出庭作证。只有符合法定情形且经人民法院许可，证人才可以通过书面证言、视听传输技术或者视听资料等方式作证。可见，经人民法院通知的证人应该出庭作证，以接受对方的质证。证人出庭是证人作证的基本形式，采取书面作证方式是特殊情况下的例外。而实践中却正好相反，采用书面作证方式是常规，而证人亲自出庭反倒成了例外。

律师需要证人出庭作证，且证人同意出庭的，律师助理应当协助律师制作申请证人出庭申请书。

（四）提取单位证明

按照《民事诉讼法》的规定，单位也可以作为证人作证。尽管我国学术界对此有争议，有学者认为单位作为证人的规定是不科学的，不符合诉讼法意义上的客观现象及其规律。但是，单位对某些事实的证明力远远大于自然人，不能轻易否定。

某些与行为人所在组织密切相关的事实，如某人是否曾经为某单位的职员，某人在该单位的出勤情况，某人从该单位领取的报酬，某人在该单位是否有住房等，均需以单位的名义予以证明。

律师助理到单位提取证明，必须携带律师事务所出具的调查专用函。如取证单位规模较大，应该联系与所调查事情相关的主管部门，比如有关工资情况，应该找人事部门，有关住房情况，则应找房管部门。如果单位规模不大，内部没有专门的机构，则应直接联系办公室。如果单位的工作人员不予配合，不妨直接找该单位的负责人。

需要单位证明的事实一般应该是单位的档案中所记载的事实，所以律师助理最好复印该档案。在该档案无法复印，或者是该单位不同意复印的情况下，可以要求该单位的工作人员根据档案的记载出具证明材料。证明材料中应写明所依据的档案，以及档案中所记载的事实。单位出具的证明材料除应该由单位盖公章外，该单位负责人和制作该证明材料的人员均应在证明材料上签字。

（五）调取书证、物证

大部分纠纷存在书证，这些书证中大多数保存在当事人的手中，因此，调取这些证据难度不大，当事人往往在在委托律师时就已经提供给律师了。

需要注意的是，在取得这些书证后，律师助理应该立即复印两份，然后将原件还给当事人。之所以不要保存书证的原件，是因为这些原件只有一份，且它们对诉讼又至关重要，如果遗失将承担责任。将原件返还给当事人时，应该与当事人清点清楚，且应该叮嘱当事人谨慎保存，在开庭时再带到法庭。复印两份是准备一份将来起诉立案或者开庭时提交给法庭，一份入卷。

在复印时，有时候墨色太重，不容易辨认，什么也看不清楚；有时候则又墨色太淡，原件上本来就不太清楚的地方更加模糊；也有时候可能漏掉一些边角，使复印件失去原貌。律师助理应该仔细研究书证的原件，复印时应查看复印件是否与原件一致，细微的地方是否清晰。

有些书证会保存在其他人手中，需要律师助理提取。更多的时候，这些书证保存在单位。对于保存在单位的书证，一般情况下，该单位不会允许将书证的原件抽走，因此，最好的办法是复印。单位应在复印件上注明：该复印件复印于本单位的档案（或其他文件），经核对无误。然后由核对人即该单位的工作人员签字，加盖单位公章。如果复印件在两份以上，还应该盖骑缝章。

到单位取证必须有足够的耐心。由于工作人员工作繁忙或是自身惰性等，许多单位的工作人员对取证表现出明显的不耐烦，会找种种借口拒绝配合，此时，律师助理应该能够平心静气与对方沟通，互相理解，争取对方的配合。

取证去得最多的单位是工商局，许多涉及企业的案件都需要去工商局调取该企业的档案。一些工商局接待取证人有固定的时间安排，上门取证前应先予确认，带齐必要的证件。在进入诉讼程序以前，没有法院的立案通知，工商局不准查阅企业的档案原件，只能在网上查阅该企业的基本情况。当然，这条规定并不是绝对的，在特殊情形下一些没有将企业资料录入计算机的工商局和一些基层的工商局，在没有法院立案的情况下，通融以后也是可以查阅到档案的。

每个工商局的查阅程序又有所不同。有些需要主管副局长批准，有些需要科长或者处长批准，有些则在办公室登记即可。

至于物证，在民事诉讼中并不常见，偶有物证也大多保存在当事人的手中。研究过后，需要提交法庭的，予以拍照。至关重要的物证，不要自己保存，研究拍照后，仍然交当事人保存。应该叮嘱当事人妥善保管，不要破坏物证的外部特征。

（六）视听资料、电子数据的获取

案件当事人有视听资料作为证据是再好不过的事，因为视听资料作为新科技的产物，在复原已经发生的历史这一功能上较其他证据更为形象、直观，也更有力度。

现在监控探头无所不在，在证明某些事实时，律师助理应当想到用监控视频来证明。当事人自己安装有监控设备的，不存在调取视频的问题。如果要调取其他单位的监控视频，自己无法调取的，可以立案后申请法院调取。

手机的普及和功能的加强，使录音成为一件非常简单的事。对于某些当事人之间无法用书证、物证等证明的事实，许多当事人自然想到将当事人之间的对话偷偷录下来作为证据。有些当事人甚至购买微型录像设备来偷偷摄录一些过程。尽管这些动作没有经过对方的同意，但不应认为该证据的取得是违法的。当然这需要把握一个关键点，如果是偷录的一方将偷录设备悄悄地放置到对方控制的领域，就涉及侵犯他人利益。如果偷录设备放置在自己的领域，如在自己的身上、办公室，没有侵害他人的利益，不违法。这里需要与偷录证人证言相区分。对证人的取证，应当取得证人的同意，偷录证人的话是违法的。但偷录己方和对方当事人之间的活动，是对自己行为的记录，不属于侵害他人利益的行为。某些不讲诚信的当事人，一上法庭就信口雌黄，否认任何对他不利的事实，在庭前将他对某些事实的陈述录下来，也不失为一个好办法。

律师助理查看过当事人提供的视听资料后，要初步判断该视听资料是否有价值，是否能够证明一些事实。只要和所涉及的纠纷有关，就不妨先保存起来，避免因技术不熟练而误删。即使里面有一些对己方当事人不利的事实，也提醒当事人一定不要修改，保留该证据的原貌至关重要。

视听资料更多地通过声音、图像来记录事件的过程，而电子数据则依赖电子技术手段来记录文字、图形符号、字母、数字。这也是随着电脑等现代化的电子手段发展所形成的新的证据类型，并在《刑事诉讼法》和《民事诉讼法》的修改中，增加为证据的新种类。由于电脑、手机等电子设备已经成为现代人日常生活的不可或缺的组成部分，许多交往都是通过电脑、手机等来完成的，这些交往的过程自然会被记录在电脑、手机等电子设备中。律师助理可以借助于电子设备来阅读其中的内容，并可以将这些内容作为证据提交法庭。

当事人会告诉律师助理有些内容记录在电脑或者手机中。如果有必要，律师助理可以告诉当事人用拍照的办法固定证据，并叮嘱当事人要保护好，防止灭失。比如短信的内容，就有可能因为短信的增加而被手机自动删去。手机中的通话记录也存在同样的问题。律师助理要提醒当事人不妨暂时停用该手机，避免举证时从手机中找不到需要的内容。一些网站上的内容，当事人自己无法决定去留，可以考虑聘请公证机关进行证据保全。

（七）进行鉴定

一些民事诉讼可能涉及鉴定。有些鉴定可以通过司法鉴定机构来完成，但也有一些需要鉴定的内容并不属于司法鉴定的范畴，或者找不到相应的司法鉴定机构来进行鉴定。

一般各省的司法厅下属司法鉴定管理局（司法鉴定管理处或法律服务管理处），负责全省司法鉴定机构审核登记、司法鉴定人执业登记及监督管理工作。律师助理可以从其网站上了解到每个司法鉴定机构的业务范围，对司法鉴定机构的鉴定事项有大致了解。在接受案件后，律师助理需要协助律师判断哪些事项必须通过司法鉴定机构来鉴定，并考虑选择一个信誉好的鉴定机构进行鉴定。

对所鉴定的事项，要有一个大致的了解，再决定是否申请鉴定。尽管不可能什么都懂，但也应该通过各种手段对所鉴定的事项作大致的判断。比如人身损害的伤残程度鉴定，律师助理要了解被鉴定的伤情，而且要学会通过比对伤情和依《道路交通事故受伤人员伤残评定》或者《职工工伤与职业病致残程度鉴定》的规定，大致判断当事人是否属于伤残，属于几级伤残。如果律师助理不帮助当事人进行初步的判断，让当事人去鉴定，对于一些更专业的问题，律师助理不妨和当事人共同找专家咨询。

有一些事项不属于司法鉴定的范围，而是在政府的行政机构中有专门的部门或者组织进行鉴定，需要弄清楚。比如刑事案件中涉案物品价值的鉴定，就不属于司法鉴定的范畴。在各级政府的物价部门下设有价格认证中心专门就涉案财物的价值进行鉴定。

另外需要考虑的问题是，在法院立案前鉴定还是在法院立案后鉴定。从理论上讲，当事人有权在提起诉讼之前进行鉴定，一些鉴定需要在起诉之前就完成，如伤残等级的鉴定。但也有一些人认为，在起诉前一方当事人申请的鉴定，另一方可能不予认可而需要重新鉴定。为了避免重新鉴定，有人主张在起诉后再向法院申请鉴定。

（八）考察纠纷发生的地点

许多纠纷都发生在一些特定的地点，或者一些纠纷与特定的地点有关。比如，交通事故的现场、发生工伤的现场、双方打架的现场等就是纠纷发生的特定地点，而房屋租赁合同涉及的房屋、煤矿联营合同涉及的煤矿等就是与纠纷有关的特定的地点。律师助理应该在委托人的指引下考察这些地点。

对于纠纷发生的特定地点，这种考察是必不可少的。因为作为一个情节，一个故事，它总是发生在一定的时间、地点和人物之中，发生在一定的时空之中。律师助理不能仅仅依靠委托人的口头叙述，去想象纠纷发生的环境，只有实地考察之后，才有助于对纠纷的整体把握。律师助理考察过现场后，对当事人陈述的事实更容易理解。如果对现场没有感觉，律师助理可能会想当然地设想出一些与事实不符的情节。

如果是刑事案件的现场，侦查机关均要制作勘验笔录。有些纠纷的现场，对证明当事人的主张有一定价值的，律师助理也应该制作勘验笔录。条件允许时，可以用照相机将现场拍照，也可以用摄像机将现场录下来。照片或者录像同勘验笔录互相印证，更能说明问题。

（九）调查中的注意事项：绝不伪造证据

伪造证据的念头有时候是委托人产生的，有时候则是律师或者律师助理的主意。

对于委托人伪造证据的提议，律师助理应晓之以理、动之以情，劝其打消念头。凡伪证，必有作伪之处，而伪与真永远是矛盾的。伪证在被揭露之后，会直接影响整个案件的判决。对于一些执拗的当事人，律师助理的态度应该是：一不参与，不为其伪造证据提供帮助；二不举证，不经由律师之手提交法庭作为证据，辩论时也应有意避开，当事人一意孤行的，律师可视情况终止代理。

有时候当事人是瞒着律师助理伪造证据的。因此，律师助理对于当事人提供的证据应该认真分析，发现其可疑之处，让当事人说清楚。如果律师助理没有发现证据的虚假，当事人也没有告知你，当庭被对方揭露出来，开庭的律师会阵脚大乱。

三、撰写民事起诉状

在实践中，起诉状的撰写是有规律的，律师助理在了解了案情后，应遵守一定的原理和方法，开始着手撰写起诉状。律师对助理撰写的起诉状进行二审和修改。以下为撰写起诉状应考虑的因素：

（一）查清基本的事实

在一番调查取证之后，纠纷的事实基本清楚，就可以考虑撰写起诉状了。撰写起诉状必须在查清纠纷基本事实的基础上进行，因为实践中一些法律人太过于着急撰写起诉状，往往一接受委托，简单听听委托人的陈述，粗略看看委托人提供的材料，就下笔千言。下笔千言固然容易，但极有可能离题万里。法院审理是围绕着原告起诉状主张的事实和理由以及诉讼请求进行的，如果立案之后，开庭的律师发现原先了解的事实有误，法庭上律师再试图改变起诉状中的陈述，就会为对方留下攻击的缺口。

查清纠纷的基本事实，不仅指查清事实本身，更关键的是应该考虑支持这些事实的证据是否确实、充分。在起草起诉状时所依据的事实应该是有证据支持的事实，而不仅仅是原告陈述的事实。

（二）查清当事人底细

如果委托人是自然人，这种查验工作是非常简单的。查验委托人身份证即可。律师助理应当将委托人的身份证复印两份，一份立案时提交法院，另一份放在卷宗留存。

如果委托人是单位，首先需要分清是企业还是事业单位、行政机关或者社会团体。

如果是委托人是企业，一定有营业执照。从企业的营业执照上我们还可以知道企业的性质、注册资金、营业范围、法定代表人等信息。法人拥有的是法人营业执照，而其他组织的企业的营业执照上只有"营业执照"四个字，没有"法人"二字。另外，要注意该营业执照是否经过年检。经过年检的营业执照上面盖有工商局的年检章。没有年检的营业执照，也不等于这个企业不存在。没有年检的企业，过两年后工商局会吊销其营业执照，但即使是被吊销营业执照的企业，仅是失去继续经营的权利，依然是存在的企业，依然有权提起诉讼。

如果是行政机关、事业单位或者社会团体，没有营业执照，但有组织机构代码证。组织机构代码证是国家质检总局颁发给每个在我国依法注册、依法登记的机关、企事业单位和群团组织的在全国范围内唯一的、始终不变的代码标识，相当于单位的身份证。不仅是事业单位有，企业除营业执照外，也有组织机构代码证。律师助理可以通过核查组织机构代码证来核实其是否确实为独立的法人单位，而不是法人的内部机构。这种查验工作之所以重要，是因为确保原告诉讼主体资格是诉讼取得胜利的前提。

这里强调查验营业执照和组织机构代码证，是要破除大家对单位公章的迷信。每个单位设立后，经过公安机关审批，都会刻公章。许多人看到盖有公章，便视为该单位的行为。但实际这并不是绝对的。不能看到公章就认为一定是个有诉讼主体资格的单位。律师助理一定要让委托人提供营业执照或者组织机构代码证以确定其诉讼主体资格。

如果原告是单位，委托人应当是该单位的法定代表人或者负责人，是法定代表人或者负责人代表单位来行使发言权，也是法定代表人或者负责人委托律师来进行诉讼。此时，律师助理还应该查清楚该单位的法定代表人或者负责人是谁。之所以强调这一点，是因为实践中一些单位的真正行使权力的人和法定代表人或者负责人并不是同一人。如果是根据章程已经决定了变更法定代表人或者负责人，但没有到工商局办理变更登记，还应该要求该单位提供变更的文件，向法庭作出说明，同时督促单位尽快办理变更手续。

（三）确定法律关系

在调查清楚纠纷的基本情况之后，就可以开始进行法律分析了。人们平常说打官司要有理有据，这据当然是证据，这理自然是法理。在完成证据的调查工作之后，就应该依据事实探讨法理了。

处理纠纷的关键是找对纠纷的法律关系。只有在明晰法律关系基础上，才能明确适用的法律，最终才能有正确的判决。

确定法律关系的第一步是分清案件的实体法律关系是民事法律关系、行政法律关系还是刑事法律关系。这一步直接影响案件是民事诉讼、行政诉讼还是刑事诉讼，不同的法律关系适用不同的法律，适用不同的诉讼程序，一点也含糊不得。

在确定案件的实体法律关系是民事法律关系的基础上，则进一步依据民法理论来确定属于何种民事法律关系。人们常说民法博大精深，此言不虚。如果机械式地套用民法理论，所有的纠纷都拿《民法总则》中有限的条款去套，并不利于解决问题。

最高人民法院出台《民事案件案由规定》。《民事案件案由规定》以民法理论对民事法律关系的分类为基础，结合现行立法及审判实践，将案由的编排体系划分为人格权、婚姻家庭继承、物权、债权、劳动争议与人事争议、知识产权、海事海商、与铁路运输有关的民事纠纷以及与公司证券、票据等有关的民事纠纷、适用特殊程序案件案由等共十大部分，作为第一级案由。在第一级案由项下，细分为三十类案由，作为第二级案由；在第二级案由项下列出了三百六十多种案由，作为第三级案由，第三级案由是实践中最常见和广泛使用的案由。部分第三级案由项下还列出了第四级案由。

有时候在一个纠纷里不仅仅存在一个法律关系，往往交错着几个法律关系。在这些法律关系中，必然存在一个主要的法律关系。只有正确确定主要的法律关系，才能理顺所有法律关系。

确定法律关系和确定当事人是密切相关的。法律关系中的主体，才能成为纠纷的当事人。

（四）确定诉讼请求

诉讼请求是原告向法院提出的要求法院予以判决的请求。当事人希望法院对其请求作出与之相应的确认、给付，形成具体的判决。因此诉讼请求应当与诉的种类相一致。如果提起的是确认之诉，诉讼请求应当是请求法院确认在原被告之间存在或者不存在某种民事法律关系。如果是形成之诉或者变更之诉，诉讼请求应当是请求法院改变或消灭其与对方当事人之间现存的民事法律关系。

总之，实体法针对每一种纠纷，都规定了相应的民事责任，应该正确选定承担民事责任的方式。

对于赔偿金额的诉求，律师应当为当事人把好关，实事求是，根据法律和司法实践合理估计可能获得的赔偿。可以适当地提高一些赔偿要求，但不能过分。因为诉讼费往往是根据诉讼标的额确定的。如果最后判决的赔偿数额，还不够支付诉讼费，则未免令人生笑。

（五）考虑诉讼时效

诉讼时效是必须考虑的问题。其实，对该问题的考虑在接案时就应该引起足够的注意。如果无法确定诉讼时效是否过期，可以请教一下律师。不然，当事人交了钱办了手续，陪着律师助理跑前跑后折腾了一圈，律师助理才说诉讼时效过了，担心对方提出诉讼时效的抗辩，当事人会认为律师助理在折腾人。

超过诉讼时效的，律师助理就需要与当事人一起找出中断的事由。千万要注意，当事人委托时在诉讼时效之内，但律师助理没有意识到必须立即提起诉讼，等到写好诉状起诉时，发现诉讼时效已过。这个责任就全在律师助理，当事人可能会要求律师助理赔偿。

超过诉讼时效的，经过的律师助理应尽量找到证据证明当事人在诉讼时效内向对方主张过权利，最好有书证、对账单或者发票等证据，有对方当事人书写或者有对方的签名更佳。

有时候，当事人没有任何证据来证明他曾主张权利的事实。特别是一些债务纠纷，当事人当初未必想到打官司，也没有想到刻意留下些文字做证据。这种情况下，如果超过诉讼时效，对方直接提出已经超过诉讼时效的抗辩，当事人就会败诉。但是如果对方没有提出诉讼时效的问题，诉讼可以照常进行。律师助理应当跟当事人说清楚这一点。是否继续诉讼由当事人定夺。

（六）明确管辖法院

民事诉讼管辖的基本原则是原告就被告，但大多数纠纷中管辖法院不一定是被告所在地，还可以是其他法院。

有关管辖的司法解释内容繁多，因此，确定管辖相对麻烦。律师助理应该认真学习民事诉讼法中有关管辖的规定，并通过具体的案例及司法解释加以深入理解，在掌握管辖理论的基础上正确选择法院。

（七）起诉状的基本格式

解决好上述问题，就可以提笔撰写起诉状了。尽管法律规定可以口头起诉，但实践中没有一个法院愿意接受口头起诉。因此，必须撰写起诉状。

起诉状的名称为"民事起诉状"，不要单写"起诉状"，也不要写"经济起诉状"。

题目之下是当事人。原告被告如果是自然人，有几个事项是必须写清的。姓名自不必说，还要写明出生年月日，用以表明当事人的行为能力。如果是未成年人，则必须有法定代理人参与诉讼。另一项是住址，填明地址是送达法律文书的需要，要分清户籍所在地和经常居住地。

四、作为被告应诉代理

被告的代理与原告代理不同的是，大部分被告找到律师时，诉讼已经开始，被告往往已经被推上被告席。被告在收到起诉状之后找到律师，希望律师帮助决策如何应诉。这个时候，律师助理需要做些什么呢？

（一）研究起诉状

当事人在约见律师要求咨询时，律师要告知被告带齐所有的资料，特别是原告的起诉状。当事人见到律师后往往会急于讲述事情的经过，急于倾诉自己的不满。其实，律师看完原告的起诉状后再听当事人陈述也不迟。律师助理应当仔细研究起诉状，对撰写答辩状有很大的帮助。

首先应当把起诉状从头到尾看一遍，了解大致案情。第二次看起诉状，就需要边看边分析。看起诉状要养成这样一个习惯，就是要沿着起诉状的这样一个顺序来考虑问题：其一，看到民事起诉状这几个字，考虑本案是否是民事诉讼；其二，看到原告、被告的基本情况时，考虑原告、被告是否适格，是否有遗漏的当事人；其三，看法院以什么案由立案，关键看法院的立案通知；其四，看诉讼请求是否合理、合法；其五，看原告在起诉状中描述的事实是什么；其六，看原告提起诉讼的理由是什么，引用的法律依据是什么；其七，看立案的法院是哪家，是否符合管辖的规定；其八，最后从落款的时间看诉讼时效是否超过。这么边看边思考，诉讼中的基本问题都会涉猎。养成习惯，便不会漏掉问题。

（二）听取当事人的陈述

在对原告的起诉状有了一个大概的了解后，律师助理需要认真倾听被告陈述。有些当事人此时会急于讲述自己的观点，急于反驳对方的主张。但律师助理需要强调当事人要讲述事实的过程，并再一次阅读起诉状中原告方的陈述，看当事人的讲述与诉状中的陈述有何差异。这个时候律师助理可以要求当事人将带来的证据交给他，这样可以一方面听取当事人的陈述，另一方面翻看证据，看不懂的地方，让当事人作进一步的解释。在完全了解事情的经过后，律师助理和律师可以再要求当事人讲讲自己的观点，从当事人自己的看法中，会得到一些启发。

（三）诉讼结果的初步判断

在看完起诉状和证据、听完当事人的陈述后，对案件便有了一个基本的判断。许多当事人这时候最想听的就是这个官司能不能打，结果会如何。律师助理也有义务给当事人作些初步的判断。但必须给当事人讲清楚，这种判断是建立在当事人所陈述的事实和所提供的证据基础上，且是初步的判断，不是认真考虑深入研究的结果。

为了对当事人负责，律师助理在作出判断前，对自己把握不准的，可以进一步请示、查阅后再回答。建议律师助理在办公室会见当事人，遇到不懂的可以及时请示律师。

事实上，律师助理不应该告诉当事人官司会输还是会赢，因为官司的输赢掌握在法官的手中，而不在律师助理的手中。一个官司的输赢取决于诸多的因素，第一取决于事实本身；第二取决于证据的收集。涉及合同纠纷，还取决于合同是否成立。是否成立，则要考虑合同是否有效。如果合同无效，则原告以合同有效为前提的诉讼请求不应该得到支持，只应该承担导致合同无效的过错赔偿责任。如果合同有效，则要考虑是否构成违约。如果构成了违约，则要考虑赔偿数额。

（四）撰写答辩状

《民事诉讼法》规定被告应当在收到起诉状之日起15日内提出答辩状，但同时又规定，被告不提出答辩状的，不影响人民法院审理。这样造成许多律师不愿意在法定期限内提交答辩状，喜欢当庭提出答辩意见，打原告一个措手不及。

但无论是否在法定期限内提交答辩状，律师助理都应该撰写答辩状，由开庭的律师决定什么时候提交答辩状。在确定答辩思路之后，答辩状的撰写就是简单的事了。

答辩状首先罗列答辩人的基本情况。如果是自然人，应该罗列姓名、性别、年龄、民族、职业、工作单位、住所及联系方式。如果是法人或者其他组织，应该罗列单位的名称及住所，然后另起行写法定代表人或者负责人的姓名和职务。

答辩状的开头大家都习惯于这样写：答辩人针对原告起诉答辩人××（案由）一案，答辩如下。下文中，应该表明答辩人对原告诉讼请求的基本态度。如果原告的诉讼请求完全于法无据，应该答辩驳回原告的全部诉讼请求。如果原告的诉讼请求部分于法无据，应该表明希望人民法院不予全部支持。但在答辩状中直接承认原告的诉讼请求无疑是不明智的，明确的承认会切断被告所有的退路。

然后是阐明答辩人的基本观点，这是答辩状的主要内容。律师助理应该根据答辩的思路，简明扼要地提出自己的主要观点，并作简明的阐释。答辩状与代理词不同，没有必要在答辩状中大段论述自己的主张，只需要把基本观点亮出来就可以了。换句话说，答辩状应该是份代理词的提纲，或者内容摘要。答辩状应该足以让法官明了被告人对原告诉讼请求的基本态度，并从起诉状和答辩状的对比之中归纳出法庭调查的重点。法官是根据起诉状和答辩状来总结法庭调查的内容的，如果答辩人的观点暧昧，或者故意隐藏，对法庭调查的顺利进行是不利的。

律师助理起草好答辩状后应将其交给律师，由律师进行二审和修改。

五、民事案件庭前准备

（一）制作大事记

在对事实了解的基础上，律师助理应该制作一份大事记，即按时间或者事件的发展顺序把本案涉及的事实罗列起来。通过制作大事记，梳理案件的思路，把事件的人物、时间、地点等因素有机地组合在一起，从而发现其内在的联系，会对事件的发展脉络有更清楚的认识，特别是比较复杂的事件，涉及人物多，时间跨度大，不制作大事记是很难理顺事情来龙去脉的。通过大事记的整理，案件看起来一目了然，既节省了开庭律师的时间，也方便开庭律师短时间内快速掌握案件。

大事记可略可详，甚至可以不制作。如果事件的发生仅仅在一个或者几个时间点，或许没有必要制作大事记。如果事件跨越时空大，但事件不是很复杂，可以简单制作一个大事记。如果事件涉及人物多，跨越时空大，则大事记不仅必不可少，而且应该详尽。详尽的大事记不仅要有某一时间点发生的事件，而且应该标明证明该事件的证据以及证据的主要内容。

大事记的功用在法庭审理中会显现出来，对方所举的每一份证据，律师能够很快地把它置入大事记中予以比对，以发现其矛盾之处。对方陈述的每一个事实，律师可以很快地把它置入大事记中，与本方掌握的事实予以比较。手中有一本详尽的大事记的律师在法庭上面对错综复杂的事实不会手足无措。手中有一本精心制作的大事记的律师，在法庭上面对瞬息万变的局面，也会游刃有余、沉着应战。

好记性不如烂笔头。大事记实际上就是对整个事件的一个全面记载。人的记性再好，也难免会有所遗忘；律师记性再好，也无法把所有办理案件的事实都熟记在胸。况且，也没有必要。把案件事实整理成大事记后，临到开庭，翻开案卷，足以应付法庭上的一切明枪暗箭。

（二）证据的归纳整理

经过一番详细的调查取证之后，也许已经收集了许多材料，但收集到的所有材料未必都能作为证据提交法庭。律师所要做的首要工作是从众多的证据材料中甄选出可以提交法庭的证据。有些材料在提取时感觉有一定的价值，但提取后发现并没有多大价值，可以舍弃不用；有些材料证明的事实对方认同，不需要再予以证明，也可以舍弃不用；有些材料描述的事实，与其他材料有不协调、相互矛盾的地方，提交法庭后容易被对方发现破绽，也应该舍弃不用；有些事实已经有确凿的证据证明，无须再用更多证据来证明，多余的证据可以舍弃不用。律师决定提交的证据必须足以证明自己的主张，且证据与证据之间能够互相印证，形成一个完整的证据链。

对于确定提交的证据，律师应该进一步明确向法庭举证的顺序。律师确定了提交的证据。律师助理应当对其提交的证据逐一分类编号，对证据的来源、证明对象和内容作简要的说明，签名盖章，注明提交日期，并依对方当事人人数提出副本。律师助理也可以编写一份举证说明，既标明举证的顺序，又记载清楚每个证据所要说明的内容，甚至预先设想的反驳对方质疑的基本观点。

一份准备充分的举证说明是开庭律师在法庭调查阶段的全部依靠，开庭律师据此可以有条不紊地向法庭证明己方的主张。

（三）申请证据保全

如果律师在立案之后举证期限届满前，发现证据可能灭失或者以后难以取得的情况，可以向人民法院申请保全证据。律师应当向人民法院提交书面申请书。这个申请书由律师助理起草，律师审核。申请书应当载明可能灭失或者以后难以取得的证据的名称、所要证明的事实、该证据所在的地点以及申请保全的理由。申请书提交人民法院后，如果人民法院要求提供担保，律师应当协同当事人及时为人民法院提供相应的担保。然后及时督促法官尽快采取证据保全措施。

（四）出庭准备

开庭前，律师助理要做到：

1. 和当事人取得联系，提醒当事人准时到达法庭，并携带身份证。如还有其他人要参与旁听，要提醒其带身份证。如果当事人的身份证和营业执照没有提交法庭的，复印一份准备提交。

2. 仔细阅读起诉状和答辩状，看是否存在新的问题。

3. 整理证据目录和质证意见。提醒当事人将所有的证据原件带到法庭，并通知证人到庭。把准备出示的证据整理一次，再熟悉准备证明的内容，看是否完备。对对方证据质证的意见，应当提前准备，工工整整地写出要点，比法庭上即兴发挥效果要好。

4. 再次审视辩论观点。辩论的要点要细，但没有必要写成文章。重新审视原先准备的观点是否正确，法官是否能够接受。有时候，重新考虑一下论述的角度，也许更能让法官接受辩论观点。

5. 询问当事人对调解的态度。要询问当事人是否愿意调解，并给予当事人是否调

解的建议及调解的方案。

六、上诉案件

（一）撰写上诉状

1. 写上诉状的第一步是确定当事人。上诉人的确定一般不会有什么问题，一审的原告、被告、有独立请求权的第三人、无独立请求权但判决承担责任的第三人都有权利提起上诉。这些当事人中谁对一审判决、裁定不服，谁就可以提起上诉。那么，原则上其他当事人就是被上诉人了。

2. 上诉状的第二项主要内容是上诉的请求。原则上讲，上诉状的首要请求是撤销一审判决，但未必是撤销全部的判决内容，因此有必要写清楚请求撤销一审判决的全部或是第几项。撤销的目的就是改判，因此要直接写出希望改判的结果。如果上诉人为一审的原告，那么二审希望得到的改判结果应该和一审的诉讼请求相呼应，不应该提出一审起诉状中没有的请求；如果上诉人二审增加独立诉讼请求，二审法院除自愿调解外，不对新增加的独立的诉讼请求进行审理；如果上诉人为一审的被告，那么二审的诉讼请求应该是请求改判不承担责任，而不应该用要求对方赔偿损失的表述。

3. 上诉状的第三项内容是事实和理由，这也是上诉状的主要内容。针对一审的判决，主要从事实和法律两方面讲出自己的理由。要注意上诉状不同于代理词，在上诉状中需要明确上诉的理由，如上诉人为什么对一审判决不服、二审应该如何判，但没有必要详细陈述理由，这个工作可在法庭上来做。上诉状应该是个文章的提纲，简练但要摆明基本的观点。

4. 上诉状写好后应当提交律师审核和修改。律师修改完毕后，请上诉人盖章或者签字、按指印后送交法院。尽管法院并没有要求上诉状必须打印，但是最好不要手抄。打印稿和手抄稿给人两种截然不同的感觉。

（二）撰写答辩状

律师助理应该仔细研究上诉人的上诉状，研究上诉人的上诉理由是否成立。所以，律师助理起草答辩状时应该针对上诉状的问题一一反驳，不可遗漏上诉人的每一问题。律师助理应该仔细研究一审的判决书、裁定书，深入理解法官的思想。对于一审正确的部分，应该坚决维护。对于一审错误的地方可以避开不谈，但应该做到心中有数，并和当事人阐释清楚。没有必要无原则地维护一审的观点，如果一审判决明显错误，律师不妨撇开一审判决，寻找第三条出路来维护当事人的利益。答辩状简要反驳上诉人的观点并列出自己的基本观点，被上诉人的思想可在代理词中详细阐释。

（三）二审开庭

二审开庭以前，律师助理应该像一审一样做好开庭的准备。所有的证据，无论是一审中提交的，还是二审中新增加的，都应整理清楚，复印双份待用。写出较详细的代理词提纲,进一步充实自己的观点。开庭时带上必要的法律文本及书籍备查。要提醒当事人开庭时带齐证据的原件。

（四）再审申请

律师接受申请再审代理后,律师助理应当着手撰写再审申请书。再审申请书的格式没有什么特殊规定,与起诉状和上诉状相比,主要是把原告被告、上诉人被上诉人的称谓,变为申请人被申请人的称谓,再审的请求应该是撤销原审判决、裁定或者调解书。在事实和理由中,首先要表明对原审裁判不服,写明原审裁判的编号,申请再审的理由要紧紧扣住《民事诉讼法》第 200 条的法定情形,明确申请提起再审的理由是《民事诉讼法》第 200 条中的哪一项。如"有新的证据,足以推翻原判决、裁定的",还是"原判决、裁定认定的基本事实缺乏证据证明的"。在明确符合哪项法定情形后再具体论述。尽管法律把"人民法院违反法定程序"和"审判人员在审理该案件时有贪污受贿、徇私舞弊、枉法裁判行为的",也列为申请再审的情形,但应当清楚,只有在存在实体错误的情况下,这些程序错误才有价值。如果原审的结果当事人并没有异议,即使程序中确实存在问题,也没有提起再审的必要。如果原审是调解结案的,那么提起再审的理由只能是调解违反自愿原则或者调解协议的内容违反法律,不能是其他理由。

受理再审申请的法院,原则上是上一级人民法院。但如果当事人一方人数众多或者当事人双方为公民的案件,也可以向原审人民法院申请再审。

七、民事执行

（一）签订执行代理合同

一般情况下,当事人在执行阶段不再聘请律师代理,但会请求律师帮助代写申请执行书。此时律师助理需要起草执行申请书。

（二）执行异议

《民事诉讼法》第 225 条赋予了执行当事人和利害关系人提出执行异议的权利。

在代理执行的过程中,发现执行法院的执行行为违反法律规定,律师助理可以为当事人起草《执行异议书》,递交执行法院。人民法院在收到书面异议后 15 天内审查作出裁定。对裁定不服的,还有一次向上一级人民法院申请复议的机会。

（三）申请上一级法院执行

律师在为申请执行人递交执行申请书后,要密切关注法院的执行动态。如果在申请执行时就明确指出被执行人有可供执行的财产,执行法院自收到申请执行书之日起超过 6 个月未对该财产执行完结的;或者在执行过程中发现被执行人可供执行的财产,执行法院自发现财产之日起超过 6 个月未对该财产执行完结的;或者是对法律文书确定的义务的执行，执行法院自收到申请执行书之日起超过 6 个月未依法采取相应执行措施的，律师就需要和申请人沟通，考虑是否向上一级人民法院申请执行。

如果申请执行人决定向上一级人民法院申请执行，律师助理需要起草申请执行书，并附相关材料递交上一级人民法院。在申请执行书中，要写清楚"人民法院自收到申请执行书之日起超过 6 个月未执行的"具体情况，这是上一级法院受理的唯一理由。但要注意所谓的"6 个月"不包括执行中的公告期间、鉴定评估期间、管辖争议处理期间、执行争议协调期间、暂缓执行期间以及中止执行期间。

任务二　律师助理协助办理刑事案件的业务范围和工作要求

一、审查起诉阶段的手续办理

这里的办理手续，包含两层意思。一是委托人和律师订立委托协议的手续；二是律师向检察机关提出申请的手续。在律师和委托人协商一致后，需要签订委托代理合同。律师助理将委托合同打印出来，给当事人签署，并带领当事人到律师事务所办理相关手续。如果犯罪嫌疑人没有在押，应该由犯罪嫌疑人与律师事务所签订合同；如果犯罪嫌疑人在押，则由犯罪嫌疑人的监护人、近亲属与律师事务所签订合同。同时委托人还应该填写授权委托书，一式三份，一份提交检察机关，一份提交看守所，另一份律师助理留存。

二、公诉案件审判阶段的调查研究

（一）研究起诉书

将案卷中的材料复印后，律师助理首先应该研究的是人民检察院的起诉书。因为起诉书中包括了被告人的基本情况、案由和案件来源、案件事实、起诉的根据和理由，体现了公诉机关对案件的基本认识。

（二）研究控方的证据

在刑事案件的案卷中，大部分证据是被告人的供述和证人证言，最繁杂的也是这部分证据。律师助理要下功夫，归纳整理好这部分证据，方便律师查阅，使律师工作起来也更加顺利。其他书证也是如此。

（三）制作大事记

律师助理在对整个案件的事实了解以后，应当根据事情发展的时间顺序制作一份大事记，把案件中涉及的所有人和事，按照时间的顺序一一列出来。案情复杂，时间跨度大，涉及人物多的案件，更应该如此。

借助制作大事记，律师助理事实上整理了一次自己了解的情况及掌握的证据，使自己对案件事实的了解更清楚、更有条理。在整理过程中，律师助理也许还能发现原

先没有意识到的问题，发现公诉人指控的缺陷。在法庭调查中，律师助理借助大事记，可以把证人、被害人陈述的事实及时纳入大事记中去审查、核对，为律师的当庭质证提供依据。

三、公诉案件审判阶段的庭前准备

（一）准备证据质证意见

在整理归纳证据后，律师助理应当及时制作质证意见。鉴于书记员大多缺乏速记能力，开庭律师在发言时又常常不能顾及书记员是否能够全部记录，法官如果开庭时又没有在意，就无法在庭后从法庭记录中了解律师的质证意见。对此最好的办法是将对证据的质证意见变成书面材料，逐条列明。开庭前可以将质证意见拷贝一份给当庭的书记员。如果法庭上有新的意见，可以当庭补充。开庭律师在法庭上发表完质证意见后，随即把针对每一个证据的书面质证意见交给法官，法官即使当庭有个别字句没有听清楚，一看书面质证意见，自然明明白白。庭后合议案件时，也可以从案卷中看到开庭律师的质证意见。

（二）整理辩护证据

律师助理对收集到的所有证据都应该进行整理分析，立足于证据的特点逐一审查，从而决定哪些证据作为辩护证据提交法庭，哪些证据舍弃不用。首先应该考察证据的客观性，对证据的真实性做到心中有数。对于那些虚假的证据应该坚决舍弃不用。

在初步确定所提交的证据以后，律师助理应该将证据复印（物证则照相）并撰写证据说明，将证据的种类、证据的来源、证据的主要内容、证据的证明对象予以说明，工整地打印出来。这样，在法庭上举证时，开庭律师按照事先准备好的证据说明，就可以非常流利地进行举证。

（三）准备证人、鉴定人发问提纲

对己方证人，首先决定是否需要证人出庭。如果证人证明的事实不是很重要，也不必一定要求证人出庭。但如果该证人证明的事实很重要，对定罪或者量刑有决定性意义，则努力劝说证人出庭接受质证。

在证人决定出庭后，律师助理最好见证人一面，与其当面进行沟通。首先，告诉证人法庭的规矩，以及证人不得旁听的规定，让证人对出庭的程序有大概的了解。其次，要告诉证人律师准备问的问题。这些问题一定是律师事先向证人了解的有利于被告人的问题，需要证人到法庭上说给法官听。最后，告诉证人对于其他辩护人、公诉人及法官的提问，一定要冷静、客观地回答。证人在作证时不应该存在立场，根据自己的立场按照有利于某方的角度去回答问题。因此，律师助理一定要提醒证人，无论对方的问题如何刁钻，一定要把住底线，即使证人陈述的事实对被告人不利，也要如实陈述。

对其他方提供的出庭证人，律师助理要准备好发问提纲。对这些证人，要重点研究该证人的庭前陈述，看该证人准备证明什么问题及其证明内容的真实性。

（四）准备辩护词提纲

律师助理在开庭前应当起草一份翔实的辩护词提纲，不仅把律师的基本观点记录清楚，还要把一些关键的句子事先草拟好。在法庭上，这份提纲既能提示律师按照已经设想好的思路发言，又不至于约束律师的临场发挥。但辩护提纲不可太简单，如果仅仅有个标题，没有详细的论证过程，律师完全依靠在法庭上现场发挥，即使口才再好，也恐怕言之无物，会导致有分量的话不多，而且容易漏掉一些很重要的观点。

四、被害人及刑事附带民事诉讼的律师代理

这项代理工作主要是由律师助理起草刑事附带民事起诉状。律师助理在起草起诉状前，最好能看到公诉人的刑事起诉书。按照《刑事诉讼法》第187条的规定，人民法院在开庭10日前负责把人民检察院的起诉书副本送达被告人及其辩护人，没有规定要送达被害人。实践中，法院在告知被害人有权提起附带民事诉讼时，也不给被害人送达起诉书。被害人只有在提交附带民事诉状后才能立案，只有立案后律师才有权阅卷，阅卷时可以复印公诉机关的起诉书。因此，在起草刑事附带民事起诉状之前，律师理论上是看不到刑事起诉书的。所以律师助理在起草起诉状时，要与办案律师多沟通，弄清楚到底怎么写合适。

刑事附带民事起诉状的事实和理由部分，与纯粹的民事诉状一样。事实部分应当参照刑事起诉书中对犯罪事实的描述，除非被害人对公诉机关认定的某些细节有异议，可以按照被害人自己陈述的事实来写，其他部分应当和刑事起诉书一致。

五、刑事自诉案件

在刑事自诉案件中，律师助理主要是起草自诉状。

最高人民法院《关于适用〈中华人民共和国刑事诉讼法〉的解释》第262条规定了自诉状应当包括的内容：

1. 自诉人（代为告诉人）、被告人的姓名、性别、年龄、民族、出生地、文化程度、职业、工作单位、住址、联系方式。

2. 被告人实施犯罪的时间、地点、手段、情节和危害后果等。

3. 具体的诉讼请求。

4. 致送的人民法院名称及具状时间。

5. 证据的名称、来源等。

6. 证人的姓名、住址、联系方式等。

实践中，人们一般按照民事诉状的格式来写刑事自诉状，即自诉人、被告人、诉讼请求、事实和理由、起诉法院和具状时间。

任务三　律师助理协助办理非诉讼法律事务中的业务范围和工作要求

律师助理协助办理非诉讼法律事务的业务范围有很多，但典型的法律事务可以归纳为合同的起草和审查以及如何担任法律顾问两个方面。

一、合同起草与审查的工作要求

作为一名律师助理，起草或者审查合同是基本技能之一。

（一）明确合同性质

在起草或者审查合同之前，律师助理首先要明确该合同的性质。合同要拟定合适的名称，不要千篇一律地写"合同书"或者"协议书"，而不深究合同的性质。只有明确合同的性质，才能正确地给合同命名。律师助理应当养成习惯，针对起草的每一份合同，都在合同名称中明确合同的性质。合同需要进行审查修改的，一定要注意合同的名称与合同的性质必须相符。委托人对法律不了解，或者不写合同名称，或者凭自己的理解写一个名称，但律师助理是专业人士，如果合同名称与性质不符，会使人怀疑律师助理的水平，甚至质疑律师。

之所以特别强调首先要明确合同的性质，是为了根据合同性质来确定适用的法律。只有明确规范该合同的法律，才能够审查合同的效力，明确法定的权利和义务。

在《合同法》分则中，我们可以看到各种合同的分类，但仅仅依靠合同法中的分类是远远不够的，现实中存在的许多合同，在《合同法》中并没有规定，而是散见于其他法律法规中。律师助理在《合同法》之外，还需要查找其他相关的法律、行政法规，对合同性质进行正确的归类。

（二）查找相关法律

在明确合同性质后，律师助理需要做的第二步工作就是浏览该合同涉及的法律、法规、规章和司法解释。

首先，律师助理要去查阅《合同法》。如果属于《合同法》中的有名合同，律师助理需要将该章中的规定通读一次。不要对自己的记忆力有太多的自信，律师助理不可能把所有的法律记在心里。因此，最简单的办法，就是把《合同法》拿出来，翻上一遍，相关的记忆就会恢复。这时去起草或者审查合同，就可以避免犯低级错误。通过这样的方法，律师助理也可以不断温习法律，加深记忆。

其次，相关的行政法规也是必须要查看的。这些法规律师助理未必都学习过，内容不需要律师助理去记忆，但应该知道有这样一部法规，需要时从中找到依据。

再次，律师助理还要查看的是最高人民法院的司法解释。司法解释是更实用的工具，是律师助理在起草或者审查合同时必须查看的材料。往往有许多法律、法规没有规定的内容，在司法解释中都有相应的规定。况且如果合同导致纠纷诉至法院，最高人民法院的司法解释也是法官审判的重要依据。

最后，在此基础上，再根据情况决定是否需要查阅规章和其他规范性文件。

（三）审查合同效力

在对涉及合同的法律进行大致了解后，律师助理应当考虑该合同的法律效力。当事人之间签订合同的目的是相互制约，正所谓口说无凭，立约为据。法律规定无效的合同自始无效，合同无效会导致尽管有约但不足为据，当事人的权利义务就得不到保障。因此，律师助理在把关时首要考虑的问题是合同的效力。如果律师助理起草的合同最后被认定为无效，无疑是律师助理或者律师的责任。当事人如果要求律师赔偿因此造成的经济损失，会得到法院的支持。

《合同法》第52条规定了合同无效情形：①一方以欺诈、胁迫的手段订立合同，损害国家利益；②恶意串通、损害国家、集体或者第三人利益；③以合法形式掩盖非法目的；④损害社会公共利益；⑤违反法律、行政法规的强制性规定。

对于前四项情形，实践中比较少见。但律师助理依然要注意，这些事情是不应当参与的，更不用说帮助起草合同了。

律师助理应重点从"违反法律、行政法规的强制性规定"的角度把握合同的效力。对该条文中的"法律、行政法规"，最高人民法院在司法解释中明确，"人民法院确认合同无效，应当以全国人大及其常委会制定的法律和国务院制定的行政法规为依据，不得以地方性法规、行政规章为依据"。强制性规定进一步区别为效力性规定和管理性规定（或取缔性规定）。所谓效力性规定，指法律及行政法规明确规定违反了这些禁止性规定将导致合同无效或者合同不成立的规范；或者是法律及行政法规虽然没有明确规定违反这些禁止性规范后将导致合同无效或者不成立，但是如果使合同继续有效将损害国家利益和社会公共利益的规范。所谓管理性规定或取缔性规定，是指法律及行政法规没有明确规定违反此类规范将导致合同无效或者不成立，而且违反此类规范后如果使合同继续有效也并不损害国家或者社会公共利益，但是损害当事人的利益的规范。最高人民法院在适用《合同法》的司法解释中明确强制性规定为效力性强制性规定。

因此，律师助理在起草或者审查合同时，对相关法律、行政法规中的禁止性规定要特别注意，要分析这些规定是否为强制性规定，违反这些规定是否会导致合同的无效。律师助理要查阅相关的司法解释，在一些司法解释中会明确规定违反哪些情形法院将认定合同无效。

（四）核实合同主体

在确定合同的效力后，就要再考虑订立合同的主体。

如果签订合同的主体是自然人，要看其是否具备完全的民事行为能力。如果不是熟悉的人，一定要看身份证件，并将身份证复印留存。特殊情况下，需要通过公安机关核对该身份证的真伪。

如果是代理人，一定要对方出示委托书。在委托书中要明确授权范围和委托事项，防止无权代理或者越权代理。

如果签订合同的是单位，要考虑是法人还是其他组织，要审查该单位的证件如营业执照或者单位代码证，看是否年检，并审查该单位的资质或者经营许可等。

与单位签订合同一定要盖该单位的公章。如果不盖公章，仅有单位法定代表人签字，有时候会区分不清签订合同是个人行为还是单位行为。合同盖章后，即便没有法定代表人签字，甚至没有任何人签字，都视为该单位的行为。但也不可过于迷信公章，要有防止假章的意识。

涉及处分财产的合同，一定要注意签订合同的人是否有权处分。要查看该财产权属的文件，只有证明签订合同的人有权处分，或者得到授权，才可以和该人签订合同。甚至还需要了解是否还有其他权利人，如房屋的共有人等，只有在其他权利人均知情的情况下，才能够保证合同签订后不会被其他权利人质疑。

除了从法律上对合同主体把关外，律师助理还要从道德上考察合同签订者。再完美的合同，也不如诚实的人。选择一个诚实讲信用的合作者至关重要。一个诚实讲信用的合作者，不会在合同中设置陷阱，不会提出苛刻的条件。即使在合同履行过程中，出现一些问题，双方也容易沟通。一些细小的违约行为，也容易得到对方的谅解，能够协商解决。一个品德有问题的合作者，从签订合同之初，便有异心。即使将合同签订得再完美，再严格，他照样会将你的委托人牵扯进无穷无尽的诉讼纠纷中。

（五）推敲合同内容

合同内容不可太简单，太简单说明对合同履行的细节考虑的少，出现纠纷后往往会无约可依。但也不能过于烦琐，让非法律人看不懂，或者没有耐心看。有些律师助理或者律师会从网上下载些所谓合同的范本，提供给委托人。其中有一些范本就过于烦琐，不符合当事人的预期。

合同的内容约定细化到什么程度，取决于合同履行步骤或环节的繁简。如果在合同履行过程中涉及的步骤、环节比较多，合同约定的就应当细致些。如果合同履行比较简单，合同的内容自然也应相对简单。

合同如果有一定的背景，在合同中应当适当叙述。我们一般用"鉴于"二字开头，把合同的背景叙述清楚。如果在签订本合同前已经签订了约定性文件，在背景介绍中不妨将涉及的文件罗列。合同内容的核心是双方的权利义务。权利是合同的主体能得到什么，义务是合同主体必须为对方付出什么。不妨在起草合同前罗列一下，甲方的权利是什么，义务是什么；乙方的权利是什么，义务是什么。罗列清楚之后，我们就知道甲方希望得到什么，准备付出什么；乙方希望得到什么，准备付出什么。

《合同法》第 4 条规定，当事人应当遵循公平原则确定各方的权利和义务。事实上，权利义务的公平，是各方争取博弈的结果。律师在起草审查合同过程中，尽管是受一方当事人委托起草合同，但不可一味地为委托人考虑，增加一方合同主体的权利，减少一方合同主体的义务。这样的合同，双方必然达不成合意。因此，要学会站在一个比较公正的立场来起草合同，既要考虑甲方的利益，也要考虑乙方的利益，这样双方当事人达成一致意见的概率就更大些。

权利义务的履行还需要约定履行的前后顺序，这叫合同履行的程序，即先做什么，后做什么。特别要注意通过履行程序来制约对方，就是要把各自的权利义务的履行时间进行前后排序，承担义务与享受权利应环环相扣，互相制约。这样约定的好处，就是在合同中明确约定了履行的前后顺序，如果对方不按照合同约定的顺序履行，己方就可以行使后履行抗辩权。

在明确约定权利义务之后，下一步就是约定违约责任。约定违约责任的目的是制约对方，使其不敢违约，否则会承担不利的后果。在起草合同时，要和当事人商量，该合同在履行过程中最担心出现的纠纷是什么。最担心出现的纠纷，就应当在合同中约定比较重的违约责任。也就是说我们要区分重大违约和一般违约。一般违约行为，即使出现，对整个合同履行并没有多大的影响，可以笼统约定违约责任。但对于重大违约行为，要特别约定违约责任，违约责任的大小要足以使对方不敢违约。

合同的语言一定要意思表达明确，不可模棱两可。宁可多写几句，把事情叙述明白，也要减少歧义。因此，要使用规范的语言，使用专业化术语。有必要时，对某些容易产生歧义的术语要作出特别的解释。

不要相信口头承诺。一些当事人不同意把某些内容写进合同中去，仅口头承诺。事后出现纠纷，一方否认，法院将无法认定。

在合同中可以约定争议的解决方式。这主要是强调是否约定同意通过仲裁委员会进行仲裁，而不通过法院起诉解决。这就涉及对当地仲裁委员会的信任问题。如果仲裁委员会信誉好，以往作出的裁决基本上是公正的，不妨约定仲裁；如果从来没有和仲裁委员会打过交道，不了解仲裁委员会，则最好不选择仲裁。仲裁实行一裁终局，如果仲裁裁决得不公正，纠正的难度比较大。而通过法院诉讼解决，不服一审，可以上诉通过二审求得公正。

如果通过法院诉讼解决纠纷，在合同中还可以约定法院管辖。如果合同的当事人在同一个行政区划内，约定管辖意义不大。但如果当事人不在同一个行政区划内，一般来说当事人都希望出现纠纷后由自己所在的法院管辖。最后约定在何处法院管辖，取决于合同双方的力量对比。甲方强势，甲方就极力主张将管辖约定在甲方所在地；乙方强势，乙方就极力主张将管辖约定在乙方所在地。双方力量平衡，达不成协议，也许就不约定法院管辖。

合同的成立和生效是不同的概念。大多数情况下，合同成立时就生效。但也可以单独约定合同生效的时间和条件。

一些当事人为了回避国家法律的管制，有时候会签订阴阳合同。即公开的是一个版本，私下里又有一个版本。律师助理和律师参与合同的起草，要帮助当事人避免这种情况的出现，给当事人讲清楚法律对阴阳合同的处理办法。可以针对当事人所担心的问题，尽力通过合法的渠道予以保障，而不是采取阴阳合同的形式。

（六）督促认真履行合同

合同起草审查完毕后，校对打印好后交双方当事人再次审核，确保无误后，双方签字盖章。为了防止篡改合同，最好在所有的合同上盖上骑缝章。有合同附件，也将附件与合同文本共同盖上骑缝章。

合同签订后，保存好合同的原件。同时复印合同副本，以备随时查阅。如果合同履行期限长，参与合同履行的人员都应当持有合同复印件，了解合同，熟悉合同，并严格按照合同的约定履行合同。要培养当事人的合同意识，就是严格按照合同的约定来履行合同，不要轻易变更合同。有些当事人在合同签订时，什么条件都敢答应。但一旦签订合同，就将合同扔在一边，完全不把合同中的约定当回事，在履行中随意变更合同的约定。

在合同的履行中，应当有记录，完整记载合同履行的过程。一旦发生纠纷，可以完整再现合同的履行过程。如果在合同履行过程中，出现特殊情况，需要变更合同内容，一定要形成书面材料，如签订补充合同或者会议纪要等，将双方约定的补充内容完整记录下来，由双方签字认可。

在合同履行过程中，多多少少会出现一些问题。有纠纷其实是非常正常的，关键是解决纠纷的方式。如果双方都是诚信的，大多能互谅互让，进行充分沟通后解决纠纷。不要轻易提起诉讼，尽可能协商解决纠纷。一旦进入诉讼，双方的情谊就彻底消失，关系恶化。一个诉讼缠身的人，必然会给其带来许多负面影响，一个不断陷入诉讼的企业一定不是一个和谐发展的企业。

二、担任企业法律顾问的工作要求

（一）签订法律顾问合同

有些律师或者律师助理会担任企业的法律顾问，所以企业法律顾问也是律师助理的主要工作之一。既可以担任政府机关的法律顾问，也可以担任事业单位的法律顾问，但实践中还是担任企业的法律顾问比较多。

律师助理与企业就服务事项和法律顾问费达成一致意见后，应当签订法律顾问合同。关于法律顾问费，有些企业不愿意一次性支付法律顾问费，会提出能否做成工资逐月发放。这是错误的做法，相当于律师或者律师助理私自接案。在这种情况下，律师助理在企业领的就是工资，等于律师助理以劳动者的身份与企业形成劳动关系。

律师助理应当以律师事务所的名义签订法律顾问合同，收取的顾问费也应当出具正式发票。每个律师事务所都有固定的合同版本，可以再根据当事人的意思做些修改。一般企业对律师的服务方式没有特别要求，有事随叫随到就行。有些企业则要求律师助理每周、每月固定时间去企业提供服务。有些大企业，甚至要求律师事务所常年派人进驻。

（二）了解企业概况

在法律顾问合同签订后，律师助理的首要工作是了解这个企业。

第一，去查阅这个企业的公司章程，了解公司股东是谁，各自持有的股份、出资方式如何。许多公司章程都是工商代办公司帮助起草的格式化的版本，但也要留意股东们是否有特别约定。律师助理应当将公司章程复印留存律师事务所，以便随时查阅。要了解股东会的召开情况，是否按照章程的约定按时召开股东会。律师助理甚至要侧面了解股东之间的关系，是否和谐相处，有无矛盾。

第二，了解这个企业的经营范围，看看这个企业的产品。律师助理还需要了解企业的营销模式及营销渠道的建设。

第三，了解企业的管理架构。企业设置了哪些部门，各自的权限是什么。

第四，还需要了解这个企业的历史，了解该企业演变的过程，了解董事长和总经理的简历以及性格。只有这样全面的了解，以后律师提供法律意见时，才能够更加符合企业文化与理念。

第五，在了解了企业的历史之后，律师助理还需要到网上了解这个行业，大概知道这个行业的发展情况，未来的走向。律师助理要知道这个企业在行业中的地位，或者在某一区域内的排名。甚至要知道，这个企业在同行业中的优势是什么，劣势又有哪些。

第六，律师助理还需要下功夫的是查阅这个行业的法律、法规和规章。每个行业都有相应的法律体系。律师助理要多查阅、多学习。

第七，到网上检索其他人对这类行业风险预防的总结，事先知道这类企业最大的风险是什么，如何预防。企业聘请法律顾问就是为了防范企业风险，特别是法律风险。

第八，了解企业的纠纷。一个企业的纠纷来自以下几个方面：股东之间的纠纷、与客户的纠纷、与劳动者的纠纷、与政府部门的纠纷。律师助理应当有意识地研究这些纠纷产生的原因，尽可能避免这些纠纷的扩大，减少企业的损失。

（三）规范公司章程，避免公司内部引发矛盾和纠纷

一些公司成立时间早，依据当时的公司法起草了企业章程。但 2005 年《公司法》修正时，做了较大的改动。这样一来，就需要依据修正后的《公司法》来修改企业章程。在现行《公司法》中，一些地方允许股东进行约定，如股东会的表决权可以不按出资比例，利润分红也可以不按持股比例，法定代表人可以不是董事长，股东大会、

董事会和经理的职权，股权的转让和继承，公司对外的投资和担保都可以由公司章程约定。律师助理可以就公司章程的修改和企业的股东们沟通，根据股东的意愿提出修改的建议，再通过股东会决议实施。

一些公司的控制人不按照《公司法》或者章程的约定召开股东会，更不把章程当回事。律师助理应当逐渐地向股东们灌输章程的概念，树立股东章程观念，培养股东按照《公司法》和公司章程行使股东权利的意识。

律师助理通过查阅公司的验资报告，向公司财务了解情况，就可以知道股东的出资情况，检查所有股东是否出资到位，是否有抽逃出资的问题，避免因出资问题引发纠纷。

律师助理应当查阅所有的股东会、董事会决议，看是否存在违反法律、行政法规的问题，是否存在召集程序、表决方式违法或者不符合章程约定的问题。在律师担任法律顾问之后，应当在企业召开股东会、董事会时提供法律服务，不仅从程序上把关，还要从股东会、董事会决议内容上把关，避免股东会、董事会决议出现无效或者撤销的情形，引发股东诉讼。

尽管与律师助理接触较多的是公司的董事长或者总经理，但律师助理应当知道委托人是公司，律师助理不是董事长或者总经理的私人法律顾问，而是公司的法律顾问。因此，在提出法律建议时，要从公司的角度考虑问题，要考虑到所有股东的利益。如果一味地听从董事长、总经理的安排，协助他们做出一些侵犯股东利益的事，必然会导致其他股东的不满，甚至产生法律责任。股东在行使查阅权，要求公司提供章程、股东会、董事会决议、财务会计报告等时，律师助理应当告知公司，这是公司的义务、股东的权利。除非有合理根据认为股东有不正当理由，一般不应当拒绝其查阅申请。

作为公司的法律顾问，在股东中间可以充当一个协调者，协调股东之间的各种矛盾，督促各方严格按照《公司法》和公司章程的约定来行使各自的权利，努力避免不必要的冲突。

（四）避免合同纠纷

我国的大部分企业是家族企业，股东之间都是亲属关系，一般情况下发生股东纠纷的比较少，也不需投入太多的精力。企业家们聘请法律顾问更多是为了避免与客户交往中产生合同纠纷。

律师助理进入企业后，应当查阅企业以往的合同，了解这个企业主要的合同是什么，在履行中出过什么问题，是否出现过诉讼。在这个过程中，一定可以发现一些以往合同中的问题。纠正这些合同的问题，就成为律师助理需要做的工作。

每个企业都会有常用合同，企业会把这些合同变成格式化的文本，平时印刷、打印好，需要签订时，填上些内容就可以盖章签字。这些合同，是律师助理进入企业后开始工作的重点。仔细研究，进行完善，制定出一个相对完整的格式合同文本，并对平常使用这些格式化合同的员工进行培训，以合同为案例，做进一步的分析，告诉他们签订合同的基本知识。特别是对合同中空白的地方，应当如何填写，更是要培训的重点，避免因具体填写人的失误造成新的纠纷。在格式合同使用一段时间后，可以将企业负责签订合同的员工召集起来，就合同使用中的问题听取大家的意见，对履行合同过程中出现的问题释疑解难。最后，根据大家的意见再对格式化合同进行修订。

一些企业的经营者还不习惯将所有的合同交由律师助理审查把关，他们仅将他们认为重要的合同，或者他们自己把握不准的合同，送交律师助理审查。事实上，律师助理应当审查所有的合同。即使是最常用的合同、格式合同，也不妨过眼。信息技术的进步，为审查合同提供了许多方便。企业只要将合同通过互联网传送到律师助理的电脑中，就可以随时审查合同。一个有经验的律师助理，只要浏览一遍，就可发现合同中的重大问题。就这些问题，律师助理可以通过和合同的起草者协商建议其修改。负责起草合同的员工，听取律师助理建议，可以在将来的工作中逐步减少错误，律师助理审查合同也会越来越轻松。具体可以这样操作，由合同的起草人将合同传送给律师助理，并说明合同的起草背景，告知律师助理审查的最后时限。律师助理审查后，和合同起草人沟通，进行修改。一些重大的合同，经营者希望作为法律顾问的律师助理在合同审批单上签字，律师助理更需谨慎。万一出现问题，导致企业的经济损失，企业可以持律师助理的签字，主张律师事务所赔偿。

合同签订后，在履行过程中难免会出现一些纠纷，妥善处理纠纷也是服务的重要内容。纠纷的产生不在纠纷本身，而在于处理纠纷的方式。处理好了，纠纷就消除，双方继续合作；处理不好，纠纷就会越来越大，最后到法院去寻求法律解决。出现纠纷后，企业的管理者会征求律师助理或者律师的意见，寻求解决。对于这些纠纷，律师助理更应当仔细研究，实事求是地给企业讲清楚存在的问题。对于本企业的过错行为，客观地指出，建议企业和平解决。

（五）避免劳动纠纷

企业与员工关系的处理，也是法律顾问的工作内容之一。

律师助理进入企业之后，要重点关注的问题之一就是企业与员工是否签订劳动合同。如果签订了劳动合同，则要考虑是采用劳动行政部门的格式合同，还是企业自行拟订的合同。企业自行拟订的合同文本中，往往会出现一些与《劳动法》、《劳动合同法》相矛盾的条款，要心中有数，适时建议纠正。如果没有签订劳动合同，则需要告知企业经营者，即使没有书面的劳动合同，企业与员工的劳动关系自用工之日就已经建立。如果工作满1年仍然不签订书面劳动合同，日后一旦发生纠纷，视为双方订立无固定期限劳动合同。而且劳动行政部门一旦检查，可能会面临罚款。实践中，还存在一个问题，就是未必是企业不与员工签订劳动合同，而是员工不同意与企业签订劳动合同。一些员工认为签订了劳动合同对他是一种束缚，能拖就拖，想方设法不与企业签订劳动合同。遇到这种情况，律师助理就需要提醒企业的人事部门，设法证明企业通知过员工签订劳动合同。

律师助理还要了解企业是否给员工办理劳动保险。这是一个比较复杂的问题。有些员工原在国有企业工作，已经有劳动保险；有些员工的劳动保险在其他单位；有些员工已经退休。所以在签订劳动合同时，这些问题都应当查清楚，并在劳动合同中予以记载。避免在出现纠纷后，员工以《劳动法》为依据要求企业补交劳动保险。

在企业决定解除个别员工的劳动关系时，更需要法律顾问的参与。律师助理一定要给企业讲清楚解除劳动合同在《劳动合同法》中法定的情形和程序，建议企业严格按照法律办理解除手续。在解除的法定情形中，有些是非常明确的，比如"被依法追究刑事责任的"，有些则需要相应的措施，如"严重违反用人单位的规章制度"。这就需要企业有规章制度，且在规章制度中明确哪些属于严重情形可导致劳动合同的解除。要协助企业通过法定的程序建章立制，并使所有的员工了解规章制度。

工伤的处理，是企业法律顾问中比较麻烦的一件事情。尽管每个企业都在抓安全怕出事，但事故还是会不断涌现。一旦出事，法律顾问就需要很快判断是否为工伤。是工伤，自然有一套程序和解决办法；不是工伤，则需另外的处理思路。对此法律顾问一定要判断准确。如果企业买了工伤保险，企业省心，问题交给社保部门去处理，企业仅有协助的义务。但如果企业没有给员工买工伤保险，则所有的责任都由企业承担。法律顾问要帮助企业判断是否是工伤，是否应当支付工伤保险待遇，具体的数额如何确定。有时候，即使不是工伤，只要事故与企业有关，出事的一方也会要求企业给予一定的补偿。律师要协助企业写好合同，避免麻烦。

（六）避免行政处罚

许多政府机构都有权对企业实施管理，进行检查。检查完后，提出整改意见。不整改，企业便面临行政处罚。这个时候，经营者就会找律师助理，询问律师助理的意见。律师助理需要查阅该行政机关执法所依据的法律、法规，研究行政机关的执法是否符合法定程序，是否符合法定情形，如果还是不会处理，请示律师。

大部分律师助理未必都很了解这些行政法律、法规。像《公司法》《合同法》《劳动法》之类的法律，律师助理都比较熟悉。但是这些行政法律、法规则未必，有一些内容律师助理可能完全没有接触过。这时候就需要律师助理去请教专家，找更专业的律师，或者找大学的教授，甚至和政府法制部门的人沟通。

咨询对律师助理是最难的事。问题五花八门，但律师助理的知识却较为单一。以有限的知识，去应对无限的问题，可见难度之大。一些律师助理意识不到这中间的困难，面对咨询，常常信口开河，在应对如流的背后其实是信口雌黄。这时候需要承认自己知识的缺陷，承认自己不懂。只有承认不懂，才会下功夫去研究，才会向别人请教。

自己学习，再加上向别人请教，总可以弄清楚该行政处罚是否合法。若合法，律师助理只能建议企业和行政机关沟通，努力整改。如果存在问题，也需要律师助理和行政机关沟通，交流观点，努力改变其看法。按照《行政处罚法》的规定，行政机关在作出行政处罚决定之前，应当告知当事人作出行政处罚决定的事实、理由及依据，并告知当事人依法享有的权利。律师助理应当利用这个机会，充分表达自己的意见，实现企业的诉求。

律师助理在进入企业之后，就应当逐渐熟悉与该企业相关的法律、法规以及规章。在对企业了解的过程中，逐步进行比对，看企业在哪些方面存在问题，及早给企业提出意见，建议整改。

（七）避免刑事犯罪

避免企业及企业高管触犯刑律，也是担任法律顾问工作的内容之一。对于有些犯罪是无须提醒的，如故意杀人、抢劫、强奸等，一般人都知道这是犯罪行为。但对于有些犯罪，则未必是每个人都知道自己的行为在犯罪。因此，适度提醒还是非常有必要的。

在改革开放的早期，许多企业家都是白手起家。不需要资金就可以注册企业，或者借钱去验资，验完资就还回去。这相当于给企业埋了个定时炸弹，随时都可以引爆，给企业家带来牢狱之灾。如果发现企业在注册时存在注册资本不实，或者虚假出资、抽逃出资的问题，应当提出建议，完善账务，补充注册资本。只要注册资金到位，出资者确实投入了资金，保障了债权人的权益，早年注册时的"原罪"就可以得到谅解。

另一个需要注意的行为是借款。一些管理者不知道其中的利害，有朋友一时手紧，提出借款要求，碍于情面便答应。他不知道这些行为可能涉嫌挪用资金罪。特别是股东众多的公司，股东和股东之间难免有些矛盾，因此，律师助理要提醒管理者不可随意出借本企业的资金，避免有一天矛盾公开化后有股东举报其挪用资金。

至于像贪污、职务侵占、行贿、受贿等行为，大家都知道是犯罪行为。法律顾问的任务实际上是帮助企业如何通过制度来制约企业管理者的行为，让企业管理者避免这些犯罪行为。

在企业和客户的交往中，应该注意的一个罪名是合同诈骗罪。律师助理要提醒企业，在签订合同后，只要履行出现问题，或者是货得不到，或者是钱退不回，第一件事就是要和公安机关的经侦大队沟通，请经侦大队作为犯罪案件立案侦查。经侦大队只要发现其中存在些问题，如虚构主体、没有实际履行能力、和对方联系不上，就会先将人拘捕回来。行为人可能面临合同诈骗的起诉。律师助理要对企业的业务人员进行培训，告诉他们实际生活中的潜规则，告诫其在合同签订和履行中要尽可能规范，避免留下把柄给自己带来牢狱之灾。

在生产环节，企业担心的是出现重大安全责任事故。一旦出现，企业会遭受极大的经济损失，相关责任人员均会面临刑事指控。律师助理能做的，就是帮助企业建立安全管理规章制度，避免强令员工冒险作业的行为，保证安全生产设施或者安全生产条件符合国家规定，避免重大伤亡事故的发生。

在财务环节，许多经营者希望得到律师助理的帮助合理避税。这就需要律师助理研究《税法》、懂《税法》，在此基础上能指导企业合法交税。而这恰恰是某些律师助理的弱项，当企业家们求助于律师助理，希望能指点迷津时，许多律师助理不能给出准确回答。在税的问题上，律师助理不能只简单地说教，教育企业不要偷税、漏税，不要抗税，而是要真正提出些合理化建议，帮助企业合理避税。

（八）尽职尽心

对于企业来说，都希望法律顾问能够尽职尽心。每个律师助理的专业水平有高低，但企业更关注的是律师助理对工作的态度。一个尽职尽心的律师助理即使专业水平略差，也会得到企业的肯定。

律师助理不妨多到法律顾问单位待一段时间，主动做一些工作。律师助理永远在做一个选择，就是哪个事更重要，哪个事必须尽快完成。有些事，稍微迟一两天无关紧要；有些事即使误上一天，损失也无法弥补。律师助理在和企业沟通时，应当问清楚委托事项的要紧程度。如果非常紧迫的事，就算放弃休息，也一定不要耽误。

一些律师助理工作时间概念非常强，上班是上班，下班是下班。企业在非工作时间打电话，满脸的不耐烦，或者干脆一离开办公室，就把手机关掉。但许多企业是24个小时生产，随时都会有事情发生。有些企业家，根本就没有上下班的概念，除睡觉外，永远在工作。因此，难免在工作时间之外联系助理。对此，律师助理应当理解，主动适应。

企业聘请法律顾问，就是为了企业避免法律风险，少打官司。因此，律师助理的专业水平也是很重要的。每个律师助理都是有所知，有所不知，不必避讳，不必不懂装懂。遇到不知的事情，要虚心学习，将不知变成知，律师助理的学问就自然长进。做企业的法律顾问其实很难，做不同类型的企业顾问要求律师助理的专业知识更丰富，如果能够尽职尽心，不断学习，认真服务，一定能得到企业的信任。

📝 练习与思考

1. 律师助理在民事案件的咨询与接案工作中，错误的做法是（　　　）

A. 约见当事人前，应该抓紧时间翻阅相关资料，尽可能地了解有关的法律规定

B. 电话约见时，提醒当事人带上所有的与案件有关的文字材料

C. 约见当事人后，立即打电话给当事人催着付款办委托手续

D. 约见当事人时，律师助理应该培养自己严格的时间观念，准时出现在约定的场合

2. 关于收取代理费的做法，错误的是（　　　）

A. 一般情况下，在签订委托合同之时，当事人就应该向律师事务所交纳代理费

B. 关于律师收费的标准，我国实行的是政府指导价

C. 律师可以积极主动地要求当事人以风险代理的方式签订委托代理合同

D. 一般情况下，代理费的交纳与最后的诉讼结果并没有关系

3. 律师助理在民事案件的咨询与接案工作中可以做的事项有（　　　）

A. 根据律师的安排，和当事人电话约见

B. 进行约见前的准备

C. 细心地听取当事人的叙述

D. 为保证案源，任何案件都可以接受

4. 律师和律师助理关于会见当事人的时间安排，应该做到（　　　）

A. 尽早安排

B. 为当事人安排足够的时间

C. 按照当事人的要求安排会见时间

D. 不要与开庭时间或者其他业务相冲突

5. 律师助理协助律师与当事人办理相关手续，正确的做法是（　　　）

A. 律师助理应当将当事人介绍给律师事务所的工作人员，由工作人员负责办理相关手续

B. 律师助理要向工作人员交代清楚本案双方当事人的名称、案由、诉讼标的、管辖法院及收费的办法

C. 如果当事人不亲自到律师助理事务所办理手续，律师助理也可以在律师事务所办好之后再带给当事人签字，但合同的内容必须事先告知当事人

D. 在填写授权委托书时，律师助理应该注意授权范围的填写

6. 律师与委托人建立委托代理关系后，应该立即开展工作，首要工作应该是调查取证。在调查取证中，律师助理应该做到（　　　）

A. 一般情况下，律师助理不宜单独去会见纠纷中所涉及的人

B. 对于犹豫徘徊的被调查人，律师助理还需要耐心细致地做思想工作，打消其顾虑

C. 在会见的对象叙述的过程中，律师助理的任务应是静静地听、细细地想，努力捕捉其所不知道的信息，或者与其知道的信息不一样的地方

D. 对于律师助理认为有价值的一些细节，可以引导被调查人详细地叙述

7. 律师助理起草或者审查合同，错误的做法是（　　　）

A. 在起草或者审查合同之前，律师助理首先要明确该合同的性质

B. 律师助理要浏览该合同涉及的法律、法规、规章和司法解释

C. 审查合同的法律效力

D. 要尽量为委托人考虑，在合同中增加委托人的权利，减少一方合同主体的权利

8. 律师助理会担任企业法律顾问期间，错误的做法是（　　　　）

A. 律师助理与企业就服务事项和法律顾问费达成一致意见后，应当签订法律顾问合同

B. 在法律顾问合同签订后，律师助理的首要工作是了解这个企业

C. 律师助理要听从董事长、总经理的安排

D. 避免企业遭受行政处罚

9. 对于公诉案件审判阶段的调查研究工作，应做的事项有（　　　　）

A. 接受委托

B. 研究起诉书

C. 研究控方的证据

D. 根据事情发展的时间顺序制作一份大事记

10. 公诉案件审判阶段的庭前准备工作应做的事项有（　　　　）

A. 准备证据质证意见

B. 整理辩护证据

C. 准备证人、鉴定人发问提纲

D. 准备辩护词提纲

【项目实训】律师助理协助律师办理案件或承办非诉讼法律事务

【实训目的】能够熟练掌握各类案件的办案要求，或者能够承办非诉讼法律事务

【情境设计】某公司董事长孙某来到某律师事务所，经过商谈聘请律师王某及其助理方某为其公司法律顾问。双方签订了法律顾问合同。担任法律顾问期间，王某与方某勤勉、尽责地履行法律顾问的职责。这一天该公司与某一贸易公司拟签订一买卖合同，但对合同把握不准，就让王某与方某把关，审核合同。在担任法律顾问期间，王某与方某还经常办理案件代理业务，前不久，王某与方某代理了一起继承纠纷案件。

【实训步骤】

步骤1：根据班级人数分组，5~8人为一组，选出1人担任小组长；

步骤2：各小组根据实训情境设计进行具体的如何履行法律顾问职责、审查合同、代理民事案件的情境设计，并进行情景模拟，汇总答案；

步骤3：各小组派1名成员发言；

步骤4：指导老师根据各小组综合表现评分并进行点评。

法院书记员工作实务

知识结构图

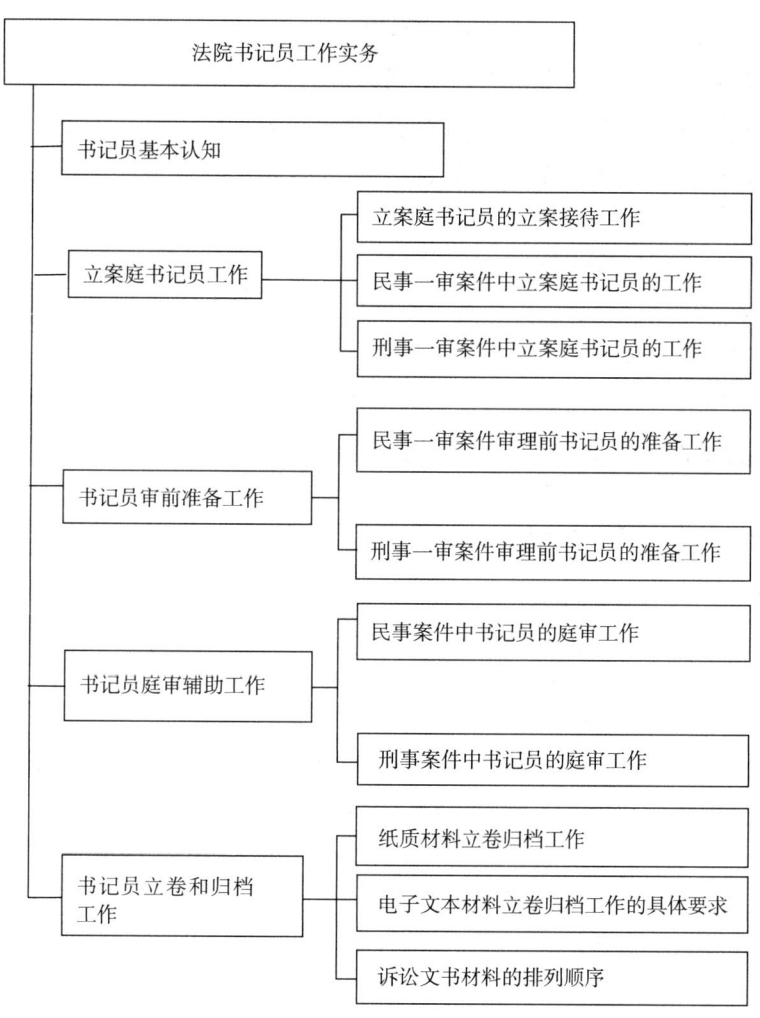

📝 书记员基本认知

书记员是人民法院和人民检察院司法工作人员之一，是人民法院和人民检察院内负责办理案件的记录工作和有关事项并协助办理一系列司法辅助工作的人员。其中，法院书记员在法院内处理民事案件、刑事案件等案件的日常工作。

法院书记员像法院院长、庭长、审判员、法警等人一样是法院人员中必不可少的组成部分，在人民法院整体审判活动中发挥着十分重要的辅助性职能作用。法院书记员在法官指导下开展工作，受法官指导和监督，主要从事立案、审判、执行等相关业务的辅助性事务工作。

根据《公务员法》《人民法院书记员管理办法（试行）》等有关法律政策规定，书记员分为委任制与聘任制。委任制书记员一般属于国家公务员（政法专编行政编制）；除法律、法规另有规定外，聘任制书记员是由法院招聘后，与受聘人依照有关法律订立聘任合同，对受聘人按照合同进行管理。在合同有效期内，人民法院与受聘人双方履行合同规定。聘任合同解除或者终止后，双方即解除聘任关系，受聘人不再具有国家工作人员身份，不再履行书记员职责。实行聘任制的书记员享受公务员的各项待遇。

一支合格的书记员队伍是法官队伍能够专心钻研审判业务的前提保障。但长期以来，书记员队伍建设远远落后于司法事业的发展，法官与书记员"一条腿长，一条腿短"的格局对审判工作造成掣肘，甚至影响了司法的公平与效率[1]。书记员队伍素养整体不高、队伍管理标准混乱、书记员人员流失严重等问题也比较突出。甚至有一部分书记员庭审记录效率低下、记录不规范或卷宗保管不当，从而引发一系列审判事故。这些事故轻则影响司法机关的形象，重则会追究有关人员的刑事责任。

各地法院在不断探索司法辅助岗位人员分类管理改革的过程中，逐渐将原来由政法专项编制人员从事的书记员工作由聘用制人员接替。2017 年最高人民法院、最高人民检察院、财政部、人力资源社会保障部四家单位联合印发《人民法院、人民检察院聘用制书记员管理制度改革方案（试行）》，这一文件的出台，标志着司法人员分类管理改革的最后一块制度拼图已经到位。

以北京法院为例，2015 年以前，北京各级法院聘用制书记员经费来源是行政经费或专项经费，未纳入财政预算保障。由于缺乏充足的经费保障，各级法院难以按需聘用书记员。2015 年 3 月，北京市委政法委、高级法院、编办、人社局、财政局五家单位联合会签《关于在北京市法院系统试行聘用制司法辅助人员员额化制度的意见》，确定了北京法院聘用制司法辅助人员首批员额，并明确每名员额的经费标准。2017 年 1 月 1 日，财物统管后，经费也统一由市级财政足额保障到位，实现改革平稳过渡。

---

〔1〕 人民法院报 2015 年 08 月 05 日《法院书记员改革应被重视》。

一、书记员应具备的法定条件

书记员岗位所具有的对法院审判活动的辅助性职能，要求担任法院书记员的人员必须具备一定的条件。只有这样，才能充分保障法院书记员的岗位职责的履行。

根据《人民法院书记员管理办法（试行）》第 3 条规定，担任人民法院书记员必须具备以下条件：①具有中华人民共和国国籍；②拥护中华人民共和国宪法；③身体健康，年满 18 周岁；④有良好的政治业务素质，具备从事书记员工作的专业技能；⑤具有大学专科以上文化程度。

适用本条第 5 项规定的学历条件确有困难的地方，经高级人民法院审核同意，在一定期限内，可以将担任书记员的学历条件放宽为高中、中专。

同时，第 4 条规定下列人员不得担任书记员：①曾因犯罪受过刑事处罚的；②曾被开除公职的；③涉嫌违法违纪正在接受审查，尚未作出结论的。

一般来说，各级法院在招聘书记员的时候除了要求符合上述条件之外还会对年龄、专业技能作详细要求。以广州市中级人民法院 2018 年公开招录聘用制书记员为例：

1. 报名参加招聘的人员应具备下列条件：①具有中华人民共和国国籍，拥护中国共产党，遵纪守法，品行端正，具有良好的职业道德；②具有法律专科以上学历；③年龄在 18 周岁以上，28 周岁以下（1990 年 7 月 1 日至 2000 年 6 月 30 日期间出生）；④身体健康，具有正常履行职责的身体条件；⑤计算机中文录入速度每分钟 100 字以上。

2. 有下列情形之一的不予招聘：①曾受过刑事处罚或治安处罚以及纪律处分的；②涉嫌违纪违法正在接受审查尚未得出结论的；③违反社会公德、职业道德，造成不良影响的；④其他不宜从事书记员工作的情形。

二、书记员基本工作职责

厘清法院书记员基本工作职责，要准确把握书记员的职责范围，其目的在于防止法官助理和书记员之间出现职责交叉，着力构建以法官为中心，法官助理和书记员各负其责、相互衔接的审判运行体系。根据最高人民法院颁布的《人民法院书记员管理办法（试行）》第 2 条的规定，书记员履行以下职责：①办理庭前准备过程中的事务性工作，即张贴公告，通知当事人以及在门户网，法院网发布公告等；②检查开庭时诉讼参与人的出庭情况，宣布法庭纪律；③担任案件审理过程中的记录工作；④整理、装订、归档案卷材料；⑤完成法官交办的其他事务性工作。

记录工作就是对审判庭审理案件活动的全过程进行笔录，主要包括以下笔录：①各类案件通用的笔录：如调查笔录、勘验笔录、法庭审理笔录、合议庭评议笔录、审判委员会讨论案件笔录、宣判笔录；②部分案件中使用的笔录：如适用于刑事自诉、民事、经济纠纷和行政赔偿案件的调解笔录，适用于刑事案件和各种执行案件的搜查笔录，适用于强制执行财产案件的执行笔录和查封、扣押财产笔录；③仅适用于特定案件的笔录：如刑事案件的送达起诉书副本笔录、死刑案件的验明正身笔录和执行死刑笔录。

同时，法官交办的其他事务性工作主要包括：①文书、材料的收发工作；②司法统计工作；③法律文书的打印、校对工作；④信访接待工作；⑤协助法官起草司法文书；⑥在法官指导下调处轻微的刑事纠纷和简易的民事纠纷、调查案件事实工作。

三、书记员基本素质要求

书记员队伍作为法院队伍中的一个重要组成部分，要适应新的法官管理体制，在辅助法官办理案件中发挥更大作用，如何能够稳定和建设好这支队伍，已经成为迫切需要解决的问题。提高书记员的整体素质已成为当务之急。

1. 书记员应当具备坚强的政治素质。书记员的政治素质，具体包括为政治立场和思想观点等方面。要求书记员必须坚持党的基本路线、坚持四项基本原则，忠于祖国，忠于人民，忠于社会主义法制，具有较高的政治觉悟和良好的道德品质。

2. 书记员必须具有强烈的纪律意识。书记员应当遵循下列纪律要求：①以事实为依据，以法律为准绳，依法履行职务；②不得私自会见当事人及其诉讼代理人、辩护人、委托人；③不得接受当事人及其诉讼代理人、辩护人、委托人或者中介机构的吃请；④不得接受当事人及其诉讼代理人、辩护人、委托人或者中介机构的礼品等财物；⑤不得为当事人介绍律师或代理人；⑥不得拖延办案贻误工作；⑦不得泄露国家秘密和审判工作秘密；⑧不得过问不属于自己办理的案件；⑨不得在外兼职或从事影响公正履行职责的活动；⑩法院工作人员根据法律、法规、规章应当遵守的其他各项工作纪律。

聘任制书记员因故意或重大过失，导致案件延误或错误处理，损害国家利益或当事人利益的，或造成其他重大影响的，应依法解除劳动合同，并追究其相应责任。

3. 书记员要具备良好的心理素质。良好的心理素质和文化素质是做好各项工作的基础。审判工作的严肃性、特殊性及重要性不仅要求法官要有良好的心理素质，而且要求书记员也应当具备良好的心理素质。

4. 书记员应当掌握必要的法律知识。书记员除了必须听从承办法官的指挥，在法官的指导下做好审理案件的各项记录，完成审限变更、文书核对、案件报结、卷宗装订、归档及司法统计等多项工作外，更要掌握和熟悉法律知识，特别是对程序法的内容必须熟练掌握，只有这样才能为法官的公正裁判提供真实可靠的第一手材料，保证正当的程序性和实体处理结果。有一些诉讼当事人因为不懂法，也需要书记员协助法官做好诉讼引导工作，这都需要掌握必要的法律知识。

熟悉三大诉讼法的内容及相关的司法解释，具备一定的法学素养，是书记员应当具备的基本业务素质，这能为书记员做好其他工作奠定基础。程序法的知识和技能养成主要体现在通过对三大诉讼法和相关司法解释的理解与适用，实现程序正义。书记员在审判过程中对程序正义的追求与实践是一种"看得见的正义"[1]。这种"看得见的正义"，有赖书记员在辅助性操作中对程序正义持之以恒的追求。

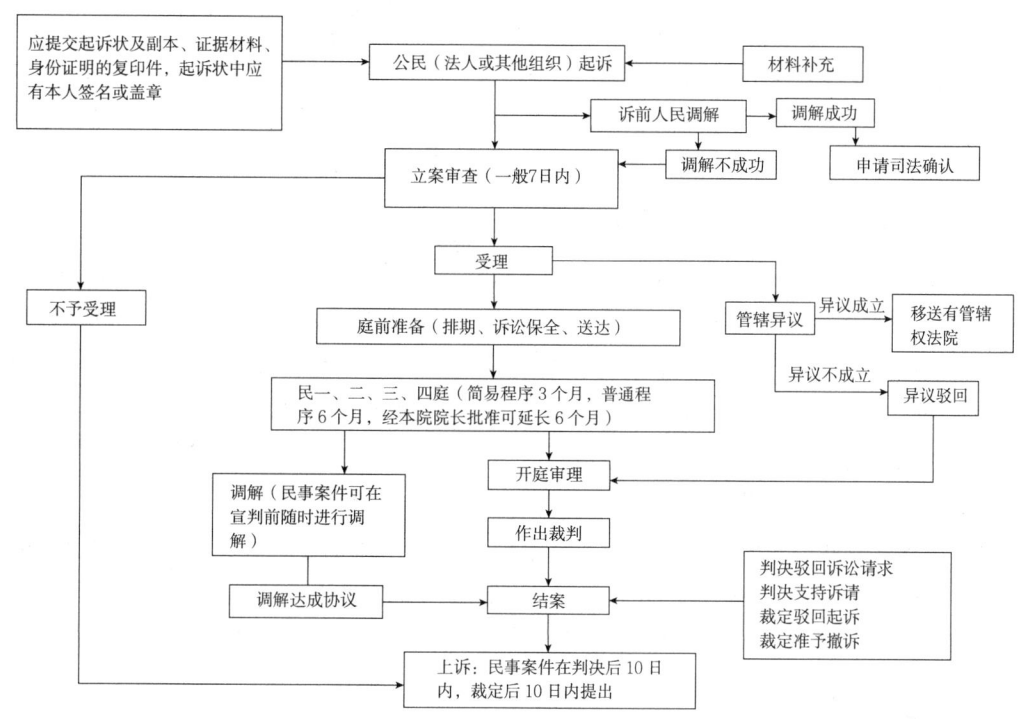

图1　民事诉讼流程图[2]

（五）要有较强的语言文字综合处理能力

这需要书记员平时多看一些文书写作方面的书籍，加强文书写作能力的锻炼。在庭审过程中，当事人说话速度快，有时语无伦次，更没有逻辑性，这就要求书记员要有驾驭语言文字的速记能力。做到记录时不失原意，又能全面准确反映案情。例如，在庭审记录时，对于当事人一些比较口语化的表达和重复的讲述，以及争吵式的辩论，要求书记员能够依据法律关系和程序性要求进行归纳概括，在忠实于原意的前提下，真实全面客观地记录下来。

（六）书记员要有较强的计算机记录技能

书记员的工作主要是记录，记录工作强度大、知识面广，要准确无误地把诉讼活动的每一个细节、过程如实记录下来。现在法院开庭审理案件都是运用计算机进行庭

---

〔1〕　参见孙笑侠：《程序的法理》，商务印书馆2005年版，第93页。
〔2〕　图片来源于嘉兴市南湖区人民法院网站。

审记录，这就要求书记员打好基本功，不仅要懂电脑，而且要熟练操作。书记员只有在具备扎实的写作功底基础上掌握过硬的计算机记录技能，才能保证诉讼活动的顺利进行。

以北京法院为例，北京法院提出"掌握一定法律知识、具有速录特定技能"等岗位需求，并根据书记员岗位速录技能需求，与几家高校长期合作。即：各高校在招生宣传、教学计划制定实施、实习实践等环节进行定向安排，加强速录技能培训，以便培养能够胜任书记员岗位的大学毕业生。毕业生通过高级法院组织统一专业笔试、听打、看打速录考试和实践考察后，由高级法院结合各法院的需求情况对入职考试通过者进行统一分配，由用人法院与聘用制书记员签订为期7年的劳动合同[1]。

（七）书记员应当遵守司法礼仪

书记员作为人民法院第一线工作人员，遵守司法礼仪，有利于完整体现司法权威，展示庄重、良好形象，增强司法公信度，可让公众从最细微之处体会司法公正和权威。

对书记员个人而言，书记员言语上合法的礼仪，能体现法的精神；书记员文雅庄重，能展示书记员的职业素养，体现书记员的个人内涵和魅力，对于书记员个人进步和职业成长也是有益的。

对法院而言，书记员作为法院从事辅助性事务的人员，经常与法官一起办案，书记员形象的好坏也会影响到法院的形象。书记员应当正确着装，尤其是接待当事人的时候，要注意司法礼仪，严格执行着装的规定，制服穿着要配套（如图2、3、4所示）。

书记员根据岗位不同分为业务庭书记员与立案庭书记员。立案庭是法院的工作窗口，立案大厅和信访接待室的工作人员工作期间应当统一着制服，业务庭书记员在庭审现场也应当统一着制服。

书记员工作时间不得浓妆艳抹，不得文身、染彩色指甲，在非开庭期间，也应当遵守着装规定，不得在工作场合穿超短裙、吊带衣裙、背心、短裤、拖鞋，不应披衣、敞怀、卷裤腿等。

---

〔1〕 摘自人民法院报2017年5月27日《全国法院聘用制书记员管理制度改革动员部署视频会议发言》。

图2　男士制服夏装[1]

图3　女士制服夏装[2]

图4　庭审现场书记员的着装与仪态[3]

四、书记员的管理

随着司法体制改革的全面推进，各地法院更加注重聘用制司法辅助人员队伍的规范化、制度化建设。以江苏省为例，2013 年初，江苏法院启动书记员管理体制改革。先后制定了《书记员管理体制改革试点实施方案》加 6 个配套规范及 1 个合同范本的"1+6+1"的聘用制书记员管理制度体系，从人员招录、培训、管理、考核和保障等方面对改革予以规范，以体系化制度为改革提供制度支撑和规范保障。目前，全省法院已有聘用制书记员 6208 人，在编书记员和聘用制书记员总数达到 8189 人，员额法官与书记员配比达到 1∶1.32，书记员队伍正规化、专业化、职业化水平明显提升，符合书记员职业特点的管理规范体系基本成熟定型，正在逐步从数量规模型向质量效能型转变[4]。

---

[1]　图片来源于"北京法院"公众号。

[2]　图片来源于"北京法院"公众号。

[3]　图片来源于"北京法院"公众号。

[4]　摘自人民法院报 2017 年 5 月 27 日《全国法院聘用制书记员管理制度改革动员部署视频会议发言》。

北京市高级法院修订完善了《聘用制审判辅助人员管理暂行办法》。其内容包括：其一，对聘用制书记员从事的"庭审记录、整理、装订、归档案卷材料等"十项工作内容提出规范化要求。其二，建立健全"三位一体"考核体系，由法院组织季度速录技能考核、部门形成季度考核意见、合议庭填写考核评价系统；年终依托 360 考核评价系统，综合四个季度的考核情况，形成全年考核结果，以此确定优秀聘用制书记员名单并给予表彰奖励。其三，建立逐级晋升与特殊评定的书记员等级制度。北京法院聘用制书记员实行分级管理，聘用制书记员试用期满，经考试、考核合格，定为三级书记员；任三级书记员满 2 年，上一年度考核排名在前 80% 的，可以参加二级书记员晋级考试，考试合格，晋升为二级书记员；任二级书记员满 2 年，上一年度考核排名在前 50% 的，可以参加一级书记员晋级考试，考试合格，晋升为一级书记员。书记员获得市级以上职业技能比赛荣誉，且所取得成绩高于书记员拟晋升级别所要求标准的，经市高级法院政治部确认可以直接晋升书记员等级[1]。

广东法院建立符合书记员职业特点的晋升机制和薪酬体系，注重加强对聘用制书记员的人文关怀，以待遇和感情留人拴心。其一，畅通晋升渠道。对聘用制书记员实行分级管理，共设置九级，并实行逐级晋升机制。从初级书记员晋升为中级书记员，或从中级书记员晋升为高级书记员，都需经晋级考试合格，并按中级 70%、高级 40% 的比例限额择优晋升。连续三年考核被评定为优秀等次的，在同等条件下可优先晋升。其二，保障薪酬待遇。按广东相关管理规定和工资制度改革相关文件规定，劳动合同制书记员的经费保障列入年度地方财政预算，由同级地方财政统筹保障，并根据当地经济社会发展水平和财力状况建立合理经费保障标准。其三，加强人文关怀。[2] 通过人文关怀，增强书记员的职业归属感。

项目一 立案庭书记员工作

📑 **知识目标**

1. 掌握民事一审案件书记员的收案工作。
2. 掌握民事一审案件书记员的登记程序。
3. 掌握刑事一审案件的收案审查工作。
4. 了解书记员参与立案登记的工作步骤。

📑 **能力目标**

1. 及时准确做好民事一审案件书记员的收案工作。

---

〔1〕 摘自人民法院报 2017 年 5 月 27 日《全国法院聘用制书记员管理制度改革动员部署视频会议发言》。

〔2〕 摘自人民法院报 2017 年 5 月 27 日《坚持四项要求加强聘用制书记员管理——广东省高级人民法院》。

2. 及时准确做好民事一审案件书记员的登记工作。

3. 及时准确做好刑事一审案件的收案审查工作。

4. 及时准确做好刑事一审案件的登记工作。

案例引入

小陈是立案庭的书记员，一天，有一个老太太大声嚷嚷，说要起诉自己的儿媳妇和儿子，因为觉得儿媳妇不孝顺，夫妻经常吵架，想让儿子和儿媳妇离婚。

书记员面对这个老太太，应该如何处理？

基本原理

任务一　立案庭书记员的立案接待工作

一、法院立案庭的主要工作

法院的内设机构通常有刑事审判庭、民事审判庭、行政审判庭、立案庭、审判监督庭、执行庭、办公室、政治处、法警大队等。

立案庭是法院的一个重要部门，是诉讼的第一道门槛。其主要工作职责包括六类：①按法律规定对属于本院管辖、并应由立案庭立案的各类案件的立案。②对申请再审和申诉案件的审查。③审理三类裁定案件。④案件排期前的财产保存。⑤收转诉讼资料和办理委托送达事项。⑥组织开展重点案件、重信重访案件的排查和化解矛盾工作，并组织开展下访活动。

二、立案庭书记员的主要工作

立案庭书记员工作大多是一些辅助性的工作，以程序性工作为主，琐碎且繁杂，但这是做好审判工作的前提和基础。在立案庭工作中，若案件不适用诉前调解或者双方不愿意进行诉前调解，这时书记员的主要工作就是收案与登记，包括接待、录入、送达、整理材料。

书记员作为司法工作人员队伍的重要一员，在工作中，应该勤于业务，做好自己的本职工作。应当做到：

第一，在与法院内部人员的工作交往中，对同事要注重平等互助意识，对领导要增强服从意识。在与法院外部人员的工作交往中，要注意面对当事人时的工作态度和方法，并规范与上下级法院的工作交往。

第二，立案庭的书记员，接待、录入、送达、整理是他们的主要工作职责，每天周而复始，工作相对比较忙碌和繁琐。在面对情绪激动的当事人、不能理解法院工作的当事人、时常闹访的当事人，应当依旧保持微笑，耐心解答（如图5所示）。

书记员在待人接物时要做到以下四点：

（1）以礼相待。礼貌体现的是一种平等理念[1]。书记员要做好来访者的接待工作。要求书记员要主动起身迎接热情问候，注意使用礼貌称呼，对老人、女性、儿童和残疾人等特殊群体要多照顾。客人告辞时，书记员应起身相送握手作别，表达感谢，互道再见。对于年老体弱者，书记员可将其送至门外。

（2）公正平等。"法律面前人人平等"。要做好立案接待工作，首先要树立平等的理念和意识。书记员在接待当事人时，应当从尊重当事人诉求和尊重人权的角度来确立平等意识。书记员对所有来访者都应该一视同仁，不能以貌取人、亲疏有别，更不能凭个人喜好和心情行事。

（3）同理共情。书记员要有共情能力，更好地体会当事人的感受，要有同理心，设身处地地去理解当事人。所以，书记员对来访者要认真耐心地倾听，有问必答，并做好记录，以表示重视和关心。对于某些情绪不稳定的来访者，应使用同情、理解的语言予以沟通，辅以安慰和耐心引导，切忌表现厌恶情绪。

（4）真诚耐心。在接待中耐心倾听当事人的诉求，有利于指导当事人收集诉讼证据，有利于正确理解和判断当事人的诉讼意图和目的，从而引导当事人正当、合理、合法地行使诉权。书记员应端正工作态度，遇到来访者求助时，要按照相关政策和规定真心实意、细致耐心地尽个人所能帮助他人解答问题，不能不理不睬、推诿扯皮，更不能有侮辱、愚弄、欺骗的语言和行为。遇到一些不讲道理、不听劝阻的人和事，也要态度冷静，耐心解释，保持有理有节。

图5　书记员接待当事人的正确坐姿[2]

任务二　民事一审案件中立案庭书记员的工作

一、协助法官做好立案登记的形式审查

立案登记是根据当事人的起诉而产生的，没有当事人起诉，就没有立案登记。民

---

〔1〕　杨凯：《法官助理和书记员职业技能教育培训指南》，北京大学出版社2016年版，第205页。
〔2〕　图片来源于"北京法院"公众号。

商事案件的立案登记是由当事人的起诉和法院的受理这两个诉讼行为相连接而产生的。

根据《人民法院第四个五年改革纲要》第 17 条的规定，改革案件受理制度，变立案审查制为立案登记制。《民事诉讼法》第 123 条的规定："人民法院应当保障当事人依照法律规定享有的起诉权利。对符合本法第 119 条的起诉，必须受理。符合起诉条件的，应当在七日内立案，并通知当事人；不符合起诉条件的，应当在七日内作出裁定书，不予受理；原告对裁定不服的，可以提起上诉。"

立案登记制的实施，使立案审查由实质审查向形式审查转变，在该制度下，对于诉讼成立要件（起诉条件）的审查依据为我国《民事诉讼法》第 119 条的规定："起诉必须符合下列条件：①原告是与本案有直接利害关系的公民、法人和其他组织；②有明确的被告；③有具体的诉讼请求和事实、理由；④属于人民法院受理民事诉讼的范围和受诉人民法院管辖。"根据图 6 所示，立案庭书记员主要协助法官审查起诉状副本数量、主体资格形式审查等。

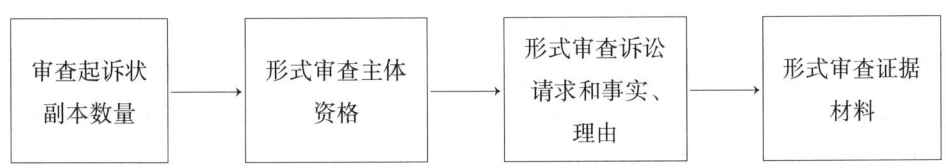

图 6　民事一审案件中立案庭书记员协助法官审查的主要内容

第一，审查起诉状副本数量。依据《民事诉讼法》第 120 条的规定，起诉应当向人民法院递交起诉状，并按照被告人数提交副本，这是起诉的基本形式。当事人起诉，原则上要求书面形式，在特殊情况下，书写起诉状确实有困难的，可以口头起诉。当事人口述的，法院应当按照诉状内容要求提示，并记入笔录，然后将口述内容告知当事人。对于书写类的诉讼状的墨迹，还应当审查是否符合档案管理规定的要求，对用圆珠笔、铅笔书写的起诉状，应当告知原告及其委托代理人及时重新书写或打印。

民事起诉状应当记明以下事项：①原告的姓名、性别、年龄、民族、职业、工作单位、住所、联系方式，法人或者其他组织的名称、住所和法定代表人或者主要负责人的姓名、职务、联系方式；②被告的姓名、性别、工作单位、住所等信息，法人或者其他组织的名称、住所等信息；③诉讼请求和所根据的事实与理由；④证据和证据来源；⑤有证人的，载明证人姓名和住所。

第二，对起诉状中主体资格的形式审查。根据《民事诉讼法》第 119 条的规定，原告是与本案有直接利害关系的公民、法人和其他组织；有明确的被告。所以，在登记时应当从形式上审查原告的主体资格，也要形式审查是否有明确的被告。主要审查双方当事人姓名、性别、年龄、民族、职业、工作单位和住所、通讯方式、邮编。如系法人，应该写明法人全称、住所及其法定代表人姓名和职务；如系其他组织，应该写明其全称、住所和主要负责人姓名、职务。有诉讼代理人的应该写明代理人的基本情况和代理权限。

第三，审查是否具有具体的诉讼请求和事实、理由。诉讼请求是原告起诉时要求法院判决的请求，是其诉讼利益的集中体现，反映在法院的审判活动中就是法院针对当事人的诉讼请求，而作出的确认、形成、给付的具体判决。《民事诉讼法》第119条要求起诉必须"有具体的诉讼请求和事实、理由"。据此，诉讼请求应当符合具体性的要求。诉讼请求必须具体，被告才能有针对性地提出答辩意见，法院才会有针对性地进行审理和裁判，执行中才会有明确的执行标的。书记员应当对各方当事人的诉状、答辩状和相关材料进行形式审查。

确认之诉是要求法院确认实体法上的某种法律关系存在或不存在的诉讼请求。某种具体的法律关系包括主体、客体和对象，所以，对确认之诉是否明确进行审查，主要是对主体、客体和内容三方面内容的审查。主体一般为双方当事人，起诉时即已明确；客体则需要通过时间、空间、行为等加以具体化；内容即双方的权利义务，通过案由即可确定。

因此，确认之诉的诉讼请求一般表达为："确认位于广州市白云区××路××小区××号楼××号的房屋为原告所有""确认原告与被告于2019年1月3日签订的房屋买卖合同无效""确认原告与被告之间亲子关系不存在"等等。

形成之诉是原告要求法院改变或者消灭其与对方当事人之间现存的民事法律关系。对形成之诉的审查，也是基于法律关系来进行，将具体的法律关系与当事人所追求的法律效果相结合，就可以达到诉讼请求的具体化。例如："撤销原告向被告转让位于广州市白云区××路××小区××号楼××号房屋的行为""解除原、被告之间的收养关系"。

在合同纠纷中，原告要求解除合同，但是事先并未通知对方解除合同，而径行提起诉讼，诉讼请求表述为"请求人民法院解除原、被告签订的合同"，而根据《合同法》第96条的规定，其诉讼请求应是请求法院确认合同解除的效力。所以，如果原告提出请求人民法院解除合同，法官应该向原告释明。

给付之诉是因为被告违反法定或约定义务，双方无法自行解决，原告请求法院判决被告承担给付义务。给付之诉中，法律规定的责任方式包括停止侵害、排除妨碍、消除危险、返还原物、返还财产、恢复原状、修理、重作、更换、继续履行、赔偿损失、支付违约金、消除影响、恢复名誉、赔礼道歉、精神损害赔偿等。

第四，形式审查证据和证据来源等材料。此处的证据，是当事人自认为可以争取胜诉的证据，包括物证、书证、视听资料和其他证据。若系证人证言，则必须注明证人姓名和住所联系方式等，以备人民法院查对证言后通知其出庭作证。证据来源是指获取证据的地点、时间和途径。对于起诉状所随附的诉讼证据材料，应当审查是否与诉状中所列的名称、份数相吻合，如发现有差异或份数不对，应当及时通知当事人更正或补正。

第五，形式审查是否属于人民法院受理民事诉讼的范围和受诉人民法院管辖。人民法院主管和受诉人民法院管辖作为诉讼成立要件之一，是立案登记制下立案审查的主要内容之一。民事诉讼的受案范围主要有三类：第一类是由受民法调整的民事主体间的财产关系和人身关系所引起的纠纷，第二类是由受劳动法调整的劳动关系所引起的依法应适用《民事诉讼法》审理的劳动争议纠纷，第三类是法律规定的适用《民事诉讼法》审理的其他纠纷或事项。

我国人民法院分为四级：基层人民法院、中级人民法院、高级人民法院和最高人民法院。根据我国《民事诉讼法》第 17、18、19 条，基层人民法院管辖第一审民事案件，但本法另有规定的除外。中级人民法院管辖下列第一审民事案件：①重大涉外案件；②在本辖区有重大影响的案件；③最高人民法院确定由中级人民法院管辖的案件。高级人民法院管辖在本辖区有重大影响的第一审民事案件。最高人民法院管辖下列第一审民事案件：①在全国有重大影响的案件；②认为应当由本院审理的案件。

根据《最高人民法院关于人民法院登记立案若干问题的规定》第 10 条的规定，人民法院对下列起诉、自诉不予登记立案：①违法起诉或者不符合法律规定的；②涉及危害国家主权和领土完整的；③危害国家安全的；④破坏国家统一和民族团结的；⑤破坏国家宗教政策的；⑥所诉事项不属于人民法院主管的。

根据《民事诉讼法》第 124 条的规定，人民法院对下列起诉，分别情形，予以处理：①依照行政诉讼法的规定，属于行政诉讼受案范围的，告知原告提起行政诉讼；②依照法律规定，双方当事人达成书面仲裁协议申请仲裁、不得向人民法院起诉的，告知原告向仲裁机构申请仲裁；③依照法律规定，应当由其他机关处理的争议，告知原告向有关机关申请解决；④对不属于本院管辖的案件，告知原告向有管辖权的人民法院起诉；⑤对判决、裁定、调解书已经发生法律效力的案件，当事人又起诉的，告知原告申请再审，但人民法院准许撤诉的裁定除外；⑥依照法律规定，在一定期限内不得起诉的案件，在不得起诉的期限内起诉的，不予受理；⑦判决不准离婚和调解和好的离婚案件，判决、调解维持收养关系的案件，没有新情况、新理由，原告在 6 个月内又起诉的，不予受理。

对当事人提出的起诉、自诉，人民法院当场不能判定是否符合法律规定的，应当作出以下处理：①对民事、行政起诉，应当在收到起诉状之日起 7 日内决定是否立案；②对刑事自诉，应当在收到自诉状次日起 15 日内决定是否立案；③对第三人撤销之诉，应当在收到起诉状之日起 30 日内决定是否立案；④对执行异议之诉，应当在收到起诉状之日起 15 日内决定是否立案。人民法院在法定期间内不能判定起诉、自诉是否符合法律规定的，应当先行立案。

人民法院对起诉、自诉不予受理或者不予立案的，应当出具书面裁定或者决定，并载明理由。

对于经审查合格的诉状及相关诉讼证据材料，书记员逐步完成以下工作：

收到当事人起诉状后，对收到的证据材料复印件与原件逐一核对，符合登记受理条件的，予以立案。法官助理或书记员应当向当事人开具收据，收据应注明原告的姓名（名称）诉讼证据材料的名称和份数、经办法官助理或书记员的姓名、收到诉状和证据材料的时间等内容，收据应为一式两份，一份给原告或委托代理人，一份附卷备查。如果法院制作了专门的收件印章，对于所收到的诉状和相关诉讼证据材料加盖收件章，收件章上注明收到日期、份数等内容。

对于当事人提交的诉状和材料不符合要求的，人民法院应当一次性书面告知其在指定期限内补正。当事人在指定期限内补正的，人民法院决定是否立案的期间，自收到补正材料之日起计算。当事人在指定期限内没有补正的，退回诉状并记录在册；坚持起诉、自诉的，裁定或者决定不予受理、不予立案。经补正仍不符合要求的，裁定或者决定不予受理、不予立案。

对立案工作中存在的不接收诉状、接收诉状后不出具书面凭证，不一次性告知当事人补正诉状内容，以及有案不立、拖延立案、干扰立案、既不立案又不作出裁定或者决定等违法违纪情形，当事人可以向受诉人民法院或者上级人民法院投诉。人民法院应当在受理投诉之日起十五日内，查明事实，并将情况反馈当事人。发现违法违纪行为的，依法依纪追究相关人员责任；构成犯罪的，依法追究刑事责任。

二、做好立案登记工作

根据《最高人民法院关于全面深化人民法院改革的意见》提出的要求，改革案件受理制度，变立案审查制为立案登记制，对人民法院依法应该受理的案件，做到有案必立、有诉必理，保障当事人诉权。加大立案信息的网上公开力度。推动完善诉讼收费制度。对于审查符合立案条件的案件，书记员应根据案件的具体情况，做好以下工作。

首先，协助法官负责立案信息的录入工作。在登记立案工作中，法官负责立案材料的审核与案由的确定，书记员或司法辅助人员等负责立案信息的录入工作。在立案庭的工作中，书记员应该协助法官填写好立案审批表和立案审查信息表。民事一审案件立案审批表中的主要内容有：立案庭录入案件起诉基本信息（当事人及其委托代理人基本信息类、立案案由类、附加信息类）、诉讼费信息（立案标的、缓减免情况登记、诉讼费缴纳情况），诉前保全等信息。以上信息应当录入法院信息系统。

在录入工作中，书记员要做到以下三点：

第一，提高责任意识，明确录入工作不仅仅是简单的文字输入，它关系到全院的案件数据、收结案情况、审限情况，也涉及领导对全院案件数据的掌握，以及上级法院对下级法院结案情况的指导监督，不容大意。

第二，熟悉录入系统，确保正确使用案件录入系统，避免因为系统不熟、业务不精、操作不明引起的录入错误。

第三，一旦出现录入错误应及时反映，绝不隐瞒姑息，积极会同相关部门协商解决，不能把小问题拖成大问题。

立案审批表

案由		收到诉状日期	
当事人			
诉讼状内容摘要			
审查意见		（签名） 年　月　日	
领导批示		（签名） 年　月　日	
立案时间			
发出受理案件及缴款通知书或者发出不予受理裁定书的日期		年　月　日	

案件登记表					
案号	收案日期	原告	被告	案由	承办人

其次，正确计算诉讼费用。根据《民事诉讼法》第118条第1款规定："当事人进行民事诉讼，应当按照规定交纳案件受理费。财产案件除交纳案件受理费外，并按照规定交纳其他诉讼费用。"对于审查符合立案条件的案件，书记员应当根据案件的具体情况，依照《诉讼费用交纳办法》规定的收费计算标准，正确计算应当收取的诉讼费金额，并及时向原告开具交纳诉讼费的通知，告知其按时预交相关诉讼费用，按照实际收取开具交费凭证。

诉讼费的收取包括案件受理费用和其他诉讼费用，如果当事人不缴纳或者未按时缴纳诉讼费的，将被视为撤诉处理。诉讼费用的成功缴纳意味着案件正式被法院受理。

××××人民法院

交纳诉讼费用通知书

（××××）×××号

×××：

……（写明当事人及案由）一案，你向本院提起诉讼/反诉/上诉/申请。依照《中华人民共和国民事诉讼法》第一百一十八条、《诉讼费用交纳办法》规定，你应当交纳案件受理费×××元、申请费×××元、其他诉讼费×××元，合计×××元。限你于收到本通知书次日起七日内向本院预交。期满仍未预交的，按撤回起诉/反诉/上诉/申请处理。

本院诉讼费专户名称：××××人民法院（财政汇缴专户）；开户银行：××××银行；账号：×××××。

特此通知。

××××年××月××日

（院印）

【说明】

1. 本样式根据《中华人民共和国民事诉讼法》第118条、《诉讼费用交纳办法》以及《最高人民法院关于适用〈中华人民共和国民事诉讼法〉的解释》"九、诉讼费用"制定，作为人民法院在受理案件后，通知当事人交纳诉讼费用的依据。

2. 当事人应当向人民法院交纳的诉讼费用包括案件受理费、申请费和其他诉讼费用。案件受理费包括第一审案件受理费、第二审案件受理费、再审案件中需要交纳的案件受理费。

3. 当事人增加诉讼请求、支付令失效后转入诉讼程序、适用简易程序审理的案件转为普通程序的，人民法院应当通知当事人补交案件受理费。

××××人民法院

准予缓交、减交、免交诉讼费用通知书

（××××）××××号

×××：

……（写明当事人及案由）一案，你向本院提出缓交/减交/免交诉讼费用××××元的申请，并提交了……（写明证据名称）证明材料。

本院认为，当事人交纳诉讼费用确有困难的，可以申请缓交、减交或者免交。依照《中华人民共和国民事诉讼法》第118条、《诉讼费用交纳办法》规定，准予你缓交

104

/减交/免交诉讼费××××元。

　　特此通知。

××××年××月××日
（院印）

【说明】

1. 本样式根据《中华人民共和国民事诉讼法》第118条以及《诉讼费用交纳办法》制定，供人民法院对于申请缓交、减交或者免交诉讼费用的当事人，通知准予缓交、减交或者免交诉讼费用用。

2. 当事人申请司法救助，符合下列情形之一的，人民法院应当准予缓交诉讼费用：①追索社会保险金、经济补偿金的；②海上事故、交通事故、医疗事故、工伤事故、产品质量事故或者其他人身伤害事故的受害人请求赔偿的；③正在接受有关部门法律援助的；④确实需要缓交的其他情形。

3. 当事人申请司法救助，符合下列情形之一的，人民法院应当准予减交诉讼费用：①因自然灾害等不可抗力造成生活困难，正在接受社会救济，或者家庭生产经营难以为继的；②属于国家规定的优抚、安置对象的；③社会福利机构和救助管理站；④确实需要减交的其他情形。人民法院准予减交诉讼费用的，减交比例不得低于30%。

4. 当事人申请司法救助，符合下列情形之一的，人民法院应当准予免交诉讼费用：①残疾人无固定生活来源的；②追索赡养费、扶养费、抚育费、抚恤金的；③最低生活保障对象、农村特困定期救济对象、农村五保供养对象或者领取失业保险金人员，无其他收入的；④因见义勇为或者为保护社会公共利益致使自身合法权益受到损害，本人或者其近亲属请求赔偿或者补偿的；⑤确实需要免交的其他情形。诉讼费用的免交只适用于自然人。

××××人民法院
退还诉讼费用通知书

（××××）××××号

×××：

　　……（写明当事人及案由）一案，已经结案。依照《诉讼费用交纳办法》规定，应当退还案件受理费××××元、申请费××××元、其他诉讼费××××元，合计××××元。限你于收到本通知书次日起七日内向本院领取。

　　特此通知。

××××年××月××日
（院印）

【说明】

1. 本样式根据《诉讼费用交纳办法》以及《最高人民法院关于适用〈中华人民共和国民事诉讼法〉的解释》第207条制定，供人民法院在案件生效后，通知当事人退还诉讼费用用。

2. 人民法院应当退还诉讼费用的情形包括不予受理、驳回起诉、减少诉讼请求、发现涉嫌刑事犯罪并将案件移送有关部门处理、发回重审等。

3. 判决生效后，胜诉方预交但不应负担的诉讼费用，人民法院应当退还，由败诉方向人民法院交纳，但胜诉方自愿承担或者同意败诉方直接向其支付的除外。

××××人民法院

不准予缓交、减交、免交诉讼费用通知书

（××××）××××号

××××：

……（写明当事人及案由）一案，你向本院提出缓交/减交/免交诉讼费用××××元的申请，并提交了……（写明证据名称）证明材料。

本院认为，……（写明不准予申请的理由）。依照《中华人民共和国民事诉讼法》第一百一十八条、《诉讼费用交纳办法》规定，不准予你缓交/减交/免交诉讼费。

特此通知。

××××年××月××日

（院印）

【说明】

1. 本样式根据《中华人民共和国民事诉讼法》第118条以及《诉讼费用交纳办法》制定，供人民法院对于申请缓交、减交或者免交诉讼费用的当事人，通知不准予缓交、减交或者免交诉讼费用。

2. 人民法院对当事人的司法救助申请不予批准的，应当向当事人书面说明理由。

当事人应当向人民法院交纳的诉讼费用包括：案件受理费、申请费以及证人、鉴定人、翻译人员、理算人员在人民法院指定日期出庭发生的交通费、住宿费、生活费和误工补贴。

案件受理费包括：

（1）第一审案件受理费；

（2）第二审案件受理费；

（3）再审案件中，依照本办法规定需要交纳的案件受理费。

下列案件不交纳案件受理费：

（1）依照民事诉讼法规定的特别程序审理的案件；

（2）裁定不予受理、驳回起诉、驳回上诉的案件；

（3）对不予受理、驳回起诉和管辖权异议裁定不服，提起上诉的案件；

（4）行政赔偿案件。

根据《民事诉讼法》和《行政诉讼法》规定的按审判监督程序审理的案件，当事人不交纳案件受理费。

但是，下列情形除外：

（1）当事人有新的证据，足以推翻原判决、裁定，向人民法院申请再审，人民法院经审查决定再审的案件；

（2）当事人对人民法院第一审判决或者裁定未提出上诉，第一审判决、裁定或者调解书发生法律效力后又申请再审，人民法院经审查决定再审的案件。

当事人依法向人民法院申请下列事项，应当交纳申请费：

（1）申请执行人民法院发生法律效力的判决、裁定、调解书，仲裁机构依法作出的裁决和调解书，公证机构依法赋予强制执行效力的债权文书；

（2）申请保全措施；

（3）申请支付令；

（4）申请公示催告；

（5）申请撤销仲裁裁决或者认定仲裁协议效力；

（6）申请破产；

（7）申请海事强制令、共同海损理算、设立海事赔偿责任限制基金、海事债权登记、船舶优先权催告；

（8）申请承认和执行外国法院判决、裁定和国外仲裁机构裁决。

证人、鉴定人、翻译人员、理算人员在人民法院指定日期出庭发生的交通费、住宿费、生活费和误工补贴，由人民法院按照国家规定标准代为收取。

当事人复制案件卷宗材料和法律文书应当按实际成本向人民法院交纳工本费。

诉讼过程中因鉴定、公告、勘验、翻译、评估、拍卖、变卖、仓储、保管、运输、船舶监管等发生的依法应当由当事人负担的费用，人民法院根据谁主张、谁负担的原则，决定由当事人直接支付给有关机构或者单位，人民法院不得代收代付。

人民法院依照《民事诉讼法》第11条第3款规定提供当地民族通用语言、文字翻译的，不收取费用。

根据《民事诉讼法》第118条规定：当事人进行民事诉讼，应当按照规定交纳案件受理费。财产案件除交纳案件受理费外，并按照规定交纳其他诉讼费用。

最新人民法院诉讼收费标准大全（2019 版）

案件受理费由原告、有独立请求权的第三人、上诉人预交。被告提起反诉，依照本办法规定需要交纳案件受理费的，由被告预交。追索劳动报酬的案件可以不预交案件受理费。

申请费由申请人预交。但是，《诉讼费用交纳办法》第 10 条第 1 项、第 6 项规定的申请费不由申请人预交，执行申请费执行后交纳，破产申请费清算后交纳。

这里所说的费用，待实际发生后交纳。

当事人在诉讼中变更诉讼请求数额，案件受理费依照下列规定处理：

（1）当事人增加诉讼请求数额的，按照增加后的诉讼请求数额计算补交；

（2）当事人在法庭调查终结前提出减少诉讼请求数额的，按照减少后的诉讼请求数额计算退还。

《诉讼费用交纳办法》第 22 条规定：原告自接到人民法院交纳诉讼费用通知次日起 7 日内交纳案件受理费；反诉案件由提起反诉的当事人自提起反诉次日起 7 日内交纳案件受理费。

上诉案件的案件受理费由上诉人向人民法院提交上诉状时预交。双方当事人都提起上诉的，分别预交。上诉人在上诉期内未预交诉讼费用的，人民法院应当通知其在 7 日内预交。

申请费由申请人在提出申请时或者在人民法院指定的期限内预交。

当事人逾期不交纳诉讼费用又未提出司法救助申请，或者申请司法救助未获批准，在人民法院指定期限内仍未交纳诉讼费用的，由人民法院依照有关规定处理。

依照本办法第 9 条规定需要交纳案件受理费的再审案件，由申请再审的当事人预交。双方当事人都申请再审的，分别预交。

依照《民事诉讼法》第 35 条、36 条、第 37 条、第 38 条规定移送、移交的案件，原受理人民法院应当将当事人预交的诉讼费用随案移交接收案件的人民法院。

人民法院审理民事案件过程中发现涉嫌刑事犯罪并将案件移送有关部门处理的，当事人交纳的案件受理费予以退还；移送后民事案件需要继续审理的，当事人已交纳的案件受理费不予退还。

中止诉讼、中止执行的案件，已交纳的案件受理费、申请费不予退还。中止诉讼、中止执行的原因消除，恢复诉讼、执行的，不再交纳案件受理费、申请费。

第一审人民法院裁定不予受理或者驳回起诉的，应当退还当事人已交纳的案件受理费；当事人对第一审人民法院不予受理、驳回起诉的裁定提起上诉，第二审人民法院维持第一审人民法院作出的裁定的，第一审人民法院应当退还当事人已交纳的案件受理费。

第二审人民法院决定将案件发回重审的，应当退还上诉人已交纳的第二审案件受理费。

依照《民事诉讼法》第151条规定终结诉讼的案件，依照本办法规定已交纳的案件受理费不予退还。

案件受理费		
离婚案件	每件50元至300元	涉及财产分割，财产总额不超过20万元的，不另行交纳；超过20万元的部分按照0.5%交纳
侵害姓名权、名称权、肖像权、名誉权、荣誉权及其他人格权的案件	每件100元至500元	涉及损害赔偿，赔偿金额不超过5万元的，不另行交纳；超过5万元至10万元的部分，按照1%交纳；超过10万元的部分，按照0.5%交纳
其他非财产案件	每件50元至100元	
劳动争议案件	每件10元	
知识产权民事案件	每件500元至1000元	有争议金额的按财产案件收费标准交纳
商标、专利、海事行政案件	每件交纳100元	
其他行政案件	每件交纳50元	
当事人提出案件管辖权异议不成立的	每件交纳50元至100元	
财产案件收费（根据诉讼请求的金额或者价额，按照右侧按比例分段累计交纳）	不超过1万元的部分	每件交纳50元
	1万元至10万元的部分	按照2.5%交纳
	10万元至20万元的部分	按照2%交纳
	20万元至50万元的部分	按照1.5%交纳
	50万元至100万元的部分	按照1%交纳
	100万元至200万元的部分	按照0.9%交纳
	200万元至500万元的部分	按照0.8%交纳
	500万元至1000万元的部分	按照0.7%交纳
	1000万元至2000万元的部分	按照0.6%交纳
	超过2000万元的部分	按照0.5%交纳

续表

申请费		
申请执行人民法院发生法律效力的判决、裁定、调解书，仲裁机构依法作出的裁决和调解书，公证机关依法赋予强制执行效力的债权文书，申请承认和执行外国法院判决、裁定以及国外仲裁机构裁决的	没有执行金额或者价额的	每件交纳 50 元至 500 元
	执行金额或者价额不超过 1 万元的	每件交纳 50 元
	超过 1 万元至 50 万元的部分	按照 1.5%交纳
	超过 50 万元至 500 万元的部分	按照 1%交纳
	超过 500 万元至 1000 万元的部分	按照 0.5%交纳
	超过 1000 万元的部分	按照 0.1%交纳
	符合《民事诉讼法》第 54 条第 4 款规定，未参加登记的权利人向人民法院提起诉讼的，按照本项规定的标准交纳申请费，不再交纳案件受理费。	
申请保全措施的，根据实际保全的财产数额按照下列标准交纳	财产数额不超过 1000 元或者不涉及财产数额的	每件交纳 30 元
	超过 1000 元至 10 万元的部分	按照 1%交纳
	超过 10 万元的部分	按照 0.5%交纳
	但是，当事人申请保全措施交纳的费用最多不超过 5000 元	
依法申请支付令的	比照财产案件受理费标准的 1/3 交纳	
依法申请公示催告的	每件交纳 100 元	
申请撤销仲裁裁决或者认定仲裁协议效力的	每件交纳 400 元	
破产案件	依据破产财产总额计算，按照财产案件受理费标准减半交纳	但是，最高不超过 30 万元
海事案件	申请设立海事赔偿责任限制基金的	每件交纳 1000 元至 1 万元
	申请海事强制令的	每件交纳 1000 元至 5000 元
	申请船舶优先权催告的	每件交纳 1000 元至 5000 元
	申请海事债权登记的	每件交纳 1000 元
	申请共同海损理算的	每件交纳 1000 元

续表

其他
以调解方式结案或者当事人申请撤诉的，减半交纳案件受理费
适用简易程序审理的案件减半交纳案件受理费
对财产案件提起上诉的，按照不服一审判决部分的上诉请求数额交纳案件受理费
被告提起反诉、有独立请求权的第三人提出与本案有关的诉讼请求，人民法院决定合并审理的，分别减半交纳案件受理费
依照《诉讼费用交纳办法》第9条规定需要交纳案件受理费的再审案件，按照不服原判决部分的再审请求数额交纳案件受理费

最后，制作并送达应诉通知书。案件立案后，书记员应当在5日内将起诉状副本送达给被告及第三人；在送达起诉状副本时，应当要求被告及第三人在送达回证上签名或者盖章，并注明签收日期；当事人拒绝签名或者盖章的，应当由负责送达的书记员在送达回证上注明原因及送达经过。

随后，书记员应整理案件材料，经审查决定受理或立案登记的日期为立案日期。立案人员应当及时将立案日期、移交日期等输入计算机。经核查无遗漏事项后，应当在2日内将案件移送有关审判庭审理，并办理移交手续，注明移交日期。

任务三 刑事一审案件中立案庭书记员的工作

一、协助法官做好控告材料的接收

人民法院审理刑事案件主要有两大来源，分别是人民检察院提起公诉的案件和刑事自诉人起诉的自诉案件。人民法院在收到上述案件时应由书记员登记、立案，收案登记时要把案件的有关情况按照登记簿的要求逐项填写清楚。

《刑事诉讼法》第210条规定了自诉案件的范围：

1. 告诉才处理的案件。所谓告诉才处理的案件，指由被害人及其法定代理人、近亲属等提起诉讼，人民法院才予以受理的案件。告诉才处理的刑事案件具体包括以下：①《刑法》第246条规定的侮辱、诽谤案，但是严重危害社会秩序和国家利益的除外。②《刑法》第257条第1款规定的暴力干涉婚姻自由案。③《刑法》第260条第1款规定的虐待案。④《刑法》第270条规定的侵占案。

2. 被害人有证据证明的轻微刑事案件。所谓轻微刑事案件是指犯罪事实、情节较为轻微，可能判处3年以下有期徒刑以及拘役、管制等较轻刑罚的案件。应当注意的是，这类案件强调被害人的举证责任，自诉能否成立在一定程度上取决于被害人等有无证据或者证据是否充分，如果被害人等没有证据的，人民法院将不予受理。如果被害人等提出的证据不充分，不足以支持其起诉主张的，人民法院将裁定驳回自诉。被害人有证据证明的轻微刑事案件具体包括以下：①《刑法》第 234 条第 1 款规定的故意伤害案。通常这类案件被称为轻伤案；②《刑法》第 245 条规定的非法侵入住宅案；③《刑法》第 252 条规定的侵犯通信自由案；④《刑法》第 258 条规定的重婚案；⑤《刑法》第 261 条规定的遗弃案；⑥《刑法》分则第 3 章第 1 节规定的生产、销售伪劣商品案，但是严重危害社会秩序和国家利益的除外；⑦《刑法》分则第 3 章第 7 节规定的侵犯知识产权案，但是严重危害社会秩序和国家利益除外；⑧属于刑法分则第 4 章、第 5 章规定的，对被告人可能判处 3 年有期徒刑以下刑罚的案件。

以上八项案件，被害人直接向人民法院起诉的，人民法院应当依法受理。对于其中证据不足、可由公安机关受理的，或者认为对被告人可能判处 3 年有期徒刑以上刑事处罚的，应当移送公安机关立案侦查。被害人向公安机关控告的，公安机关应当受理。伪证罪、拒不执行判决裁定罪由公安机关立案侦查。

3. 被害人有证据证明对被告人侵犯自己人身、财产权利的行为应当依法追究刑事责任，而公安机关或者人民检察院不予追究被告人刑事责任的案件。所谓公安机关或者人民检察院不予追究被告人刑事责任的案件，是指公安机关或人民检察院已作出不予追究的书面决定的案件。即公安机关、人民检察院已经作出不立案、撤销案件、不起诉等书面决定。

办理自诉案件的立案审查，书记员应当负责协助法官做好控告材料的接收工作。对书面控告材料应及时提交合议庭法官审查；对口头控告的，应当做好控告笔录，详细记录控告人的姓名、性别、年龄民族、职业、住址、文化程度、与被告人的关系、控告的内容和时间等，笔录应交控告人阅读无误后签名盖章。控告人不识字的，应向其宣读笔录记载的内容，控告人认为记录无误后签名盖章。

二、协助法官做好控告材料的移送

在立案审查工作中，书记员应当协助法官做好控告材料的移送工作。控告材料，对经过审查不属于法院直接管辖的，应及时移送有管辖权的机关处理；对经审查不予立案的，法官助理和书记员应口头或书面将不予立案的决定和理由告知控告人，并记入笔录。

刑事公诉案件的立案审查主要是形式审查，一般属于登记立案。对于决定立案的，应当做好收案登记工作。详细填写收案登记卡、流程管理信息卡；审查起诉书的份数是否符合要求；审查主要证据目录、证人名单及主要证据复印件是否与起诉书注明的内容相一致；审查随案移送的赃证物及有关赃证物移交清单手续是否完备；审查在押犯罪嫌疑人的换押手续是否办妥，对需要变更羁押地点的犯罪嫌疑人及时办理移监关押手续。

上述工作完成后，书记员应当整理卷宗材料，排期后移送刑事审判庭办理签收手续。

练习与思考

1. 下列选项中不符合起诉条件的是（　　　）

A. 不属于人民法院受理民事诉讼的范围和受诉人民法院管辖

B. 原告是与本案有直接利害关系的公民、法人和其他组织，并以自己的名义提起诉讼

C. 有明确的被告

D. 有具体的诉讼请求和事实、理由

2. 根据我国《民事诉讼法》的相关规定，下列关于管辖权的表述不正确的有（　　　）

A. 所有中级人民法院都能审理专利案件与证券虚假陈述案件

B. 高级人民法院可以审理认为应由其审理的案件

C. 移送管辖与管辖权转移都是单方行为

D. 所有合同案件都是由被告住所地与合同履行地法院管辖的

3. 被告人张某系退伍军人，被告人赵某系现役军人。张某曾在服役期间伙同赵某犯有抢劫罪。关于该案的审判管辖，下列说法哪一个是正确的？（　　　）

A. 应当由军事法院一并管辖

B. 应当由地方人民法院一并管辖

C. 被告人张某由地方人民法院管辖，被告人赵某由军事法院管辖

D. 应当先由军事法院一并管辖，然后再把被告人张某移交地方人民法院管辖

4. 根据我国《刑事诉讼法》的规定，刑事案件立案材料的来源有哪些？（　　　）

A. 单位和个人的报案、举报

B. 被害人或其法定代理人的报案、控告

C. 犯罪人的自首

D. 司法机关自行发现犯罪事实或者犯罪嫌疑人

5. 离婚案件的诉讼费用，由（　　　）

A. 原告负担

B. 被告负担

C. 败诉人负担

D. 法院决定负担

【项目实训】情景模拟书记员在立案登记阶段协助法官做好立案登记工作。

【实训目的】掌握立案的范围及相关法律规定；掌握立案庭书记员的具体职责。

【情境设计】小李是某基层法院立案庭的书记员，今天上班的时候看到当事人陈某提供的起诉材料。法官让小李协助办理立案登记工作。小李对诉讼材料做了形式审查。当事人陈某提供的起诉状的大概内容是：在我家屋后原为一片荒地，多年无人承包，

经我劳作开荒，种上了一大片桃树，每年的收入也很可观。现在听说该处要通公路，荒地一侧的邻居很眼馋，强行占了一部分地，说这块地本来就是他家的，是我开垦了他家的地。我找村委会解决，村委会怕事让我们自己解决。我以邻居为被告提起侵权诉讼。

根据上述内容，书记员小李是否应当办理立案登记？如果可以立案，又要做哪些工作？

【实训步骤】

步骤 1：根据班级人数分组，5~8 人为一组，选出 1 人担任小组长；

步骤 2：各小组根据实训项目任务进行讨论并情景模拟，汇总答案；

步骤 3：各小组派 1 名成员发言；

步骤 4：指导老师根据各小组综合表现评分并进行点评。

项目二　书记员审前准备工作

知识目标

1. 掌握民事一审案件审理前书记员的准备工作内容；
2. 掌握刑事一审案件审理前书记员的准备工作内容；
3. 掌握相关司法文书的撰写方法。

能力目标

1. 及时准确的做好民事一审案件审理前的准备工作；
2. 及时准确的做好刑事一审案件审理前的准备工作；
3. 能够正确撰写相关司法文书。

案例引入

小徐是一名书记员，因为一起离婚案件需要送达起诉状副本，在送达被告的时候，被告不愿意签收。小徐看到被告的 5 岁的孩子在家，就把起诉状副本交给孩子，随后离开了。

请问小徐的做法是否正确？

基本原理

审前准备程序是指案件受理后至开庭审理之前，人民法院、诉讼当事人、当事人的代理人以及其他诉讼参与人等，围绕开庭审理所进行的一系列程序的诉讼活动和诉讼行为[1]。具体包括查收、登记案卷材料、送达诉讼材料，财产保全和先予执行，诉讼证据的提供、收集、交换和固定，整理归纳焦点，诉前调解、和解和速裁，排期开庭等程序性操作内容。它是诉讼活动得以顺利进行的必备前提，是保证庭审质量、提高庭审效率必不可少的基础，对于保护当事人充分行使诉讼权利，保证法院正确行使审判权，具有十分重要的意义。

任务一 民事一审案件审理前书记员的准备工作

一、查收、登记案卷材料

案件从立案庭到审判庭后，内勤经庭长签发后发到各合议庭，由合议庭书记员收到案件后对卷宗材料检查完毕后在内勤案件登记簿上签名。案卷材料主要包括：案件流程管理信息表、立案审批表、受理案件通知书及送达回证、缴纳诉讼费用通知书及预收收据、起诉状及附件、证据等。

第一，检查立案审批表的填写情况。立案审批表中的案由、收到起诉状日期、当事人情况、立案时间和案件编号都是不能缺少的内容。案件编号犹如公民的身份证号码，是唯一的，不可替代的，是其他程序中该案件的代码。立案信息表中的案由、诉讼标的、当事人的联络方式、审批人的意见、是否收到案件受理费，也都是不能缺少的内容。如果以上内容缺失，那么合议庭中的书记员应该将卷宗材料退回民事审判庭中的内勤，由内勤与立案庭相关法官、书记员联系并补充完备。

第二，检查当事人交纳诉讼费的情况。书记员也要核对当事人交纳诉讼费的情况，如果没有当事人交纳诉讼费用的凭证，书记员应该按照下列的方式处理：

（1）当事人没有交纳诉讼费用的凭证，也没有提交缓交、减交或免交诉讼费的申请，书记员在接收案件时可以要求内勤将案件退回立案庭；也可以在告知内勤并注明情况后接收案件。接收案件后应当及时通知当事人交纳诉讼费。当事人接到预交诉讼费的通知次日起 7 日内不交纳诉讼费的，按自动撤诉处理。

（2）当事人没有交纳诉讼费用的凭证，但提交了缓交、减交或免交诉讼费的申请，书记员应及时将申请提交合议庭，由合议庭审查决定是否批准当事人提出的申请。合议庭对当事人提出的缓交、减交或免交诉讼费的申请研究后决定批准当事人的申请的，当事人可以缓、减、免交诉讼费；合议庭不批准当事人的申请的，由书记员通知当事人交纳诉讼费，当事人接到预交诉讼费的通知次日起 7 日内不交纳诉讼费的，按自动撤诉处理。

原告或上诉人在人民法院规定的缓交诉讼费期间内仍未交纳诉讼费的，除经人民法院决定减交或者免交的以外，应按自动撤回起诉或上诉处理。因当事人不交纳或不

---

〔1〕 参见杨凯：《法官助理和书记员职业教育技能培训指南》，北京大学出版社 2016 年版，第 229 页。

能足额交纳案件受理费和上诉费的，人民法院按撤诉处理后不应收费，当事人已预交的部分，法院应予以退还。

第三，检查当事人提交的证据材料。书记员对证据清单中列举的所有证据负有保管责任，必须对内勤转交的证据清单认真审核。

第四，检查当事人、诉讼参加人提交的办理诉讼手续的材料。特别是本人或单位的身份或资格证明；如果当事人是公民，那么应当向人民法院提交身份证复印件；如果当事人是法人，那么应当向人民法院提交加盖公章的法定代表人身份证明书；如果当事人是非法人组织，那么应当向人民法院提交加盖公章的单位主要负责人的身份证明书；委托代理人到庭参加诉讼，应该向人民法院提交授权委托书；如果委托代理人是律师的，那么还应该向人民法院提交其律师事务所出具的函。

如果材料不齐可以自行与相关人员联系，要求及时补齐材料；或者要求内勤通知相关人员及时补齐材料。

书记员对上述所有材料都要认真的检查，如果内容已经齐备，应该与内勤完成交接工作，第一时间将该案的相关情况进行登记，填写案件登记表。案件登记表是书记员常用的表格，可以随时提醒办案法官开庭时间及结案时间，也可以督促自己尽快完成归档工作。

案件登记表

原告	被告	立案时间	案由	案号	开庭时间	结案时间	归档时间

二、合理安排开庭时间

最高人民法院、司法部联合下发的《关于规范法官和律师相互关系维护司法公正的若干规定》第9条第1款规定：法官应当严格遵守法律规定的审理期限，合理安排审判事务，遵守开庭时间。

合理安排开庭时间，是体现书记员工作能力的一项重要工作。近年来，全国各级各类法院的收案数量急剧上升，许多法院也都相应地采取了多种应对措施。但由于案件数量较多，为了减少案件积压，加快办案节奏，法院往往一天安排多个庭审。书记员在接到一个民事案件之后，必须及时协调审判员、人民陪审员的时间，避免开庭时间与他们的其他工作发生冲突。开庭时间确定之后，再通知当事人和其他诉讼参与人。当事人和其他诉讼参与人应当遵守法院确定的开庭时间，有特殊情况不能参加诉讼的应当自行克服。考虑到有些当事人确实无法在正常工作时间出庭参加诉讼，经其本人提出申请、书记员与主审法官及人民陪审员协调，人民法院也可以在夜间或节假日的合理时间安排开庭。如确有正当理由不能按照法院规定的时间参加庭审的，应事先向法院说明情况并征得法院同意。

三、送达相关诉讼文书给双方当事人

民事诉讼中的送达是指人民法院依照法定的方式和程序，将诉讼文书送交当事人和其他诉讼参与人的行为。送达是民事案件审理过程中的重要程序事项，是保障人民法院依法公正审理民事案件、及时维护当事人合法权益的基础。近年来，随着我国社会经济的发展和人民群众司法需求的提高，送达问题已经成为制约民事审判公正与效率的瓶颈之一。

由于送达的法律文书和诉讼文书的不同，产生的法律后果会有所不同，分别产生实体上的效力和程序上的效力。例如具有执行内容的判决书、调解书在送达后，就产生实体权利义务的法律后果，即义务人应该在诉讼文书中规定的期限内履行义务，逾期不履行义务的，权利人有权依法申请强制执行。

根据2017年最高人民法院印发的《关于进一步加强民事送达工作的若干意见》（下称《意见》）规定，各级人民法院要切实改进和加强送达工作，在法律和司法解释的框架内，创新工作机制和方法，全面推进当事人送达地址确认制度，统一送达地址确认书格式，规范送达地址确认书内容，提升民事送达的质量和效率，将司法为民落到实处。

送达回证是司法机关依法将诉讼文件送达收件人的凭证，是司法机关依法送达诉讼文件的证明文件，也是计算期间的根据。书记员每一次送达都要填写送达回证，这是送达程序的必要形式。

送达地址确认书是当事人送达地址确认制度的基础。送达地址确认书应当包括当事人提供的送达地址、人民法院告知事项、当事人对送达地址的确认、送达地址确认书的适用范围和变更方式等内容。人民法院应当在登记立案时要求当事人确认送达地址。当事人拒绝确认送达地址的，依照《最高人民法院关于登记立案若干问题的规定》第7条的规定处理。当事人在送达地址确认书中确认的送达地址，适用于第一审程序、第二审程序和执行程序。当事人变更送达地址，应当以书面方式告知人民法院。当事人未书面变更的，以其确认的地址为送达地址。

当事人提供的送达地址应当包括邮政编码、详细地址以及受送达人的联系电话等。同意电子送达的，应当提供并确认接收民事诉讼文书的传真号、电子信箱、微信号等电子送达地址。当事人委托诉讼代理人的，诉讼代理人确认的送达地址视为当事人的送达地址。

为保障当事人的诉讼权利，人民法院应当告知送达地址确认书的填写要求和注意事项以及拒绝提供送达地址、提供虚假地址或者提供地址不准确的法律后果。

（一）送达的方式

送达方式具体包括直接送达、留置送达、委托送达、邮寄送达、转交送达和公告送达。

直接送达是指公安司法机关派员将诉讼文书直接送交收件人的一种送达方式。

留置送达是指收件人本人或者代收人拒绝接收诉讼文件或者拒绝签名、盖章时，送达人员将诉讼文件放置在收件人或代收人住处的一种送达方式。《民事诉讼法》第86条规定："受送达人或者他的同住成年家属拒绝接受诉讼文书的，送达人可以邀请有关基层组织或者所在单位的代表到场，说明情况，在送达回证上记明拒收事由和日期，由送达人、见证人签名或者盖章，把诉讼文书留在受送达人的住所；……即视为送达。"但调解书应当直接送达当事人本人，不适用留置送达。

委托送达是指承办案件的公安司法机关委托收件人所在地的公安司法机关代为送交收件人的一种送达方式。

邮寄送达是指公安司法机关通过邮局将诉讼文书用挂号方式邮寄给收件人的一种送达方式。在邮寄之前，可以与被告住所地基层组织工作人员（如村支书、村主任、综治专员）联系，了解被告的情况，电话联系的情况应作电话记录。根据《意见》的规定，邮寄送达，应当附有送达回证。挂号信回执上注明的收件日期与送达回证上注明的收件日期不一致的，或者送达回证没有寄回的，以挂号信回执上注明的收件日期为送达日期。

采用传真、电子邮件方式送达的，送达人员应记录传真发送和接收号码、电子邮件发送和接收邮箱、发送时间、送达诉讼文书名称，并打印传真发送确认单、电子邮件发送成功网页，存卷备查。

采用短信、微信等方式送达的，送达人员应记录收发手机号码、发送时间、送达诉讼文书名称，并将短信、微信等送达内容拍摄照片，存卷备查。

转交送达是指公安司法机关对特殊的收件人由有关部门转交诉讼文书的送达方式。转交送达有两种情况：①受送达人是军人，通过其所在部队团以上单位的政治机关转交；②受送达人被监禁的，通过其所在监所转交。受送达人被采取强制性教育措施的，通过其所在强制性教育机构转交。代为转交的机关、单位收到诉讼文书后，必须立即交受送达人签收，并以其在送达回证上签收的时间为送达日期。

公告送达是指法院以张贴公告、登报等方式将诉讼文书公诸于众，自发出公告之日起，经过60日，即为公告期满，法律上即视为送达的送达方式。根据《民事诉讼法》第92条的规定，采用公告送达必须是受送达人下落不明，或者用前五种方式无法送达时，才能适用的送达方式。公告送达，自发出公告之日起，经过60日，即为公告期满，视为送达。根据《意见》的规定，公告送达，可以在法院的公告栏或受送达人原住所地张贴公告，也可以在有关报纸上刊登公告；对公告送达方式有特殊要求的，应按特殊要求办理。公告送达起诉状或上诉状副本的，应说明起诉或上诉要点、受送达人答辩期限及逾期不答辩的法律后果；公告送达判决书、裁定书的，应说明该判决或裁定的主要内容；属于一审判决的，还应说明当事人的上诉权利、上诉期限和上诉审人民法院。人民法院定期宣判时，当事人拒不签收判决、裁定书的，应视为送达，并将有关情况在笔录中记明。

适用简易程序审理的民事案件，当庭宣判的案件，除当事人当庭要求邮寄送达的以外，人民法院应当告知当事人或者诉讼代理人领取裁判文书的期间和地点以及逾期不领取的法律后果。上述情况，应当记入笔录。人民法院已经告知当事人领取裁判文书的期间和地点的，当事人在指定期间内领取裁判文书之日即为送达之日；当事人在指定期间内未领取的，指定领取裁判文书期间届满之日即为送达之日，当事人的上诉期从人民法院指定领取裁判文书期间届满之日的次日起开始计算。当事人因交通不便或者其他原因要求邮寄送达裁判文书的，人民法院可以按照当事人自己提供的送达地址邮寄送达。

（二）当事人拒收文书的处理方式

一般情况下，送达诉讼文书，应当直接送达受送达人。受送达人是公民的，本人不在时交与其同住的成年家属签收；受送达人是法人或者其他组织的，由其法定代表人、主要负责人或者该法人、其他组织的办公室、收发室、值班室等负责收件的人签收或盖章；受送达人有诉讼代理人的，可以送交其诉讼代理人签收；受送达人已经指定代收人的，可以送交代收人签收并注明代收人与受送达人关系。

收件人拒绝接收诉讼文书的，书记员应当在送达回证上记明拒收事由和日期并签名。

当事人拒绝确认送达地址或以拒绝应诉、拒接电话、避而不见送达人员、搬离原住所等方式躲避、规避送达，人民法院不能或无法要求其确认送达地址的，可以分别以下列情形处理：

1. 当事人在诉讼所涉及的合同、往来函件中对送达地址有明确约定的，以约定的地址为送达地址。

2. 没有约定的，以当事人在诉讼中提交的书面材料中载明的自己的地址为送达地址。

3. 没有约定、当事人也未提交书面材料或者书面材料中未载明地址的，以1年内进行其他诉讼、仲裁案件中提供的地址为送达地址。

4. 无以上情形的，以当事人1年内进行民事活动时经常使用的地址为送达地址。人民法院按照上述地址进行送达的，可以同时以电话、微信等方式通知受送达人。

依《最高人民法院关于登记立案若干问题的规定》第8条规定，仍不能确认送达地址的，自然人以其户籍登记的住所或者在经常居住地登记的住址为送达地址，法人或者其他组织以其工商登记或其他依法登记、备案的住所地为送达地址。

（三）送达各方的具体材料

确认案件承办人后，书记员应根据案件具体情况向原告方和被告方送达下列材料。

向原告方需送达：①受理案件通知书（应由立案庭送达，收到案件时应检查）；②举证通知书（因涉及当事人举证权利，需存档）；③开庭传票和出庭通知书；④诉讼风险提示书；⑤答辩状副本；⑥当事人权利义务须知；⑦合议庭组成人员通知书；⑧调解忠告书。

向被告方需送达：①民事诉状副本；②应诉通知书；③举证通知书；④开庭传票；⑤诉讼风险提示书；⑥廉政监督表；⑦当事人权利义务须知；⑧裁判文书上网告知书。⑨调解忠告书。除送达上述文书外还需让被告填写送达地址确认书。如果是民一庭的离婚诉讼，则需另行再送一份损害赔偿请求权告知书。

（四）书记员在送达过程中的注意事项

第一，多渠道掌握送达地址。首先应向被告进行送达，以便确定开庭日期。先按原告提供的被告联系电话通知被告（与被告联系的情况，应该做电话记录），若无联系方式，或者原告提法供的联系方式不能联系到被告的，应要求原告提供（按诉状或者送达地址确认上原告的联系电话联系原告）。原告有义务提供被告的联系方式。若原告无法提供被告的联系电话，则应询问原告提供的被告住址是否准确，若原告也不能确定地址是否准确的，可以去公安部门查询被告的户籍所在地，以户籍所在地为送达地址，用法院专递邮寄送达。若原告坚持其提供的被告住址是准确的，则可用法院专递向被告邮寄送达（若该邮件被退回，应向被告户籍所在地邮寄送达）。在邮寄之前，可以与被告住所地基层组织工作人员（如村支书、村主任、综治专员）联系，了解被告的情况，电话联系的情况应作电话记录。如果被告是企业等组织的话，还可以通过互联网进行查询搜索被告有无网站等信息，作为送达的依据，因地址不明等原因退回的信件，应作为送达的证据入卷。

第二，让当事人签送达地址确认书确认送达地址。让案件当事人填好送达地址确认书作为今后送达的依据，方便送达。尤其是民事案件的被告，只要签了送达地址确认书，即便被告将来拒收或改变自己的地址而导致文书无法签收，也可以视为送达。

第三，留置过程需记录。当被告出现拒收文书的情形，根据民事诉讼法相关规定需要上门进行留置送达。前往被告住所地，找到被告以拍照、录像等方式记录送达过程。

第四，无可奈何才公告。公告送达的前提是受送达人下落不明或者无法送达，当穷尽各种方式也无法联系到当事人，则只能进行公告送达，并要在案卷中记明原因和经过。

××市中级人民法院

送达证

（××××）×民×字第××号

案由	
受送达人	
送达地点	
送达文书	
收件人签名盖章	
收到日期	
代收人记明代收理由	
送达人	
备注	

送达地址确认书

案号	
案由	
告知 事项	1. 为便于当事人及时收到人民法院诉讼文书，保证诉讼程序顺利进行，当事人应当如实提供确切的送达地址。 2. 如果提供的地址不确切，或不及时告知变更后的地址，使诉讼文书无法送达或未及时送达，当事人将自行承担由此可能产生的法律后果。 3. 为提高送达效率，法院可以采用传真、电子邮件等方式送达诉讼文书，但判决书、裁定书、调解书除外。以发送方设备显示发送成功视为送达。 4. 确认的送达地址适用于一审、二审、再审审查、执行程序。如果送达地址有变更，应当及时书面告知人民法院变更后的送达地址。 5. 有关送达的法律规定，见本确认书后页。

续表

送达地址及方式	指定签收人			
	证件类型		证件号码	
	确认送达地址			
	是否接受 电子送达	□是　□否 □手机号码： □传真号码： □电子邮件地址：		
	手机号码		邮编	
	其他联系方式			
受送达人确认	我已阅读（听明白）本确认书的告知事项，提供了上栏送达地址，确认了上栏送达方式，并保证所提供的送达地址各项内容是正确的、有效的。如在诉讼过程中送达地址发生变化，将及时通知法院。 　　　　　　　　　　　　　　　　　　　受送达人（签名或盖章） 　　　　　　　　　　　　　　　　　　　　　　年　月　日			
备注				
法院工作人员签名				

收到后请于一周内填妥寄回××××人民法院

📋 **法律资料**

送达地址有关事项告知书

根据《中华人民共和国民事诉讼法》《最高人民法院关于适用〈中华人民共和国民事诉讼法〉的解释》《最高人民法院关于以法院专递方式邮寄送达民事诉讼文书的若干规定》等，现将送达地址及送达方式有关事项告知如下：

一、法院专递的适用范围

人民法院直接送达诉讼文书有困难的，可以交由国家邮政机构（以下简称邮政机构）以法院专递方式邮寄送达，但有下列情形之一的除外：

1. 受送达人或者其诉讼代理人、受送达人指定的代收人同意在指定的期间到人民法院接受送达的。

2. 受送达人下落不明的。

3. 法律规定或者我国缔结或者参加的国际条约中约定有特别送达方式的。

二、法院专递的法律效力

以法院专递方式邮寄送达民事诉讼文书的，其送达与人民法院送达具有同等法律效力。

三、电子送达的适用范围

经受送达人同意，本院将采用电子送达方式送达诉讼文书，但判决书、裁定书、调解书除外。电子送达到达受送达人特定系统的日期，即人民法院对应系统显示发送成功的日期为送达日期。但受送达人证明到达其特定系统的日期与人民法院对应系统显示发送成功的日期不一致的，以受送达人证明到达其特定系统的日期为准。

四、电子送达的法律效力

以法院电子送达方式送达诉讼文书的，其送达与人民法院送达具有同等法律效力。

五、电子送达的使用说明

如受送达人同意接受电子送达，需向本院提供手机号码，该手机号码将用于接收法院以短信形式发送的电子送达诉讼文书签名码。签名码为身份确认码，受送达人可以凭立案时预留的证件号和签名码签收电子诉讼文书。

为方便受送达人接受送达，本院提供互联网和手机 APP 终端推送电子诉讼文书服务。受送达人可通过中国审判流程信息公开网或者手机 APP 终端项下的"文书签收"栏目签收电子送达的诉讼文书。

六、送达地址的提供或者确认

当事人起诉或者答辩时应当向人民法院提供或者确认自己准确的送达地址，并填写送达地址、送达方式确认书。当事人拒绝提供的，人民法院应该告知其拒不提供送达地址的不利后果，并记入笔录。

七、送达地址的推定

当事人拒绝提供自己的送达地址，经人民法院告知后仍不提供的，自然人以其户籍登记中的住所地或者经常居住地为送达地址；法人或者其他组织以其工商登记或者其他依法登记、备案中的住所地为送达地址。

八、法律后果及其除外条件

因受送达人自己提供或者确认的送达地址不准确、拒不提供送达地址、送达地址变更未及时告知人民法院、受送达人本人或者受送达人指定的代收人拒绝签收，导致诉讼文书未能被受送达人实际接收的，文书退回之日视为送达之日。

受送达人能够证明自己在诉讼文书送达的过程中没有过错的，不适用前款规定。

【说明】

1. 本样式根据《中华人民共和国民事诉讼法》第 84 条、第 85 条、第 87 条、第 88 条以及《最高人民法院关于适用〈中华人民共和国民事诉讼法〉的解释》第 136 条制定，供人民法院确认当事人送达地址用。

2. 受送达人同意采用电子方式送达的，应当在送达地址确认书中予以确认。

四、协助法官进行诉讼财产保全

财产保全，是指人民法院在利害关系人起诉前或者当事人起诉后，为保障将来的生效判决能够得到执行或者避免财产遭受损失，对当事人的财产或者争议的标的物，采取限制当事人处分的强制措施。根据《民事诉讼法》第100条、第101条的规定，财产保全分为诉讼中财产保全和诉前财产保全；此外，在《知识产权法》中还规定了诉前行为保全制度。

如有当事人提出诉讼保全申请，书记员的工作就是协助法官进行诉讼财产保全。首先应初步检查申请是否合法，财产线索是否明确，是否有相应的财产担保并及时告知承办法官。书记员在利害关系人诉前财产保全中的主要工作包括以下几方面：

第一，书记员将利害关系人的诉前财产保全申请书立即交给立案庭的法官或者合议庭的法官。涉及诉前财产保全的案件一般都属于紧急情况，而且是否准许保全的裁决必须在48小时内作出。所以，对于该申请书，书记员必须立即交给主管法官。财产保全贵在及时，稍有延误，便有可能造成难以弥补的损失

第二，书记员记录立案庭或合议庭法官对该申请的评议过程，并准确记录结果（包括每名法官的意见和最后结论）。

第三，书记员责令诉前财产保全申请人向人民法院提供担保。申请人向人民法院交纳担保费用之后，书记员应妥善保管相关票据。如果申请人不向法院交纳担保费用，书记员应立即告知主管法官，主管法官应作出驳回申请的裁定。

第四，人民法院接受利害关系人申请后，必须在48小时内作出裁定。对于交纳了担保费用的案件，立案庭或合议庭制作财产保全裁定书。书记员及时完成裁定书的校对、打印、审批、盖章工作。

第五，书记员向财产保全申请人送达裁定书（只送达申请人，不能送达被申请人，以免其转移财产）

如当事人申请保全银行账户，应准备的材料有：裁定书、协助查询通知书、协助冻结通知书、介绍信、送达回证、笔录纸；如当事人申请保全工商、房屋、土地，应准备的材料有：裁定书、协助执行通知书、介绍信、送达回证、笔录纸等。

×××× 人民法院

民事裁定书

（供裁决保全时用）

（××××）×民×字第××号

申请人：×××，……

……

被申请人：×××，……

……

（以上写明申请人、被申请人及其代理人的姓名或者名称等基本信息）

……（写明当事人及案由）一案，申请人×××于××××年××月××日向本院申请财产保全，请求对被申请人×××……（写明申请采取财产保全措施的具体内容）。申请人×××/担保人×××以……（写明担保财产的名称、数量或者数额、所在地点等）提供担保。

本院经审查认为，……（写明采取财产保全措施的理由）。依照《中华人民共和国民事诉讼法》第 100 条、第 102 条、第 103 条第一款规定，裁定如下：

查封/扣押/冻结被申请人×××的……（写明保全财产名称、数量或者数额、所在地点等），期限为……年/月/日（写明保全的期限）。

案件申请费……元，由……负担（写明当事人姓名或者名称、负担金额）。

本裁定立即开始执行。

如不服本裁定，可以自收到裁定书之日起 5 日内向本院申请复议一次。复议期间不停止裁定的执行。

审判长　×××

审判员　×××

审判员　×××

本件与原本核对无异

××××年××月××日

（院印）

书记员　×××

【说明】

1. 本样式根据《中华人民共和国民事诉讼法》第 100 条、第 102 条、第 103 条第 1 款制定，供人民法院在诉讼中，依当事人申请裁定采取财产保全措施用。

2. 本裁定书案号用诉讼案件的类型代字。

3. 独任审判的，裁定书署独任审判员的姓名。

4. 对当事人不服一审判决提起上诉的案件，在第二审人民法院接到报送的案件之前，当事人有转移、隐匿、出卖或者毁损财产等行为，必须采取保全措施的，由第一审人民法院依当事人申请或者依职权采取。第一审人民法院的保全裁定，应当及时报送第二审人民法院。

××××人民法院

民事裁定书

（供驳回保全申请时用）

（××××）×民×字第××号

申请人：×××，……

……

被申请人：×××，……

……

（以上写明申请人、被申请人及其代理人的姓名或者名称等基本信息）

申请人×××于××××年××月××日向本院申请财产保全/行为保全/先予执行。

本院经审查认为，……（写明驳回保全或者先予执行申请的理由）。依照《中华人民共和国民事诉讼法》第 100 条第 1 款/第 100 条第 2 款/第 101 条第 1 款/第 106 条/第 107 条第 1 款/第 107 条第 2 款规定，裁定如下：

驳回×××的申请。

审判长　×××

审判员　×××

审判员　×××

××××年××月××日

（院印）

本件与原本核对无异

书记员　×××

【说明】

1. 本样式根据《中华人民共和国民事诉讼法》第 100 条第 1 款、第 100 条第 2 款、第 101 条第 1 款、第 106 条、第 107 条制定，供人民法院裁定驳回保全或者先予执行申请用。

2. 独任审判的，裁定书署独任审判员的姓名。

五、妥善保管当事人向法庭提交的证据材料

根据《民事诉讼法》第 65 条规定，当事人对自己提出的主张应当及时提供证据。

人民法院根据当事人的主张和案件审理情况，确定当事人应当提供的证据及其期限。当事人在该期限内提供证据确有困难的，可以向人民法院申请延长期限，人民法院根据当事人的申请适当延长。当事人逾期提供证据的，人民法院应当责令其说明理由；拒不说明理由或者理由不成立的，人民法院根据不同情形可以不予采纳该证据，或者采纳该证据但予以训诫、罚款。

（一）注意事项

书记员在完成保管证据材料的工作中应注意以下方面：

查收当事人当面提交的证据材料，核查当事人是否在所提供证据材料上注明提供人、提供时间、数量并签名。当事人通过邮寄方式提交证据材料，应在书面证据材料上注明递交人、数量、收到时间，并与承办法官共同签名，同时保留相关邮寄凭证。如当事人书面提出证人出庭作证、鉴定、现场勘验、法院调查取证等申请时，应立即向承办法官报告。根据《民事诉讼法》第66条的规定，人民法院收到当事人提交的证据材料，应当出具收据，写明证据名称、页数、份数、原件或者复印件以及收到时间等，并由经办人员签名或者盖章。

（二）书记员需要完成的工作

收取当事人的证据材料后，应在承办法官指导下做好以下工作：

1. 注明当事人递交的日期和提交人姓名或单位名称。

2. 注明是否有原件，复印件是否已经与原件核对；复印件与原件核对无异的，应由核对人签名，并加盖"本件与原件核对无异"印章。

3. 当事人提供的证据材料是多份的，应要求其提供证据清单，并逐一分类编号，并注明证据材料的来源、内容和待证事实。书记员要认真核实每一份证据是原件或是复印件，属于何种法定证据的分类，对同一类的证据或者能够证明同一个问题的证据要分在一个类型当中。

4. 一份多页的证据材料，要求当事人在每页上加盖骑缝章或每页签名。

5. 按照承办法官指令，对举证期满后提供的证据不予接受，并将情况制作工作备忘录。

6. 要求提交证据的当事人根据对方当事人的人数提交相应份数和证据清单，并及时通知对方当事人来法院领取证据材料副本，由其在送达回证上签收。如果经过通知不来法院领取的，在送达回证的备注栏内加以说明。

（三）对不接收材料的处理应记录在案的情况

按照承办法官指令不接收有关材料的，应将下列情况记录在案

1. 将当事人提供的与诉讼主体、诉讼主张、待证事实明显无关联的证据材料退还当事人，当事人拒绝接收或签名的情况。

2. 当事人在举证期限届满后，于庭审前或当庭提供的证据材料，因不属于《民事

诉讼证据规定》规定的"新的证据"范围以及第43条第2款规定的情况，对方当事人不同意质证，承办法官据此决定不接受该材料的情况。

（四）书记员使用证据清单时的注意事项

书记员在使用证据清单时应注意以下方面：

1. 证据清单一式两份，在每份证据清单上举证人和收件人都要分别签上名字和日期，收件人、举证人签收后双方各执一份。

2. 证据清单兼作证据收据，法院收到当事人提交的证据材料和证据清单后，在证据清单的收件人处签上日期和收件人的名字，然后将一份证据清单交给举证人保存，作为法院收到举证人证据材料的收据，而不必另行给举证人打证据收条。

3. 当事人提交的证据材料应为原件，同时提交A4规格的复印件，以便向对方当事人送达和法院入卷存档，每份证据必须标明页数。

证据清单

序号	证据名称	证明内容	原件	复印件	页码	

举证人：   收件人：

 年 月 日   年 月 日

六、协助法官做好证据交换工作

证据交换是指人民法院在审理了与案件相关的诉讼材料后，对那些案情复杂、证据材料较多的案件，或者是当事人申请进行证据交换的案件，可以在答辩期限届满后至开庭前，组织双方当事人对各自向法院提交的证据材料进行互换、核对，并就自己提供的证据材料和对方提供的证据材料发表意见，以固定证据的诉讼活动。

1. 在证据交换中，书记员应协助承办法官做好的工作。

（1）通知当事人证据交换的时间、地点，并告知当事人应携带所有证据的原件。人民法院组织当事人交换证据的，交换证据之日即为举证期限届满之日。

（2）要求原告明确其诉讼请求，原告增加、变更诉讼请求的，应将对该情况的处理结果记录在案。

（3）应将当事人提供的证据是否为原件、证据来源、证据类别、证明内容等记录在案。由于进行证据交换的案件一般都是证据较多或者复杂疑难的案件，为了便于法院核对证据和当事人举证质证，可事先通知并指导当事人对证据材料进行编码并列出证据清单。证据清单中应列明证据材料的序号、证据名称、证明内容、原件还是复印件以及所在页码等内容。

（4）先由原告出示证据，被告质证；再由被告出示证据，原告质证。整个质证和发问提问过程，书记员应记录在案。

（5）如果当事人在交换证据时，表示没有证据补充提供，法庭应告知其举证期限至证据交换日期届满，如果当事人表示仍有证据提供的，承办法官应为其设定举证期限，书记员应详细记录在案。

（6）对当事人在交换过程中提出申请法院调查取证、申请鉴定的，书记员应予以详细记录证据交换笔录。

（7）书记员对证据交换的过程中当事人无异议的事实、证据应当记录在案；对有异议的事实和证据，也应记录在案，并记明异议的理由和依据。

（8）通过证据交换，将双方当事人的争议焦点固定下来，并记录在案。提高庭审效率，有利于查明案件事实。

（9）证据交换后，书记员应将笔录交当事人及其委托代理人查阅，核对无误后签名并注明日期，若当事人拒签的，应在笔录中写明，并由书记员、承办法官或在场的法警签名。

2. 如果当事人提交的原件比较重要，需要自己保管的，可以同时向法院提交原件和复印件，人民法院、对方当事人对原件和复印件进行核对无误后，可以将原件交由当事人保管，在复印件上加盖核对无误章后将复印件留档保存。

3. 人民法院组织当事人进行证据交换的，一般会以庭前调查的形式进行，不仅进行证据交换，也会就有关事实问题向当事人进行询问，并归纳争议焦点。书记员应当如实记录整个调查情况。调查笔录的具体要求同庭审笔录。

证据交换笔录

时间：　　　　年　　　　月　　　　日

地点：

审判员：　　　　　　　　书记员：

原告：　　　　　　　　　委托代理人：

被告：　　　　　　　　　委托代理人：

关于原告＿＿＿＿＿＿＿＿＿诉被告＿＿＿＿＿＿＿　＿＿＿＿＿（案由）　纠纷

＿＿＿＿＿＿（案号）　　　民事案件，今天进行证据交换。

七、协助法官办理管辖权异议工作

管辖权异议，是指人民法院受理案件后，当事人对管辖权有异议的，应当在提交答辩状期间提出。人民法院对当事人提出的管辖权异议，应当审查。异议成立的，裁定将案件移送有管辖权的人民法院；异议不成立的，裁定驳回。对该驳回管辖权异议的裁定不服的，当事人可以依法上诉。人民法院对当事人提出的管辖权异议，未经审查或审查后尚未作出裁定的，不得进入该案的实体审理。

书记员在当事人向法院提起管辖权异议时按照流程完成各项工作（如图7所示）：

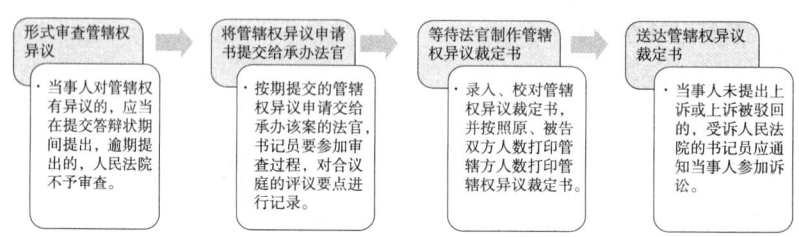

图7 书记员处理管辖权异议申请工作流程图

第一，书记员对当事人提出的管辖权异议，应当进行认真审查。书记员的审查只是形式上的，即此审查主要针对当事人提出的管辖权异议是否超期。《民事诉讼法》第127条规定，当事人对管辖权有异议的，应当在提交答辩状期间提出，即在被告收到起诉状副本之日起15日内提出的，人民法院才予以审查。逾期提出的，人民法院不予审查。

第二，书记员将按期提交的管辖权异议申请交给承办该案的法官。由承办该案的法官向合议庭介绍异议情况，由合议庭进行审查。书记员要参加审查过程，对合议庭的评议要点进行记录，对评议的结果进行准确记录（包括每名法官的观点和最后结论）。

第三，将承办案件法官写好的管辖权异议裁定书，在电脑上进行录入、校对，并按照原、被告双方人数打印管辖权异议裁定书。

第四，将管辖权异议裁定书送达双方当事人。当事人不服的，可以在10日内向上一级人民法院提起上诉。当事人未提出上诉或上诉被驳回的，受诉人民法院的书记员应通知当事人参加诉讼。当事人对管辖权问题申诉的，不影响受诉人民法院对案件的审查。

八、协助法官办理反诉工作

反诉是指在一个已经开始的民事诉讼（诉讼法上称为本诉）程序中，本诉的被告以本诉原告为被告，向受诉法院提出的与本诉有牵连的独立的反请求。该权利亦是当事人法律地位平等原则的重要体现，是本诉被告所享有的重要权利，是保障本诉被告人民事权益的一项重要制度。其存在的目的是：通过反诉与本诉合并审理，减少当事人讼累，降低诉讼成本，便于判决的执行。根据《民事诉讼法》的规定，本诉的被告可以向本诉的原告提起反诉。反诉在符合民诉起诉条件的同时还应当符合以下条件：

1. 反诉只能是本诉被告向本诉原告提起，而不能对原告以外其他人。

2. 反诉只能向受理本诉的法院提起。

3. 反诉与本诉必须适用同种诉讼程序。

4. 反诉不能是其他法院专属管辖。

5. 反诉与本诉的诉讼请求必须在事实或法律上有牵连。

6. 提起的期限。《最高人民法院关于适用〈中华人民共和国民事诉讼法〉的解释》第232条："在案件受理后，法庭辩论结束前，原告增加诉讼请求，被告提出反诉，第三人提出与本案有关的诉讼请求，可以合并审理的，人民法院应当合并审理。"

书记员在处理被告提起反诉时应在法官的指导下做好以下工作：

首先，书记员应将被告提出的反诉申请尽快交给案件的承办法官，由法官进行初步审查。因为反诉自身具有独立性，不因为本诉的原告撤回本诉而终结，也不因本诉的原告放弃诉讼请求而结束。同时，反诉也必须符合起诉的条件，所以，主审法官要进行审查。

其次，承办法官就初步审查的意见向合议庭汇报，由合议庭成员进行评议。书记员要参加评议过程，对合议庭的评议要点和评议结果进行记录，对每名法官的观点和最后结论要准确记录。

再次，如果合议庭对被告的反诉不予受理，书记员应将不予受理裁定书送达被告。如果合议庭认为被告的反诉申请可以合并审理，书记员应向被告送达案件受理通知书，并通知被告交纳反诉的相关费用。并将被告提交的反诉状副本在法定期限内送达给原告，并告知原告针对反诉状的事实和诉讼请求进行答辩。

最后，如果原告针对反诉状进行了答辩，书记员应将原告提交的答辩状送达给被告，做好送达记录工作。

九、通知人民陪审员参加庭审工作

人民法院审判的第一审刑事、民事、行政案件，属于下列情形之一的，由人民陪审员和法官共同组成合议庭进行，适用简易程序审理的案件和法律另有规定的除外。

（1）涉及群体利益的。

（2）涉及公共利益的。

（3）人民群众广泛关注的。

（4）其他社会影响较大的。

另外，第一审刑事案件被告人、民事案件原告或者被告、行政案件原告申请由人民陪审员参加合议庭审判的，由人民陪审员和法官共同组成合议庭进行审判。

书记员在人民陪审员参加案件审理活动中的相关工作：

第一，第一审人民法院决定适用普通程序审理民事案件后，书记员应该明确告知原、被告双方当事人，在收到通知后 5 日内有权申请人民陪审员参加合议庭审判案件。如果案件涉及公共利益、群众利益或人民群众广泛关注及其他社会影响较大的案件，当事人又没有申请人民陪审员参与案件审理的，经合议庭商议，认为应当请人民陪审员参与案件陪审的，书记员应该与案件原、被告双方取得联系，征求当事人双方的意见。如果原告或被告同意，那么书记员应该告知其在同意后 5 日内提交申请人民陪审员参加合议庭审判案件的申请书。

第二，书记员与法院政工部门联系，要求政工部门在开庭 7 日前采取电脑生成等方式，从人民陪审员名单中随机抽取确定人民陪审员。特殊案件需要有特定专业知识的人民陪审员参加审判的，政工部门可以在具有相应专业知识的人民陪审员范围内随机抽取。

第三，书记员应在开庭 3 日前联系人民陪审员，通知其开庭的时间、地点。当然，开庭时间的确定，书记员是经过与审判人员、人民陪审员、诉讼参与人事先沟通的。

第四，如果人民陪审员开庭前来法院查阅案卷材料，书记员应负责接待工作。

十、做好案件信息录入工作

审判庭书记员及时将送达、开庭、宣判、结案、上诉、二审结果、文书生效等流程信息，以及所有开庭笔录之类的材料及时录入到法院网络系统。

任务二　刑事一审案件审理前书记员的准备工作

实践中，公诉案件是由检察院直接移送至法院刑庭，刑庭书记员对案件材料进行初步检查后如未发现重要材料缺失，就送往立案庭立案。自诉案件由立案庭审查立案后，将案件材料移送刑庭审理[1]。书记员收到案件后需在刑庭案件登记簿上记录。进入一审审理之前，书记员要做好以下庭前准备工作。

一、查收案件材料

书记员在案件审理前审查以下材料是否符合工作要求：

1. 清点起诉书份数。公诉案件起诉书一式 8 份，每增加一名被告人起诉书增加 5 份。如果起诉书副本份数不足或起诉书未盖检察机关院印，需及时联系，要求补正。

2. 核查案卷中是否随卷移送了换押证，被告人换押手续是否齐全等。核查起诉书上注明的被告人关押场所是否与换押证注明的相一致。如果起诉书与换押证注明的被告人关押场所不一致，应立即与检察机关联系核实。

3. 如果是单位犯罪的案件，应当审查起诉书是否列明被告单位的名称、住所地联

---

〔1〕　华关祥：《书记员工作实务技能》，中国人民大学出版社 2010 年版，第 3 页。

系方式，法定代表人、主要负责人以及代表被告单位出庭的诉讼代表人的姓名、职务、联系方式。

4. 核查检察机关是否附建议适用简易程序函。

5. 核查公安侦查卷宗的册数是否同起诉书附注一致。

6. 是否移送证明指控犯罪事实的证据材料，包括采取技术侦查措施的批准决定和所收集的证据材料。

7. 查看是否随卷附有刑事附带民事诉状等，提起附带民事诉讼的，是否列明附带民事诉讼当事人的姓名、住址、联系方式，是否附有相关证据材料。

8. 核对输入法院案件管理信息系统中的案件信息是否正确，包括案由被告人姓名、承办法官姓名及适用程序等。

自诉案件中，书记员应当核查以下材料：

第一，自诉人的自诉状份数是否足够（正本 1 份，副本根据被告人人数提供）；自诉状用的纸张小于 A4 纸或者纸张容易损毁的，应当及时粘衬在 A4 纸上，以防止损毁或遗失。

第二，核查自诉人书写的自诉状是否有亲笔签名或捺印，如果自诉状是打印或复印的，末尾处应有自诉人的亲笔签名或捺印。

第三，核查是否留有通讯地址和联系方式等；如在共同被害人中只有部分人告诉的，书记员在法官的指导下应当通知其他被害人参加诉讼，并告知其不参加诉讼的法律后果。被通知人接到通知后表示不参加诉讼或者不出庭的，视为放弃告诉。第一审宣判后，被通知人就同一事实又提起自诉的，人民法院不予受理。

第四，清点随卷移送的证据材料是否与立案庭列出的接收诉状材料收据上的内容一致等。

二、送达诉讼文书、通知书

书记员拿到案件后，首先阅看起诉书及有关附件材料，确定被告人的个人信息、强制措施情况、指控的事实和罪名、有无量刑建议、是否建议适用简易程序或者速裁程序等。根据被告人是否羁押、案件适用何种程序，向被告人送达起诉书副本等材料。

《刑事诉讼法》第 187 条第 3 款是关于人民法院通知开庭程序方面的规定，根据该款规定，法院在确定开庭时间后，应提前 3 天通知相关诉讼当事人；如果是公开开庭的，还应提前 3 天进行开庭公告。同时根据《刑事诉讼法解释》第 150 条第 1 款的规定："人民法院受理附带民事诉讼后，应当在 5 日内将附带民事起诉状副本送达附带民事诉讼被告人及其法定代理人，或者将口头起诉的内容及时通知附带民事诉讼被告人及其法定代理人，并制作笔录。"

送达起诉书副本须形成送达起诉书副本笔录，记录有关的情况。同时，要确认被告人有无辩护人。根据被告人本人及其亲属是否委托辩护人，进行不同的操作。

此项工作具体包括以下内容：

（1）刑事案件的被告人有权申请人民陪审员参加审判。因此，书记员还应当在开庭前向被告人送达人民陪审员参加告知书和申请书。

（2）通知辩护。根据《刑事诉讼法》第35条规定，犯罪嫌疑人、被告人因经济困难或者其他原因没有委托辩护人的，本人及其近亲属可以向法律援助机构提出申请。对符合法律援助条件的，法律援助机构应当指派律师为其提供辩护。

所以，书记员在送达起诉书副本时，对于符合上述规定情况的，应当告知被告人享有向法律援助机构申请法律援助的权利。如被告人不提出申请的，书记员应当记录在案。

（3）通知被告人、辩护人于开庭5日前提供申请出庭作证的证人、鉴定人（须身份、住址、通信地址明确）名单及不出庭作证的证人、鉴定人名单、理由和拟当庭宣读、出示的证据复印件、照片。在通知公诉机关提供的证人时，如果该证人当场表示拒绝出庭作证或者按照所提供的证人通信地址未能通知到证人的，应当及时告知申请通知该证人的公诉机关。上述工作也应当制作笔录，并由审判人员和书记员签名。

（4）将开庭的时间、地点在开庭3日以前通知人民检察院。这里需要注意的是，除适用简易程序进行审理的案件以外，公诉案件检察院应当派员出席法庭支持公诉。

（5）至迟在开庭3日以前将传票和通知书送达传唤当事人和通知辩护人，法定代理人，证人，鉴定人，勘验、检查笔录制作人，翻译人员。

××××人民法院

应诉通知书

（××××）××字第××号

本院受理××诉你……（案由）一案，现随文发送自诉状副本一份，并将有关应诉事项通知如下：

一、在诉讼过程中，当事人必须依法行使诉讼权利，履行诉讼义务，遵守诉讼秩序

二、在收到自诉状副本后，……日内，将申请出庭的证人名单和当庭宣读、出示的证据复印件、照片连同提出的答辩状（正本一份副本××份），一并递交本院庭。

三、你可以委托辩护人，并将由委托人签名或者盖章的辩护委托书递交本院。

××××年××月××日

（院印）

【说明】

（1）本样式供第一审人民法院受理刑事自诉案件后，通知被告人应诉时使用。

（2）还有其他事项需要通知的，可另起一行续写。

（3）送交本通知书和自诉状副本，应当使用送达回证。

××××人民法院

出庭通知书

（××××）××字第××号

××××：

本院受理……（案由）一案，定于××××年××月××日××时××分在……开庭审理。根据《中华人民共和国刑事诉讼法》第 151 条第 1 款第 3 项、第 4 项的规定，特通知你作为本案的……（写明法律地位）准时出庭。

××××年××月××日

（院印）

根据《刑事诉讼法》第 40 条的规定："辩护律师自人民检察院对案件审查起诉之日起，可以查阅、摘抄、复制本案的案卷材料。其他辩护人经人民法院、人民检察院许可，也可以查阅、摘抄、复制上述材料。"

对于辩护人、诉讼代理人接受委托后到法院阅卷，书记员应当依据法律规定和承办法官要求，首先核实其身份，审查委托书。如果是辩护律师还应有律师事务所函、律师执业证书等，并指定地点和保证必要的时间给其阅卷及复印卷宗材料。如果不确定是否给其查阅、摘抄、复制法院的内部材料，书记员应当立即请示承办法官。最后要提醒辩护人、诉讼代理人严禁将案卷带出，以防泄漏。

三、发布开庭公告

人民法院确定开庭日期后，应当将开庭的时间、地点通知人民检察院，传唤当事人，通知辩护人、诉讼代理人、证人、鉴定人和翻译人员，传票和通知书至迟在开庭 3 日以前送达。公开审判的案件，应当在开庭 3 日以前先期公布案由、被告人姓名、开庭时间和地点。书记员应将上述活动情形应当写入笔录，由审判人员和书记员签名。

四、提前阅卷，了解案件基本情况

书记员庭审之前，应在审判员的指导下，按照党的政策和国家法律，认真细致地审阅卷宗，尽快熟悉案情，掌握与案情有关的人的姓名、住址、特征、案件发生的时间、地点、情节和专业术语等详细情况。在记录工作之前应对案情有一定的了解，做到心中有数才能使记录材料完整。

练习与思考

1. 庭审过程中，被告人赵某指出，公诉人的书记员李某曾在侦查阶段担任鉴定人，并据此要求李某回避。对于赵某的回避申请，下列哪一选项是正确的？（   ）

A. 法庭应以不属于法定回避情形为由当庭驳回

B. 法庭应以符合法定回避情形为由当庭作出回避决定

C. 李某应否回避需提交法院院长决定

D. 李某应否回避需提交检察院检察长决定

2. 下列哪些案件依法不应公开审理？（   ）

A. 何某强奸案

B. 15 岁的金某抢劫案

C. 白某间谍案

D. 当事人冯某提出不公开审判申请，确属涉及商业秘密的案件

3. 关于附带民事诉讼，下列哪一选项是正确的？（   ）

A. 在侦查、审查起诉阶段，被害人提出赔偿要求经记录在案的，公安机关、检察院可以对民事赔偿部分进行调解

B. 在侦查、审查起诉阶段，经调解当事人达成协议并已给付，被害人又向法院提起附带民事诉讼的，法院不再受理

C. 法院审理刑事附带民事诉讼案件，可以进行调解

D. 附带民事诉讼经调解达成协议并当庭执行完毕的，无需制作调解书，也不需记入笔录

4. 人民法院向被告发送起诉状副本的期间为立案之日起（   ）

A. 3 日内   B. 5 日内   C. 10 日内   D. 15 日内

5. 案件受理费，一般应当由（   ）

A. 原告预交   B. 被告预交   C. 胜诉人预交   D. 败诉人预交

6. 对必须到庭的被告，经人民法院两次传票传唤，无正当理由拒不出庭的，可以对其（   ）

A. 拘留   B. 罚款   C. 审查   D. 拘传

【项目实训】按正确程序模拟材料中书记员的工作流程与具体工作内容。

【实训目的】通过实训掌握书记员在不同阶段的具体工作职责与工作程序。

【情境设计】曲某与受害人常某系再婚。2019 年 2 月 1 日 15 时，曲某驾驶小轿车载着妻子常某行驶中，右转弯时与相对方向孙强驾驶的重型半挂牵引车发生碰撞，造成双方车辆受损、曲某受伤、小轿车乘坐人常某当场死亡的交通事故。该事故经公安交管部门认定，曲某负事故主要责任，孙强负事故次要责任，常某无责任。曲某驾驶的小轿车未投保车上人员责任险。后受害人常某父母及女儿于 10 月 31 日起诉至京西法

院，起诉要求曲某按事故责任比例赔偿其受害人之死亡赔偿金、误工费、交通费、被扶养人生活费、精神损害抚慰金等损失合计 694 823.30 元的 70%，即 486 376.31 元。起诉同时提交财产保全申请，要求查封曲某名下小轿车一辆。11 月 7 日曲某收到起诉书，于 11 月 10 日提交管辖权异议申请书，认为本案的管辖法院应为京南法院。本案定于 12 月 3 日开庭，开庭前，受害人常某父母及女儿要求进行证据交换。因案件在社会上影响较大，京南政法学院约 50 名学生要求旁听。

【实训步骤】

步骤 1：根据班级人数分组，5~8 人为一组，选出 1 人担任小组长；

步骤 2：各小组根据实训项目任务进行讨论并情景模拟，汇总答案；

步骤 3：各小组派 1 名成员发言；

步骤 4：指导老师根据各小组综合表现评分并进行点评。

项目三　书记员庭审辅助工作

知识目标

1. 掌握各类案件庭审辅助工作的主要内容；
2. 掌握庭审笔录的制作方法和主要内容；
3. 掌握常用司法文书的制作方法。

能力目标

1. 能够按要求完成各类案件庭审辅助工作；
2. 能够正确制作庭审笔录；
3. 能够正确校对裁判文书；
4. 能够协助法官做好判决宣告工作；
5. 做好裁判文书送达工作。

案例引入

某法院正在公开开庭审理一起民事案件，原定 8 点半开庭，结果正式开庭时间到了 9 点 17 分，原告及其代理人还没到庭，被告闹哄哄的要法官赶快开庭，按照规定，书记员应当如何处理此情况呢？

基本原理

一审法院在完成审理前的准备工作之后，就要对案件进行正式的审理。庭审是整个审判工作的中心环节，庭审的顺利进行需要法官和书记员的鼎力支持与默契配合。

书记员的工作主要是制作法庭笔录、记录案件评议过程、校对和送达裁判文书等。

任务一 民事案件中书记员的庭审工作

一、安排法庭与检查法庭设备

如果合议庭没有专用法庭，那么书记员就需要根据开庭时间预定开庭时使用的法庭。确定法庭之后，按照预定的时间、地点和用途使用法庭。

开庭前书记员应提前15分钟到达审判庭，检查庭审设施是否完备，标志牌是否摆放到位等工作。具体包括：打扫法庭卫生、检查电脑扩音设备、空调、音响和照明设备，检查核对审判人员、书记员及诉讼参与人座位牌的摆放是否正确。并且需要根据案件参与庭审的当事人人数，确定法庭的座位是否够用。

二、检查当事人的到庭情况

开庭审理前，书记员应当查明当事人和其他诉讼参与人的到庭情况并检查其诉讼手续。已经到庭的当事人或者诉讼参与人，应当检查其诉讼材料是否完备，并且检查代理人的身份证原件和授权委托书，如果是律师代理还要其出示律师证原件、当事人授权委托书和律师事务所的函，引导当事人、诉讼代理人、旁听人员入庭，按席位就座。

如果当事人或者代理人提交的诉讼材料不齐全，不能证明其身份，原则上不允许其参加诉讼活动。书记员要把情况报告合议庭，由合议庭决定是待其手续齐备后另行开庭，还是继续开庭而后让其补交诉讼手续。

当事人或者代理人提交的诉讼材料形式不合法、内容不完整的，能够当庭改正的则当庭改正，否则可以将其诉讼材料先予以保存，告知其庭后补交合法完整的诉讼材料。

如果有未到庭的当事人或者诉讼参与人，应当查明原因，并将该情况及时报告审判长，由合议庭根据具体情况决定是否延期开庭、中止诉讼、按撤诉处理或者缺席审理。书记员根据合议庭的决定做好以下工作：决定延期审理的，书记员应当及时通知已经到庭的当事人和其他诉讼参与人，安排他们先行离开，并告知其等候开庭通知；决定中止诉讼的，应当制作裁定书，由书记员及时送达给当事人；决定按撤诉处理的，应当制作撤诉裁定书，由书记员及时送达给到庭的当事人或者代理人；缺席判决的，应当通知到庭的当事人和诉讼参与人入庭，审判人员入席宣布开庭。

三、宣布法庭纪律，请审判人员入庭

书记员在开庭前应当用普通话清晰响亮地向诉讼当事人以及法定代理人、其他诉讼参与人以及其他旁听人员宣布法庭纪律。宣读之后，请审判长、审判员到庭。

根据《人民法院法庭规则》的规定，法庭纪律如下：

1. 未经法庭允许，不准录音、录像、摄影。

2. 除本院允许进入审判区的人员外，其他人员一律不准进入审判区。

3. 不准鼓掌、喧哗、吵闹和实施其他妨害审判活动的行为。

4. 未经审判人员许可不准发言、提问。

5. 请关闭各类通信工具。

在宣布完法庭纪律后，书记员应当请全体人员起立，请审判长、审判员（人民陪审员）入庭。

审判员入庭后，书记员应当请审判员及全体人员就座，并且书记员45度面向审判长，当庭向审判长报告当事人到庭情况及开庭前的准备工作已经就绪，可以开庭。

图 8　庭审现场（图片来源于网络）

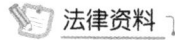 法律资料

中华人民共和国人民法院法庭规则

（1993 年 11 月 26 日最高人民法院审判委员会第 617 次会议通过，根据 2015 年 12 月 21 日最高人民法院审判委员会第 1673 次会议通过的《最高人民法院关于修改〈中华人民共和国人民法院法庭规则〉的决定》修正）

第一条　为了维护法庭安全和秩序，保障庭审活动正常进行，保障诉讼参与人依法行使诉讼权利，方便公众旁听，促进司法公正，彰显司法权威，根据《中华人民共和国人民法院组织法》《中华人民共和国刑事诉讼法》《中华人民共和国民事诉讼法》《中华人民共和国行政诉讼法》等有关法律规定，制定本规则。

第二条　法庭是人民法院代表国家依法审判各类案件的专门场所。

法庭正面上方应当悬挂国徽。

第三条　法庭分设审判活动区和旁听区，两区以栏杆等进行隔离。

审理未成年人案件的法庭应当根据未成年人身心发展特点设置区域和席位。

有新闻媒体旁听或报道庭审活动时，旁听区可以设置专门的媒体记者席。

第四条　刑事法庭可以配置同步视频作证室，供依法应当保护或其他确有保护必要的证人、鉴定人、被害人在庭审作证时使用。

第五条　法庭应当设置残疾人无障碍设施；根据需要配备合议庭合议室，检察人员、律师及其他诉讼参与人休息室，被告人羁押室等附属场所。

第六条　进入法庭的人员应当出示有效身份证件，并接受人身及携带物品的安全检查。

持有效工作证件和出庭通知履行职务的检察人员、律师可以通过专门通道进入法庭。需要安全检查的，人民法院对检察人员和律师平等对待。

第七条　除经人民法院许可，需要在法庭上出示的证据外，下列物品不得携带进入法庭：

（一）枪支、弹药、管制刀具以及其他具有杀伤力的器具；

（二）易燃易爆物、疑似爆炸物；

（三）放射性、毒害性、腐蚀性、强气味性物质以及传染病病原体；

（四）液体及胶状、粉末状物品；

（五）标语、条幅、传单；

（六）其他可能危害法庭安全或妨害法庭秩序的物品。

第八条　人民法院应当通过官方网站、电子显示屏、公告栏等向公众公开各法庭的编号、具体位置以及旁听席位数量等信息。

第九条　公开的庭审活动，公民可以旁听。

旁听席位不能满足需要时，人民法院可以根据申请的先后顺序或者通过抽签、摇号等方式发放旁听证，但应当优先安排当事人的近亲属或其他与案件有利害关系的人旁听。

下列人员不得旁听：

（一）证人、鉴定人以及准备出庭提出意见的有专门知识的人；

（二）未获得人民法院批准的未成年人；

（三）拒绝接受安全检查的人；

（四）醉酒的人、精神病人或其他精神状态异常的人；

（五）其他有可能危害法庭安全或妨害法庭秩序的人。

依法有可能封存犯罪记录的公开庭审活动，任何单位或个人不得组织人员旁听。

依法不公开的庭审活动，除法律另有规定外，任何人不得旁听。

第十条　人民法院应当对庭审活动进行全程录像或录音。

第十一条　依法公开进行的庭审活动，具有下列情形之一的，人民法院可以通过电视、互联网或其他公共媒体进行图文、音频、视频直播或录播：

（一）公众关注度较高；

（二）社会影响较大；

（三）法治宣传教育意义较强。

第十二条　出庭履行职务的人员，按照职业着装规定着装。但是，具有下列情形之一的，着正装：

（一）没有职业着装规定；

（二）侦查人员出庭作证；

（三）所在单位系案件当事人。

非履行职务的出庭人员及旁听人员，应当文明着装。

第十三条　刑事在押被告人或上诉人出庭受审时，着正装或便装，不着监管机构的识别服。

人民法院在庭审活动中不得对被告人或上诉人使用戒具，但认为其人身危险性大，可能危害法庭安全的除外。

第十四条　庭审活动开始前，书记员应当宣布本规则第17条规定的法庭纪律。

第十五条　审判人员进入法庭以及审判长或独任审判员宣告判决、裁定、决定时，全体人员应当起立。

第十六条　人民法院开庭审判案件应当严格按照法律规定的诉讼程序进行。

审判人员在庭审活动中应当平等对待诉讼各方。

第十七条　全体人员在庭审活动中应当服从审判长或独任审判员的指挥，尊重司法礼仪，遵守法庭纪律，不得实施下列行为：

（一）鼓掌、喧哗；

（二）吸烟、进食；

（三）拨打或接听电话；

（四）对庭审活动进行录音、录像、拍照或使用移动通信工具等传播庭审活动；

（五）其他危害法庭安全或妨害法庭秩序的行为。

检察人员、诉讼参与人发言或提问，应当经审判长或独任审判员许可。

旁听人员不得进入审判活动区，不得随意站立、走动，不得发言和提问。

媒体记者经许可实施第一款第四项规定的行为，应当在指定的时间及区域进行，不得影响或干扰庭审活动。

第十八条　审判长或独任审判员主持庭审活动时，依照规定使用法槌。

第十九条　审判长或独任审判员对违反法庭纪律的人员应当予以警告；对不听警告的，予以训诫；对训诫无效的，责令其退出法庭；对拒不退出法庭的，指令司法警察将其强行带出法庭。

行为人违反本规则第十七条第一款第四项规定的，人民法院可以暂扣其使用的设备及存储介质，删除相关内容。

第二十条　行为人实施下列行为之一，危及法庭安全或扰乱法庭秩序的，根据相关法律规定，予以罚款、拘留；构成犯罪的，依法追究其刑事责任：

（一）非法携带枪支、弹药、管制刀具或者爆炸性、易燃性、放射性、毒害性、腐蚀性物品以及传染病病原体进入法庭；

（二）哄闹、冲击法庭；

（三）侮辱、诽谤、威胁、殴打司法工作人员或诉讼参与人；

（四）毁坏法庭设施，抢夺、损毁诉讼文书、证据；

（五）其他危害法庭安全或扰乱法庭秩序的行为。

第二十一条 司法警察依照审判长或独任审判员的指令维持法庭秩序。

出现危及法庭内人员人身安全或者严重扰乱法庭秩序等紧急情况时，司法警察可以直接采取必要的处置措施。

人民法院依法对违反法庭纪律的人采取的扣押物品、强行带出法庭以及罚款、拘留等强制措施，由司法警察执行。

第二十二条 人民检察院认为审判人员违反本规则的，可以在庭审活动结束后向人民法院提出处理建议。诉讼参与人、旁听人员认为审判人员、书记员、司法警察违反本规则的，可以在庭审活动结束后向人民法院反映。

第二十三条 检察人员违反本规则的，人民法院可以向人民检察院通报情况并提出处理建议。

第二十四条 律师违反本规则的，人民法院可以向司法行政机关及律师协会通报情况并提出处理建议。

第二十五条 人民法院进行案件听证、国家赔偿案件质证、网络视频远程审理以及在法院以外的场所巡回审判等，参照适用本规则。

第二十六条 外国人、无国籍人旁听庭审活动，外国媒体记者报道庭审活动，应当遵守本规则。

第二十七条 本规则自2016年5月1日起施行；最高人民法院此前发布的司法解释及规范性文件与本规则不一致的，以本规则为准。

（来源：最高人民法院网）

四、制作庭审笔录

书记员主要做好以下记录工作：①开庭、询问、听证、判后答疑过程中的记录工作；②证据交换、调解过程中的记录工作；③财产保全、调查、证据保全、现场勘验、查封扣押、文书送达的现场记录工作。

1. 笔录的基本知识。笔录，是指司法活动中由司法人员及时制作、反映诉讼活动各阶段的真实过程、具有法律效力或法律意义的文字材料。笔录一般由书记员制作，是公安机关、人民检察院、人民法院审理一个案件全过程的原始记录材料，是案件卷宗材料的重要组成部分，是司法文书的一个种类。

笔录具有客观性、关联性、合法性，是检察人员、审判人员、侦查人员办案的最重要的唯一的依据。而作为重要证据的司法笔录，必须兼有这三性，因此对笔录的制作有着严格要求。

法庭笔录的原则是如实记录，不能凭主观省略记录人自己认为不应该记录的内容。需要强调的是，不容许在记录中掺入记录人的主观想象、猜测、推断或分析，更不容许制作虚假的笔录。如果出现了虚假笔录，记录 2 将要受到纪律制裁或者被清理出法院队伍，性质严重的还有可能受到刑事处罚。

（1）特定的制作主体。笔录一般由书记员制作。法官在特殊情况下可以代替书记员制作笔录，但必须以书记员身份署名，除此之外其他人员不得制作笔录。

（2）内容真实。笔录必须全面、完整、准确、及时地记录诉讼活动的全过程。笔录应当是在各种诉讼活动当时、当场以文字形式加以定格的，一切与案件有关的场景、状态、行为、言语等客观现象的真实反映。

笔录是诉讼活动和诉讼过程的文字再现。因此，笔录的内容首先必须是客观真实的，不得弄虚作假、凭空捏造或者擅自改动。其次，笔录的客观性还要求笔录的内容必须全面，片面的、不能全面反映现场状态的笔录是违背笔录的客观性要求的。笔录的客观性要求现场状态是什么样笔录就记成什么样，不需要记录人员的观点和分析，不需要进行引申和发挥，一定要反映诉讼活动的真实情况和本来面貌。

（3）特定的制作时间。笔录一般都要求在特定的时间内制作完成，绝大多数笔录制作都没有充足的准备时间。书记员制作笔录时对笔录中的内容和事项一般事先无法估计和预料，可能随问随记，随答随记，说完话就要求笔录随之完成。而笔录都要求履行签名这一法律手续，因此一般又不能重新起草、修改，也可能没有重抄、整理的时间，这就要求书记员要通过大量的训练练就迅速、准确的笔录制作本领，以适应笔录制作的特殊要求。

（4）制作应当符合规范。①笔录的格式要规范。笔录作为法律文书的一种，必须满足法律文书的基本要求。形式要规范统一，不能随心所欲。制作笔录必须严格遵守格式要求。一般说来，笔录由三部分构成，即首部、正文和尾部，不同的笔录有不同的具体要求。②笔录的用语要规范。记录法官的用语要使用"法言法语"，不能随意使用简略语，更不能随意添减内容。记录当事人的陈述要记录原意，不回避方言土语，但要注明普通话的含义。记录笔录时，不要留下疑问。不明白或者没听清的内容要及时询问写明。③笔录的制作程序要规范。笔录属于法律义书的一种，具有法律效力。因此，制作内容和过程必须符合法律规定，必须由法定人员按照法律规定制作。笔录制作完成，要依法将其交与相关人员阅读。对不能自己阅读的当事人或者诉讼参与人，要向其宣读笔录。在阅读或者宣读笔录的过程中，如果发现有错记漏记的现象，必须当场补正，并在补正处签字或者捺印。笔录应当按顺序标明页码，不允许加页、换页，有些笔录还要求当事人在每一页都签字或者捺印，以保证笔录的连续性和真实性。④笔录书写要规范。书写笔录应当整洁、清楚，使用蓝黑墨水或者碳素墨水在统一笔录用纸上书写。使用规范化汉字，不能使用繁体字、异体字、不规范的简化字。字号不宜太大或者太小，以规范、易于辨认为标准。使用标点符号要规范，不能"一逗到底"。

2. 民事一审案件庭审笔录的格式和具体内容。庭审笔录，又名法庭笔录、开庭笔录，是指人民法院在依法审理各类案件时由书记员制作的反映法庭审判活动全部真实情况的书面记录。

庭审笔录可以将整个审判活动用书面形式固定下来，成为人民法院审判活动的见证。庭审笔录的意义在于：

（1）经过庭审笔录固定下来的当事人陈述与辩论、证人证言等，可以起到证据的作用，当事人和证人不能随意推翻；

（2）庭审笔录是法院正确处理案件、制作法律文书的重要依据；

（3）庭审笔录是全面审查法院审判活动是否合法的重要依据。上级人民法院通过阅读法庭笔录，可以了解和监督下级人民法院的审判工作。庭审笔录是人民法院案卷材料的重要组成部分，适用于各类案件。无论是一审程序、二审程序还是审判监督程序，只要开庭审理就必须制作庭审笔录。同时，我国《民事诉讼法》第133条规定："人民法院对受理的案件，分别情形，予以处理：……④需要开庭审理的，通过要求当事人交换证据等方式，明确争议焦点。"《最高人民法院关于民事诉讼证据的若干规定》第39条规定："证据交换应当在审判人员的主持下进行。在证据交换的过程中，审判人员对当事人无异议的事实、证据应当记录在卷；对有异议的证据，按照需要证明的事实分类记录在卷，并记载异议的理由。通过证据交换，确定双方当事人争议的主要问题。"

根据审判的实践，庭审笔录通常应当记载以下内容：

（1）案由、开庭审理的时间、地点、是否公开审理，审判人员、书记员的姓名；

（2）当事人、第三人、辩护人、诉讼代理人和其他诉讼参与人的姓名、性别、年龄、民族、职业、住所，以及上述参与诉讼的人员是否到庭；

（3）审判长告知当事人的诉讼权利和义务，询问当事人是否申请审判人员和其他人员回避及如何处理；

（4）法庭调查的全部过程及内容；

（5）当事人第三人、诉讼代理人在法庭辩论中的发言及内容，法庭调查情况；

（6）合议庭的评议另行制作评议笔录，不在庭审笔录的范围之内。评议结束当庭宣判的，应当在庭审笔录中记明判决全文，并记明当事人对判决的声明。定期宣判的，应当另行制作宣判笔录。

民事案件庭审笔录在庭审各阶段的记录要点：

（1）宣布开庭情况阶段应当记明：审判长（或者独任审判员）核对当事人，宣布案由，宣布审判人员、书记员名单，告知当事人有关的诉讼义务，询问当事人是否申请回避。

（2）法庭调查阶段应当记明：原告的诉讼请求；被告的答辩意见；双方当事人的

补充陈述；告知证人的权利义务，证人的作证情况；双方当事人举证、质证过程，宣读鉴定结论和勘验笔录；审判人员询问当事人情况。

（3）法庭辩论阶段应当记明：原告及其诉讼代理人发表的辩论意见，被告及其诉讼代理人发表的辩论意见，第三人及其诉讼代理人发言或者答辩，互相辩论。

（4）法庭调解阶段应当记明：双方当事人的调解意见。如果当事人双方不能达成一致意见，应当写明"双方不能达成一致调解意见，法庭不再主持调解"；如果当事人双方达成一致意见，需另行制作调解协议书。

（5）最后陈述阶段应当记明：原告、被告及第三人的最后陈述意见。

3. 庭审笔录的签名与补正。庭审笔录正文记录完毕之后，应当交给当事人阅读或者向他们宣读，他们认为记载有遗漏或者差错的，可以请求补正。庭审笔录由当事人及其诉讼代理人签名或盖章或者按捺手印，标记"本笔录阅读无误"字样并写明日期；拒绝签名盖章的，应当记明情况。最后，参加庭审过程的合议庭成员和书记员也要签名并写明日期。

4. 书记员如何做好记录工作。庭审笔录的制作水平是衡量一个书记员是否合格的重要指标和参数，制作一份高质量的庭审笔录并不是一件简单的事情。书记员应注意法律知识、相关业务的学习，在法庭上做到"手、脑、耳、心"并用，在平时注意总结经验、教训，以提高书记员的业务水平和业务能力，进而更好地为审判工作服务。

第一，书记员必须熟悉实体法的内容。比如在继承案件中继承顺序、代位继承和转继承的区别；在债务案件中，违约之债、侵权之债、无因管理之债和不当得利之债的区别等等。如果对这些问题分辨不清，在记录中就必然出现用词不准确或者用词不专业的现象。

第二，书记员必须熟练掌握程序法。只有熟练掌握程序法，才能把程序法要求的开庭审判程序完整地记录下来。《民事诉讼法》规定开庭包括法庭调查、法庭辩论、法庭调解、最后陈述四个步骤。因此，书记员在记录开庭笔录时就必须体现上述四个阶段，否则就是不完整的笔录。

第三，开庭前阅读审判提纲，了解审判思路；掌握审判人员的审判风格及提问特点，结合案情了解每一次发问的目的，这样便于抓住庭审问答的重点，提高笔录速度。

第四，正确使用笔录文头，提前制作庭审记录模板。笔录文头就是把笔录开头的一些固定的程序化的内容制作成统一规范的诉讼文本，比如开庭时间、开庭地点、合议庭组成人员或独任审判员及诉讼参与人名单、当事人享有的诉讼权利和应尽的义务等，对这部分相对固定的程序化内容，书记员可以在开庭前做好笔录文头，制作填充式模板，庭审记录时根据不同案件进行适当修改，或者利用文件复制、粘贴等操作技巧，把相对固定又具有共性的内容适时加入到笔录当中。这样不但可以降低工作强度，而且可以提高庭审记录的效率和准确性。

庭 审 笔 录 （笔录头）

时间：××××年××月××日××时××分至××时××分

地点：（开庭审理的地点一般为某人民法院第×审判庭）

审判人员：×××（记明主持法庭审理的审判长、审判员或者人民法院陪审员的姓名）

书记员：×××（记明书记员姓名）

书记员：现在，查明当事人及委托代理人的到庭情况。

原告：×××

法定代理人：×××

委托代理人：×××

被告：×××

法定代理人：×××

委托代理人：×××

书记员：请坐好，现在宣布法庭纪律：

根据《人民法院法庭规则》的规定，旁听人员必须遵守下列纪律：

1. 未经允许不准录音、录像和摄影。

2. 不得随意走动进入审判区。

3. 不准鼓掌、喧哗、吵闹和实施其他妨碍审判活动的行为。

4. 不准发言、提问，如对法庭审判活动有意见，可在休庭或闭庭后，以口头或书面形式向本庭提出。

5. 不准吸烟、随地吐痰。

6. 请关闭手机、呼机等有声物品。

书记员：全体起立。请审判长及合议庭成员入席。报告审判长，当事人及委托代理人已全部到庭，可以开庭。

审判长：现在开庭。今天，本庭依照《中华人民共和国民事诉讼法》的规定，在这里公开审理（或不公开审理，并说明理由）原告×××与被告×××之间的×××（案由）一案。

审判长：核对一下当事人及委托代理人的身份。原告和被告自报单位名称、住所地、法定代表人姓名、职务和委托代理人的情况。

原告：……

被告：……

审判长：下面，宣读原告和被告授权委托书中的代理权限。

审判长：各方当事人，对对方到庭的当事人及委托代理人的身份有无异议？

原告：……（有无异议）

被告：……（有无异议）

审判长：经法庭审查，各方当事人及委托代理人诉讼手续合法，准许参加本案的诉讼。

审判长：现在宣布合议庭组成人员及书记员名单。本庭由本院审判员×××担任审判长，与审判员（人民陪审员）×××、审判员（人民陪审员）×××组成合议庭，由书记员×××担任法庭记录。

审判长：根据《中华人民共和国民事诉讼法》的规定，当事人在诉讼中享有以下诉讼权利：

1. 有对案件事实进行陈述和申辩的权利。

2. 有提供证据、进行辩论、请求调解、申请执行的权利。

3. 被告有承认、反驳原告诉讼请求的权利。

4. 有随时提出和解请求的权利。

5. 有向证人、鉴定人提出发问，要求对证据和鉴定提出说明的权利。

6. 经法庭准许，有查阅和复制庭审材料及法律文书的权利。

7. 认为法庭的记录有差错，有申请补正的权利。

8. 当事人有提供证据并索取收据的权利。

以上诉讼权利，你们听清楚了吗？

原告：……（是否听清）

被告：……（是否听清）

审判长：在庭审过程中，当事人除享有以上诉讼权利外，还有申请审判员及有关人员回避的权利，如果你们认为鉴定人、勘验人、翻译人员、书记员和我本人与本案有直接利害关系或者有其他关系，可能影响公正审判的，可以提出事实和理由申请回避。

你们听清楚了吗？是否申请回避？

原告：……（是否申请回避）

被告：……（是否申请回避）

审判员：根据《中华人民共和国民事诉讼法》的规定，当事人在诉讼中应当承担以下诉讼义务：

1. 必须依法行使诉讼权利，如实陈述事实；

2. 自觉遵守诉讼秩序，听从法庭指导，如故意扰乱诉讼秩序，视其情节给予罚款拘留等；

3. 主动履行发生法律效力的判决书、裁定书和调解书。

以上诉讼义务，你们听清楚了吗？

原告：……（是否听清）

被告：…（是否听清）

审判长：根据《中华人民共和国民事诉讼法》的规定，当事人、诉讼参与人和其他人还应当遵守下列法庭规则：

1. 遵循民主、平等、完整、自愿的原则进行当庭陈述、举证、质证、辩论；

2. 当庭陈述、举证、质证、辩论应当按照法庭安排的顺序进行；

3. 当事人陈述、举证、质证、辩论，应当围绕上诉请求和主张、争议焦点、适用法律建议等与案件有直接联系的内容进行；对发现有遗漏的内容可以补充陈述；陈述的事实应当客观、真实、完整；一方陈述时，对方不得打断发言；

4. 当事人对自己提出的诉讼主张，有在法定期限内提供证据的责任。没有提供证据，或者无正当理由不在限定期限提供证据，或者虽提供了证据但经法庭质证和认证后不能作为认定案件事实根据的，将承担相应举证不能的后果；

5. 凡是证据材料，一律要经过当庭质证；任何一方对举出的证据材料均可以互相审验、对质、排疑、确认；质证应对各种证据材料的证明效力进行辩论和反驳，不得以诱导方式提问，不得使用威胁、损害人格尊严和人身攻击性语言；对证据材料进行审核、质疑、辩驳，必须当庭明示承认或否认的态度，否则，将可能承担被视为默认的后果；

6. 进行辩论，要摆事实、讲道理，不准使用污秽、讽刺、挖苦等人身攻击性语言。在辩论中如果又提出新的证据材料，则要重新质证，然后再行辩论。

人民法院对违反法庭规则的人，可以予以训诫、责令退出法庭或者予以罚款、拘留。对哄闹冲击法庭，侮辱、诽谤、威胁、殴打审判人员，严重扰乱法庭秩序的人，依法追究其刑事责任；情节较轻的，予以罚款、拘留。因此，你们行使权利的同时，还必须遵守法庭规则，不得扰乱诉讼秩序。以上法庭规则，你们听清楚了吗？

原告：……（是否听清）

被告：……（是否听清）

审判长：各方当事人是否有证人出庭作证（如有证人，安排证人在法庭外候庭）

原告：……（是否有证人出庭作证）

被告：……（是否有证人出庭作证）

审判长：现在核对案件事实，听取当事人的诉、辩意见。

……

五、制作案件评议笔录

合议庭评议笔录是指合议庭组成人员在案件审理终结后，就案件认定事实、确定性质、适用法律和如何处理进行讨论，将讨论的具体内容写成的笔录[1]。评议笔录具有一定的保密性，诉讼参与人、辩护人、代理人均不得查阅。

依据《民事诉讼法》第42条规定："合议庭评议案件，实行少数服从多数的原则。

[1] 彭君：《法院书记员工作实务》，清华大学出版社2016年版，第134页。

评议应当制作笔录，由合议庭成员签名，评议中的不同意见，必须如实记入笔录。"如果不能形成多数意见，交由审判委员会讨论决定。

合议庭笔录由标题、首部、正文和尾部四部分构成。要有明确的合议时间、地点、合议庭成员和书记员；正文部分应当记清楚合议案由、合议内容。合议笔录记录完毕后，应当交由合议庭成员分别签名，有涂改的要在涂改处加盖书记员印章。

合议庭评议笔录

时间：

地点：

合议庭成员：　　　　　　　　　审判长：

案件主审人：

书记员：

评议记录如下：

六、校对裁判文书

经过合议庭合议后，承办法官制作各类裁判文书，在裁判文书向社会公布之前，如何避免裁判文书的错误就成为审判工作者面临的一个主要问题。为避免校对文书不仔细、使用电脑不熟练导致输入错误，要认真校对裁判文书，尽量做到格式正确、表达规范、用语准确、标点无误、数字和符号符合国家标准，避免产生歧义，力求避免错字和别字。

审判员和书记员在校对环节，应采取"三读"方式，从头至尾检查并与相关的文书材料进行核对，是保证裁判文书质量的有效途径[1]。文书草稿拟制完毕后，审判员用阅读的方式在电脑上至少校对一次，将草稿打印出来后至少校对一次，再交书记员至少校对一次。

在校对的过程中，要照顾全面也要兼顾重点。对引用法律条款、判决主文等裁判文书重点内容的校对要慎之又慎，采取一字一句对照检查，做到不出任何差错；在输入数字和日期时一定要认真仔细，做到边输入边校对，力求一次准确；对于通过计算的内容，要对计算结果予以重点校对；针对直接在原来的电子文档上修改的，容易疏忽的立案时间、案号、人名、诉讼请求、裁判结果等地方，要多次核对。以上内容经审判员和书记员校对无误后，再报庭长和主管院领导审批。

书记员在平时工作中也要不断学习汉语言知识和法律知识，提高驾驭语言文字的

---

〔1〕　周芳洁："浅谈如何做好裁判文书校对工作"，载中国审判网，www. chinatrial. net. cn/news/412. html，最后访问时间：2020 年 7 月 1 日。

能力；做到字字落实，个个看清，不断积累校对经验，提高校对质量；熟悉裁判文书的检字、排版以及修改工作，熟悉字体、字号，了解文书的各类开本和版面规格要求。

七、宣告判决的工作

根据《民事诉讼法》第 148 条第 1、2 款的规定：人民法院对公开审理或者不公开审理的案件，一律公开宣告判决。当庭宣判的，应当在 10 日内发送判决书；定期宣判的，宣判后立即发给判决书。

八、送达裁判文书

定期宣判的案件，判决书应在公开宣判后立即向当事人或委托代理人送达，定期宣判之日即为送达之日，送达后由当事人或委托代理人在送达回证上签章，并注明收到日期，当事人拒不签收判决书的，应视为送达，并在宣判笔录中记明。当庭宣判的案件，宣判后不用立即送达，但应当在宣判后 10 日内向当事人及委托代理人送达判决书。

经传票传唤未到庭的当事人，按照其确认的送达地址予以邮寄或直接送达，邮寄凭证应归档保存。外地当事人且在本市无委托代理人的，需要委托当事人住所地法院代为宣判的，书记员应填妥委托宣判函、宣判笔录、送达回证，经承办法官审查后发出。上述办法无法送达的，应当公告送达裁判文书。书记员应当办妥公告发布等事项。公告刊出后，将公告剪下附卷，并注明刊载的日期、报纸的名称。采用其他方法公告的，书记员应当附情况说明入卷。

在裁判文书发送时，书记员应再次核对将要发出的裁判文书是否存在漏页、错页，漏盖"本件与原件核对无异"章及院印等差错。

任务二　刑事案件中书记员的庭审工作

在刑事一审审理阶段书记员的工作主要包括开庭当日的准备工作和庭审过程中的工作，以及合议庭评议中的工作和文书印刷校对、文书送达等工作。与民庭书记员一样的工作在这里就不赘述了。下面就刑庭书记员庭审中的注意事项做出说明。

一、开庭当日的准备工作

如果是重大敏感案件，庭审前应注意观察旁听人员的情绪，如发现存在矛盾激化可能或其他可能危害法庭安全的情况，应立即向有关部门和承办法官报告。被告人人数众多的案件，书记员可以与法官一起提前至法庭羁押室核对各被告人身份情况，在庭审过程中对于这一步骤则可以简略进行，以节省庭审时间。上述案件，书记员可以建议承办法官通过发放旁听证的形式，限制旁听人员数量；有条件的法院可以另外开辟视频旁听室，避免庭审发生意外。不公开审理的案件，如有无关人员滞留法庭的，应当协助法警、法官等，做好规劝、清场工作。

二、制作庭审笔录

适用简易程序的案件，要记明被告人对起诉书指控事实、认定的罪名及有关罪轻罪重的情节是否有异议。如被告人对起诉书指控有异议，就不能适用简易程序。

普通程序审理的案件要记明合议庭组成人员、书记员、出庭支持公诉的公诉人、辩护人、诉讼代理人、鉴定人、证人、翻译人员等的姓名。多被告人的案件，注意记录每个被告人及其辩护人的意见。在笔录中可以用"被1""被2"或被告人姓名直接记录。

刑事附带民事审理的，在笔录中要记明是刑事附带民事审判笔录；要明确记录自诉人或附带民事诉讼原告对附带民事部分诉讼请求的具体内容及金额；不同于单纯刑事案件，附带民事诉讼的案件一般在开庭审理时要进行调解，对调解部分要记录，应记明是否愿意调解，是否达成调解协议。

三、宣告判决的工作

在宣告判决工作中，书记员传唤当事人并通知公诉人、法定代理人、辩护人和诉讼代理人宣判的时间、地点；办理在押被告人提押手续。对于被告人原在押，现判决为宣告缓刑、免于刑事处分或宣告无罪的被告人，要在承办法官指导下填写释放通知书，与提押票一起送交法警部门。需要取保候审的，应协助承办法官联系好被告人家属或取保候审保证人在宣判当天到庭。

宣告判决，一律公开进行。当庭宣告判决的，应当在5日以内将判决书送达当事人和提起公诉的人民检察院；定期宣告判决的，应当在宣告后立即将判决书送达当事人和提起公诉的人民检察院。

四、送达裁判文书

根据《刑事诉讼法》第202条第2款之规定，人民法院当庭宣告判决的，应当在5日以内将判决书送达当事人和提起公诉的人民检察院；定期宣告判决的，应当在宣告后立即将判决书送达当事人和提起公诉的人民检察院。判决书应当同时送达辩护人、诉讼代理人并可以送达被告人的近亲属。判决生效后，还应当送达被告人的所在单位或者原户籍地的公安派出所，或者被告单位的注册登记机关。

五、办理取保候审手续

如果被关押的被告人被宣告缓刑、免于刑事处分或宣告无罪或在宣判时刑期已满，需当庭释放的，应在承办法官指导下开具释放通知书，由于判决尚未生效，故应按承办法官指令，办理取保候审手续，填写取保候审决定书及取保候审执行通知书。在向被取保候审人宣布取保候审决定后，被取保候审人应当在决定书上签字。被取保候审人的保证人要签署保证书，并在保证书上写明联系地址电话。释放通知书应交至看守所，通知看守所办理被告人的释放手续，由看守所盖章的释放通知书回执应存卷。同时将取保候审决定书及执行通知书送达被告人户籍地公安派出所。

×××人民法院
（院印）
提押票

看守所：

下列被告人一名，请准予提押。

审判员：
书记员：

被告人姓名	性别	出生年月	出生地
提出事由	提出时间及执行法警		还押时间和看守所值班民警
	年　月　日　时　分 执行法警：（签名）		年　月　日　时　分 值班民警（签名）：
	年　月　日　时　分 执行法警：（签名）		年　月　日　时　分 值班民警（签名）：
备注：本提押票还押案犯后存卷			

练习与思考

1. 关于对法庭审理中违反法庭秩序的人员可采取的措施，下列哪些选项是正确的？（　　　）

A. 警告制止

B. 强行带出法庭

C. 只能在 1000 元以下处以罚款

D. 只能在 10 日以下处以拘留

2. 关于民事案件的开庭审理，下列哪一选项是正确的？（　　　）

A. 开庭时由书记员核对当事人身份和宣布案由

B. 法院收集的证据是否需要进行质证，由法院决定

C. 合议庭评议实行少数服从多数，形成不了多数意见时，以审判长意见为准

D. 法院定期宣判的，法院应当在宣判后立即将判决书发给当事人

3. 开庭审理过程中，书记员应当将法庭审理的全部活动记入笔录，由（　　）签名。

A. 书记员和当事人

B. 审判员和当事人

C. 当事人和其他诉讼参与人

D. 审判人员和书记员

4. 公开审判制度的向社会公开是（　　）

A. 允许新闻记者对庭审采访　　　　　B. 允许新闻记者对庭审作报导

C. 允许新闻记者向社会披露案件　　　D. 允许群众旁听

E. 经法庭准许，新闻记者可以录音录像

5. 由审判长决定的回避人员有：（　　）

A. 书记员　　　B. 翻译人员　　　C. 鉴定人　　　D. 勘验人　　　E. 证人

6. 对查封、扣押的财物、文件、邮件、电报或者冻结的存款、汇款、债券、股票、基金份额等财产，经查明确实与案件无关的，应当在（　　）日以内解除查封、扣押、冻结，予以退还。

A. 3　　　　　B. 5　　　　　C. 7　　　　　D. 15

【项目实训】模拟开庭

【实训目的】通过实训，熟悉不同类案件的庭审程序，掌握庭审笔录的制作方法，提高文书制作能力。

【情境设计】法院拟定于10月20日上午9：00公开开庭审理，书记员做好庭审辅助工作。

【实训步骤】

步骤1：老师提前下发相关案件材料给学生，学生熟悉案情；

步骤2：根据班级人数分组，5~8人为一组，分工协作，查找与准备模拟开庭的相关材料；

步骤3：学生选定角色，做好开庭准备；

步骤4：以小组为单位模拟开庭现场，各司其职；

步骤5：小组组长汇报模拟开庭的准备与开庭情况，指导老师根据各小组综合表现评分并进行点评。

项目四　书记员立卷和归档工作

📖 知识目标

1. 掌握纸质案卷的立卷归档工作的具体要求。
2. 掌握电子文本材料立卷归档工作的具体要求。
3. 掌握各类诉讼案卷的立卷归档范围。
4. 掌握各类诉讼材料立卷归档的步骤。
5. 掌握各类诉讼文书材料的排列顺序。

📖 能力目标

1. 能够按照规定正确装订卷宗。
2. 能够按照程序办理案卷归档。

📖 案例引入

小李是某人民法院民一庭的实习书记员，在案件审理完毕之后，小陈就将该案的所有诉讼文书放在一起，随手拿了一个正卷的卷皮，用订书器装订之后，就送到了法院的诉讼档案管理部门。结果，小陈的卷宗因为质量不合格被退回立卷单位重新整理。

请问应当如何进行立卷归档？

📖 基本原理

人民法院的各类诉讼文书是国家重要的专业文书之一，是人民法院司法审判活动的真实记录。案件审理结束后，主审法官应将法院审判活动中形成的诉讼文书交由书记员，书记员应当按照一定的规范进行立卷归档。人民法院的诉讼档案是国家重要的专业档案之一，是人民法院审判活动的真实记录，是做好审判工作、实行审判监督的重要依据和必要条件。诉讼档案管理工作是审判工作不可分割的重要组成部分。立卷和归档是书记员的最后一项工作，无论是民事案件、行政案件、刑事案件，都具有相同的工作内容。书记员的立卷归档的职业技能，是一项重要的审判辅助技能，熟练掌握立卷归档的操作技巧和方法是保证诉讼文书立卷质量的基础。

诉讼档案本身具有一定的机密性，所以正常案件卷宗要分为正、副卷装订。一般的文书签发稿，合议庭、审判委员会讨论案件笔录、请示、批复、重要信件等不宜公开的全部立成副卷，其他材料立为正卷。正卷可对外借用、复印，副卷仅限法院内部使用，不得外借。并且案件要遵循"一案一号"原则，经过书记员制作、整理、装订起来的种类案件卷宗，多数是长期或需要永久保存的历史档案。这些卷宗档案可对其他案件有一定的帮助，尤其是对再审、复查案件有着举足轻重的作用。可见做好书记员工作不仅有重要的现实意义，更具有长久的历史意义。

任务一　纸质材料立卷归档工作

一、立卷归档范围

从总体上说，凡是反映法院工作活动、在诉讼活动中形成的，记载案件审理过程和内容的诉讼文书和诉讼证据材料，都是立卷归档的范围。

立卷归档材料汇总表

分类	具体样式
人民法院裁判文书	各类案件各个审级判决书、裁定书、调解书、驳回申请通知书等。
人民法院内部报告文书	结案报告、案情综合报告、复核案件审查报告以及办案中就某一问题所作的调查、考察结果的汇报请示等专题报告等。
人民法院笔录文书	庭审笔录、调查询问笔录、搜查笔录、勘验笔录、合议庭评议笔录、审判委员会讨论案件记录、宣判笔录、查封扣押笔录、执行笔录等。
人民法院公函、通知文书	出庭通知书，邀请人民陪审员执行职务函，对被逮捕人家属通知书，决定释放通知书，移送案件退回函，调卷、退卷函，送达判决书（或裁定书）函，送达上诉状副本通知书，刑事案件执行通知书，委托调查、委托宣判函，受理与不受理案件通知书，应诉通知书，受理上诉通知书，委托鉴定、委托执行函，责令提供担保书，协助执行通知书，司法建议函等。
人民法院的票证文书	查封证、传票、搜查证、送达证、换押票、提押票、拘传票等。
人民法院的命令、决定文书	逮捕决定书、查封令、执行死刑命令、停止执行死刑命令、扣押命令、解除扣押令、拘留决定书、提前解除拘留决定书、罚款决定书等。
人民法院公告、布告	开庭公告、无法送达的公告、宣告失踪人死亡公告、认定财产无主公告等。
人民法院的杂项类文书	查封物品清单，扣押物品清单，赃物、赃款交换单，证人具结书，缴纳诉讼费通知书，收费统一收据，诉讼费用退还通知等。
公安机关、检察机关及其他执法机关制作的执法文书	公诉书、抗诉书、撤回公诉书、撤回抗诉决定书、纠正违法通知书、行政处罚决定书等。

续表

分类	具体样式
诉讼当事人、律师和法律工作者在参加诉讼过程中提供的各种材料	诉状、答辩状、上诉状、申请书、申诉书,法定代表人身份证明书、授权委托书,诉讼保全申请书,证据保全申请书及各种举证材料、代理词或辩护意见等。
法官和书记员的工作记录材料	法官和书记员共同制作的讯问笔录、询问笔录、调查笔录、勘验笔录、搜查笔录等审判笔录,以及依职权收集的书证、物证、证人证言、鉴定结论、视听资料等证据等。

另外,根据《人民法院诉讼文书立卷归档办法》的规定,下列材料不需要立卷:

(1) 答复来信来访人到有关单位直诉的;

(2) 转交有关单位办理的;

(3) 没有参考价值的信封、转办单、工作材料;

(4) 内容相同的重份申诉材料;

(5) 法规、条例复制件;

(6) 一般的法律文书草稿,与本案无关的材料;

(7) 精神病人的来信。

二、立卷归档的工作程序

审理案件是一个复杂的过程,书记员收案后对各种材料做到收集及时、手续完备。注意将每个案件按照卷宗封面的案件编号分别摆放,做好收集的准备。具体案件的诉讼文书,按照形成的自然时间顺序,分别摆放在案卷封面后面,做到收集及时、齐全,排放有序,便于案件审结后组合案卷。

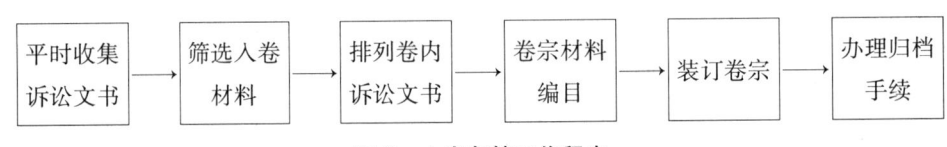

图9 立卷归档工作程序

1. 筛选入卷材料。案件审结后,在正式组卷时,还要再进行一次检查,看看诉讼文书是否收集齐全,已有的文书中法律手续是否完备,并及时补正。书记员还要检查每份文书是否有内容重复的文件,卷内只保存一份,但领导有指示的重复文件仍应保留。一个案件诉讼文书多的可以立分卷。另外应保留3份裁判文书夹在卷内,以便日后利用。

卷宗要分为正、副卷装订。一般的文书签发稿、合议庭、审判委员会讨论案件笔录、请示、批复、重要信件等不宜公开的全部立成副卷，其他的如诉状、证据材料、庭审笔录、诉讼文书等全部立成正卷。

2. 排列卷内诉讼文书。一般来说排列卷内诉讼文书顺序按照诉讼程序的客观进程和形成文书的时间自然顺序进行排列，反映审判程序。

3. 对案卷材料编目。

（1）诉讼文书材料经过系统排列后要逐页编号。用阿拉伯数字编写顺序页数，以固定排序。页码一律用阿拉伯数字编写在正面的右上角，背面的左上角。卷宗封面、卷内目录、备考表、证物袋、卷底不编号。卷内目录应按诉讼文书材料排列顺序逐件填写。一份诉讼文书材料编一个顺序号，判决书、裁定书的原本和正本编一个顺序号，如有漏号，可编附号，并在备考表内注明。

（2）填写卷内目录、备考表、封面。卷宗封面、卷内目录要用毛笔或钢笔按规定项目逐项填写齐全。要求字迹端正清楚，保持卷面清洁，不要随便涂改。

案卷在封面后和文件前，应放置卷内目录纸，编写卷内文件目录，以便查阅。在卷内目录的基础上包括序号、文件名称、页次、备注。编完目录后，应紧接着写这本卷宗连底、封面、目录共计××页，并在总页数上盖上立卷书记员的名章。

（3）卷内备考表的填写。每卷应放备考表，放在诉讼材料的最后卷底的前面，以便案件承办人或档案人员随时注明有关事项。卷内备考表由本卷情况说明、立卷人、检查人、验收人、立卷日期等项目组成。本卷情况说明栏目填写卷内文书缺损、修改、补充、移出、销毁等情况；立卷人由立卷人签字；检查人由主审法官签字；验收人由档案部门接收人签字；立卷日期填写立卷完成的日期。

（4）诉讼档案结案日期的填写。结案日期以判决书宣判、裁定书宣告或者调解书送达最后一名当事人的日期为准；留置送达的，以裁判文书留在受送达人的住所的日期为准；公告送达的，以公告刊登之日为准；邮寄送达的，以交邮日期为准；通过有关单位转交送达的，以当事人签收的日期为准[1]。

案卷封面的法院名称（全称）、案件的年度、审级、案号、案由、当事人等项目由书记员负责填写。

注意　民商事案件，一审要写上判决、调解、撤诉等结案方式，归档日期，写案卷送至档案室的日期。案卷的保管期限，应根据《关于人民法院诉讼保管期限的规定》填写。

---

〔1〕　彭君：《法院书记员工作实务》，清华大学出版社 2016 年版，第 163~164 页。

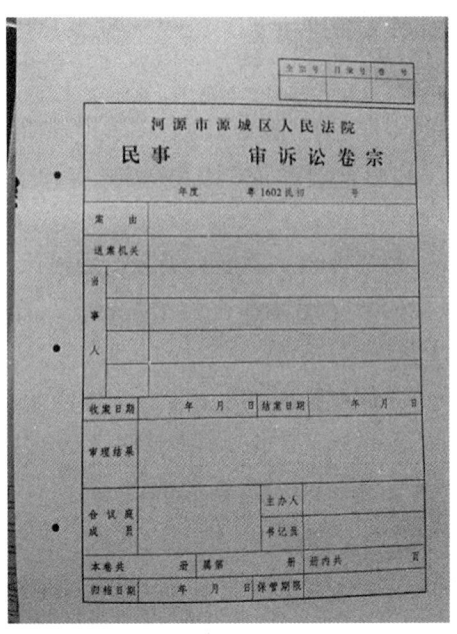

图 10　民事卷宗封面（图片来源于河源市源城区人民法院）

4. 装订案卷。案卷的装订要牢固整齐，以便于保管和利用，防止文书散失和损坏。具体要求如下：

（1）确定装订部位。现在全国法院所使用的司法文书格式都做了统一规定，案卷封面的装订线在卷面上有所标识。如果没有装订标识的，则装订线在距案卷左边2.5cm，以中眼为准，上眼和下眼与中眼的距离均为8cm（注意养成左侧装订的习惯）。

（2）理齐案卷材料。装订的案卷，要求在纸张的长度和宽度一致的前提下（A4纸）达到右边齐、下边齐。一般来说案卷厚度不超过2cm或者页数不超过200页，如果有超过的话应进行分册，分册后应重新编从"1"开始编写页码。

（3）卷底贴封纸，加盖书记员名章。案卷装订完毕，在卷底三眼线上贴上封纸，盖住线绳，在封纸与卷宗纸的骑缝处，盖上书记员名章。

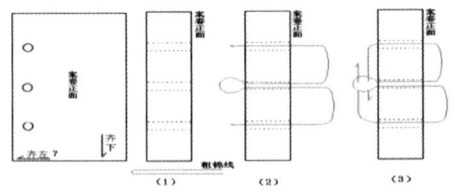

图 11　卷宗装订示意图（图片来源于网络）

图 12　卷宗装订示意图（图片来源于网络）

5. 办理归档手续。诉讼文书移送归档前，应将整理好案卷交由承办法官审核，并由承办法官在备考表的审核人栏签名或盖章。

根据《人民法院档案管理办法》的规定，各级人民法院的档案机构负责集中统一管理本院的全部档案（包括各种门类和载体的档案），积极提供利用，切实为审判工作和其他工作服务。

根据《人民法院档案管理办法》的相关规定，案件结案后 3 个月内由审判庭内勤或承办书记员编写归档清册向档案管理部门移交归档，接收人要逐卷检查验收。卷宗质量不符合本办法要求的，应退回立卷单位重新整理。随卷归档的录音带、录像带、照片等声像档案材料，应按《人民法院声像档案管理办法》的规定办理。凡能附卷保存的证物均应装订入卷，无法装订的可装入证物袋，并标明证物名称、数量、特征、来源，不便附卷的证物应拍照片附卷。已经归档的卷宗不得从卷内抽取材料，确需增添诉讼文书材料的，应征得档案管理人员同意后，按立卷要求办理。归档后的档案，应在卷宗封面右上角盖"归档"章。同时，根据类别、年度、审级、保管期限登记档案目录和检索卡片。

诉讼档案以案件为保管单位。同一案件由审级改变或其他原因形成几个案号的案卷，应当合并保管。并卷要求是：再审卷并入一审或二审卷；向本院提出申诉所形成的申诉卷并入本院的审判卷，向上级法院提出申诉所形成的申诉卷由上级法院立卷归档；近年申诉卷并入早年申诉卷。卷宗合并时，要在卷宗封面、卷宗登记簿和检索卡片上注明移出、移入的相关案号。

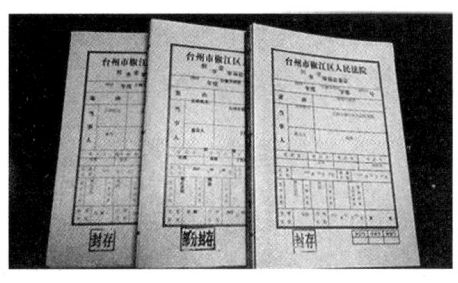

图 13　卷宗归档示例（图片来源于网络）

任务二　电子文本材料立卷归档工作的具体要求

随着电子信息技术在审判工作中的广泛推广与应用，现代信息管理技术引入归档管理后，还要求将相关电子文本及经过扫描后的电子信息档案与纸质档案同时归档。

根据国家档案局和最高人民法院有关归档工作的文件精神，各地各级人民法院根据开展电子信息档案管理的实际需要，纷纷制定了相关《立卷归档电子信息管理规定》《诉讼档案信息化归档工作流程》《电子档案管理规》等电子信息技术立卷归档的新规定。电子信息诉讼卷宗归档新技术对书记员立卷归档工作技能提出了新的要求，书记员除了掌握过去传统的立卷归档职业技能以外，还必须熟练掌握和运用现代电子信息技术立卷归档的职业技能，这是时代发展的需要。

一、现代电子信息技术立卷归档的新要求

随着国家电子政务的推进和人民法院信息化建设的发展，对各类诉讼档案将通过扫描进行数字化处理，建立诉讼档案数据库，这是法院信息化建设的一项重大举措。现代电子信息技术引入档案管理，使档案工作纳入电子信息化管理的范畴，对法院书记员的立卷归档工作提出了全新的工作技能要求，要求书记员在立卷归档以及对上级法院报送案卷材料时，不仅要按照传统归档的规定报送纸质的卷宗材料，而且要同时报送相关电子文本的卷宗材料[1]。具体的要求包括：

（1）各类诉讼案件，分别形成电子诉讼档案和纸质诉讼档案，审结后一律以电子和纸质两种载体归档。

（2）电子诉讼卷宗、纸质诉讼卷宗应在结案后3个月内移送归档，结案时间系局域网按流程管理规定记录案件报结的时间，归档时间即档案管理部门签收电子与纸质卷宗的时间。

（3）电子文本的文件材料格式一般为 Word 文档格式，证据材料为图片格式，影音证据为影音文件格式，对上级法院报送的案件电子文本一般要求采用光盘报送。

（4）向上级法院请示案件的案卷材料要求进行电子化处理后，报送电子文本光盘。包括请示报告及其附件其他相关材料。请示报告格式为 Word 文档，其他相关材料为图片格式。各类上诉案件要求报送的电子文本包括各类报告、文书、当事人信息及证据材料等，其中大量证据材料需要扫描生成图片格式。

二、现代电子信息技术立卷归档的程序和要求

1. 案件主审法官接收案卷后，必须按规定应用法院信息系统管理软件在网上进行相应的事务处理，形成规范的电子诉讼卷宗。特别是实行了实时扫描信息化建设的法

---

〔1〕　杨凯：《法官助理和书记员职业技能教育培训指南》，北京大学出版社2016年版，第331页。

院，必须按照节点要求进行案件卷宗的实时扫描和审判流程管理并及时上传保存，以实现办案流程中的电子卷宗的动态可视化。

2. 电子诉讼卷宗应包括：立案时形成的电子文档，审理阶段形成的庭审笔录、裁判文书、合议笔录、审理报告等（按正副卷分类）电子文档材料。待档案数字化处理方案确立后，最终达到电子卷宗与纸质卷宗完全一致。

3. 诉讼档案归档必须严格按照相关诉讼档案立卷归档规定执行，电子诉讼卷宗的所有文档应与相应的纸质诉讼卷宗的所有文档排列顺序完全相同。

4. 书记员应对电子诉讼卷宗、纸质诉讼卷宗的齐全、完整、真实负责，每一卷宗备考表必须有立卷人、检查人签字、盖章。主审法官在抓好案件审理工作的同时，应负责电子和纸质诉讼档案的立卷检查，加强对所承办案件审结后的电子立卷归档工作的管理和监督。

5. 法官助理、书记员首先在局域网上将电子诉讼卷宗向档案管理部门提请归档事务，再将纸质诉讼卷宗附上移送归档清单，移送档案管理部门签收。未提交电子诉讼卷宗或电子卷宗未达到规范要求的，档案室可以拒绝接收纸质诉讼卷宗。

6. 档案管理部门每月应在法院局域网上进行一次催归，对超期归档的案件承办人定期予以通报，杜绝超期归档。

任务三　诉讼文书材料的排列顺序

诉讼文书材料的排列顺序，总的要求是按照诉讼程序的客观进程和形成文书时间的自然顺序，兼顾文件之间的有机联系进行排列。

一、刑事一审案件正卷诉讼文书材料的排列顺序

刑事一审案件正卷诉讼文书材料的排列顺序：①卷宗封面；②卷内目录；③案件移送书（收案笔录）；④起诉书（自诉状）正本及附件；⑤送达起诉书笔录；⑥聘请、指定、委托辩护人材料；⑦自行逮捕决定、逮捕证及对家属通知书；⑧搜查证、搜查勘验笔录及扣押物品清单；⑨查封令、查封物品清单；⑩取保候审、保外就医决定及保证书；⑪退回补充侦查函及补充侦查材料；⑫撤诉书；⑬调查笔录或调查取证材料；⑭赃、证物签定结论；⑮审问笔录；⑯被告人坦白交代、揭发问题登记表及查证材料；⑰延长审限的决定、报告及批复；⑱开庭前的通知、传票、提押票、换押票；⑲开庭公告底稿；⑳开庭审判笔录（公诉词、辩护词、证人证词、被告人陈述词）；㉑判决书、裁定书正本（刑事附带民事部分的调解书、协议书、裁定书正本）；㉒宣判笔录（委托宣判函及宣判笔录）；㉓判决书、裁定书送达回证；㉔司法建议书；㉕提押票；㉖抗诉书；㉗上诉案件移送书存根；㉘上级人民法院退卷函；㉙上级人民法院判决书、裁定书；㉚执行通知书存根和回执（释放证回执）；㉛赃物、证物移送清单及处理手续材料；㉜备考表；㉝证物袋；㉞卷底。

刑事一审案件正卷中关于死刑、死缓诉讼文书材料的排列顺序，在㉓与㉔之间依次排列：

①死刑、死缓的复核报告及上诉移送函；②最高人民法院或高级人民法院判决书、裁定书或批复；③退卷函；④执行死刑命令；⑤暂停执行死刑的报告及批复；⑥死刑执行前验明正身笔录；⑦执行死刑笔录；⑧执行死刑布告签发稿；⑨执行死刑报告；⑩死刑执行前后照片；⑪死刑犯家属领取骨灰或尸体通知；⑫尸体处理登记表。

上列诉讼文书排列完毕，再继续排列㉔以后的诉讼文书。

二、刑事二审案件正卷诉讼文书材料的排列顺序

刑事二审案件正卷诉讼文书材料排列顺序：①卷宗封面；②卷内目录；③上（抗）诉案件移送书；④原审法院判决书、裁定书；⑤上诉书（抗诉书）；⑥答辩状；⑦聘请、指定、委托辩护人材料；⑧调查笔录（调查取证材料）；⑨撤诉书；⑩审问笔录；⑪公诉人、辩护人出庭通知书；⑫开庭公告底稿；⑬传票、提押票；⑭开庭审判笔录；⑮公诉词、辩护词、陈述词；⑯庭审后的补充调查材料；⑰司法鉴定材料；⑱被告人坦白交代、揭发问题登记表及查证材料；⑲延长审限材料；⑳判决书、裁定书正本；㉑刑事附带民事部分调解书、协议书、裁定书；㉒宣判笔录、委托宣判函；㉓判决书、裁定书送达回证；㉔退卷函；㉕执行通知书存根和回执；㉖备考表；㉗证物袋；㉙卷底。

刑事二审案件正卷中关于死刑案件材料的排列顺序，在㉔后依次排列：①执行死刑命令正本；②暂停执行死刑的通知、批复；③死刑执行报告及死刑执行前后照片；④执行通知书存根和回执（释放回执）；⑤备考表；⑥证物袋；⑦卷底。

三、民事一审案件正卷诉讼文书材料的排列顺序

民事一审案件正卷诉讼文书材料排列顺序：①卷宗封面；②卷内目录；③起诉书或口诉笔录；④立案（受理）通知书；⑤缴纳诉讼费或免费手续；⑥应诉通知书回执；⑦答辩状及附件；⑧原、被告诉讼代理人、法定代表人委托授权书、鉴定委托书及法定代表人身份证明；⑨原、被告举证材料；⑩询问、调查取证材料；⑪调解笔录及调解材料；⑫开庭通知、传票及开庭公告底稿；⑬开庭审判笔录；⑭判决书、调解书、裁定书正本；⑮宣判笔录；⑯判决书、调解书、裁定书、送达回证；⑰上诉案件移送函存根；⑱上级法院退卷函；⑲上级法院判决书、调解书、裁定书正本；⑳证物处理手续；㉑执行手续材料；㉒备考表；㉓证物袋；㉔卷底。

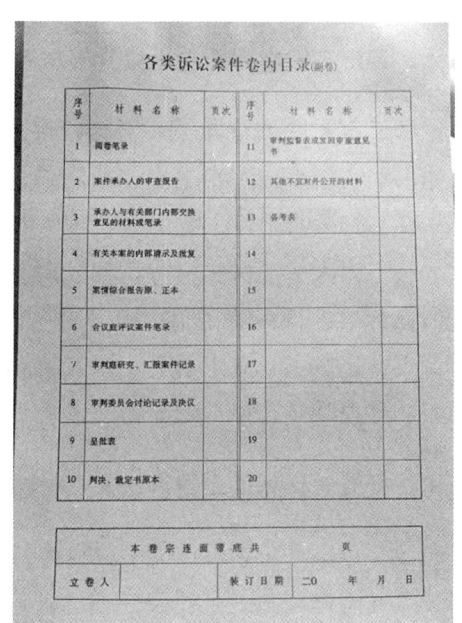

图 14　卷内目录（图片来源于河源市源城区人民法院）

四、民事二审案件正卷诉讼文书材料的排列顺序

民事二审案件正卷诉讼文书材料排列顺序：①卷宗封面；②卷内目录；③上诉案件移送书；④原审法院判决书、调解书、裁定书；⑤缴纳诉讼费或免费手续；⑥上诉书正本；⑦答辩状；⑧询问、调查笔录或调查取证材料；⑨调解笔录及调解材料；⑩撤诉书；⑪开庭通知、传票；⑫辩护委托书及辩护词；⑬开庭审判笔录；⑭判决书、调解书、裁定书正本；⑮司法建议书；⑯宣判笔录委托宣判函；⑰送达回证；⑱退卷函存根；⑲备考表；⑳证物袋；㉑卷底。

五、经济一审案件正卷诉讼文书材料的排列顺序

经济一审案件正卷诉讼文书材料排列顺序：①卷宗封面；②卷内目录；③立案审批表；④起诉书及附件；⑤受理案件通知书；⑥缴纳诉讼费通知及预收收据；⑦送达起诉书回执；⑧答辩状及附件；⑨原告、被告、第三人法定代表人身份证明及授权委托书；⑩原告、被告举证材料；⑪诉讼保全或先行给付申请及本院裁定；⑫诉讼保全或先行给付的执行记录；⑬询问、调查笔录及调查取证材料；⑭调解笔录及调解材料；⑮撤诉书；⑯鉴定委托书及鉴定书；⑰开庭通知、传票、开庭公告底稿；⑱开庭审判笔录；⑲判决书、调解书、裁定书正本；⑳宣判笔录；㉑诉讼费收据；㉒上诉案件移送书存根；㉓送达回证；㉔上级法院退卷函；㉕上级法院判决书、调解书、裁定书；㉖证物处理手续材料；㉗司法建议书；㉘备考表；㉙证物袋；㉚卷底。

六、经济二审案件正卷诉讼文书材料的排列顺序

经济二审案件正卷诉讼文书材料排列顺序：①卷宗封面；②卷内目录；③上诉案件移送书；④原审法院判决书、裁定书；⑤上诉书及附件；⑥缴纳诉讼费通知及预收收据；⑦答辩状及附件；⑧诉讼代理人和法定代表人的身份证明及授权委托书；⑨上诉人、被上诉人举证材料；⑩询问、调查笔录或调查取证材料；⑪调解笔录及调解材料；⑫撤诉书；⑬开庭通知、传票等；⑭开庭公告；⑮开庭宣判笔录及辩护材料；⑯判决书、调解书、裁定书正本；⑰宣判笔录；⑱送达回证；⑲诉讼费收据；⑳司法建议书；㉑退卷函存根；㉒证物处理手续；㉓备考表；㉔证物袋；㉕卷底。

七、行政一审案件正卷诉讼文书材料的排列顺序

行政一审案件正卷诉讼文书材料排列顺序：①卷宗封面；②卷内目录；③起诉书、口诉笔录及附件（行政处罚及处理材料）；④受理案件通知书；⑤缴纳诉讼费通知及预收收据；⑥应诉通知书回执；⑦答辩状及附件；⑧法定代表人及诉讼代理人的身份证明及授权委托书；⑨询问、调查笔录及调查取证材料；⑩开庭通知、传票、公告底稿；⑪停止行政机关具体行政行为继续执行的法律文书；⑫开庭审判笔录；⑬代理词、辩护词；⑭撤诉书；⑮判决书、裁定书正本；⑯宣判笔录；⑰送达回证；⑱诉讼费收据；⑲上诉或复核案件移送书；⑳上级法院退卷函；㉑上级法院的判决书、裁定书或批复；㉒证物处理手续；㉓备考表；㉔证物袋；㉕卷底。

八、行政二审案件正卷诉讼文书材料的排列顺序

行政二审案件正卷诉讼文书材料排列顺序：①卷宗封面；②卷内目录；③原审法院案件复核或上诉移送书；④原审判决书、裁定书；⑤上诉状或申请复核书；⑥缴纳诉讼费通知及预收收据；⑦上诉状副本或申请复核送达回证；⑧答辩状；⑨法定代表人、代理人身份证明及授权委托书；⑩询问、调查笔录及取证材料；⑪鉴定委托书及鉴定报告；⑫开庭通知、传票、公告；⑬开庭审判笔录；⑭代理词、辩护词；⑮撤诉书；⑯判决书、裁定书、复核批复正本；⑰宣判笔录；⑱送达回证；⑲诉讼费收据；⑳退卷函存根；㉑司法建议书；㉒备考表；㉓证物袋；㉔卷底。

九、再审、申诉案件正卷诉讼文书材料的排列顺序

再审、申诉案件正卷诉讼文书材料排列顺序：①卷宗封面；②卷内目录；③立案审批表或提起再审决定书；④申诉书；⑤原审判决书、裁定书；⑥提审、询问当事人笔录；⑦提押票、传票；⑧调查笔录或调查取证材料；⑨判决书、裁定书、批复正本；⑩宣判笔录；⑪送达回证；⑫退卷函存根；⑬备考表；⑭证物袋；⑮卷底。

十、各类案件副卷诉讼文书材料的排列顺序

各类案件副卷诉讼文书材料的排列顺序：①卷宗封面；②卷内目录；③阅卷笔录；④案件承办人的审查报告；⑤承办人与有关部门内部交换意见的材料或笔录；⑥有关本案的内部请示及批复；⑦合议庭评议案件笔录；⑧审判庭研究、汇报案件记录；⑨审判委员会讨论记录；⑩案情综合报告原、正本；⑪判决书、裁定书原本；⑫审判监督表或发回重审意见书；⑬其他不宜对外公开的材料；⑭备考表；⑮卷底。

此外，上述未尽项目，各级人民法院可以根据实际情况，按照形成文书材料的时间顺序排列。复核案件、减刑假释案件、执行案件的诉讼文书材料的排列，可参照所属该类案件一、二审材料的排列顺序办理。

📝 **法律资料**

人民法院诉讼文书立卷归档办法

一、总　则

第 1 条　人民法院的各类诉讼文书，是国家重要的专业文书之一，它所形成的诉讼档案，是人民法院审判活动的真实记录，反映了人民法院贯彻执行党的路线、方针、政策和国家法律、法令的情况以及人民法院的基本职能，又是人民法院进行审判活动的重要依据和必要条件。根据《中华人民共和国档案法》等有关规定，结合人民法院诉讼档案的特点，制定本办法。各级人民法院必须严格按照本办法的要求，做好立卷归档工作。

第 2 条　人民法院的诉讼文书，要根据刑事、民事、经济、行政等案件类别，按年度、审级、一案一号的原则，单独立卷。一个案件从收案到结案所形成的法律文书、公文、函电都使用收案时编定的案号。

第 3 条　各类诉讼文书必须用标准 16 开办公纸，并用毛笔或钢笔（用墨汁或碳素、蓝黑墨水）书写、签发。

第 4 条　人民法院的各类诉讼文书，应按照利于保密、方便利用的原则，分别立为正卷和副卷。

第 5 条　人民法院应把诉讼文书立卷归档工作列为审判庭岗位责任制内容之一。由承办书记员负责收集、整理立卷，承办审判员和庭长负责检查卷宗质量，并监督承办书记员按期归档。

二、诉讼文书材料的收集

第 6 条　人民法院在收案后，承办书记员即开始收集有关本案的各种诉讼文书材料，着手立卷工作，在案件办结以后，要认真检查全案的文书材料是否收集齐全，若发现法律文书不完备的，应及时补齐或补救，并去掉与本案无关的材料，再行排列整理。

第7条　入卷的诉讼文书材料，一般只保存一份（有领导人批示的材料除外），重份的材料一律剔除。本院的判决书、裁定书、调解书可保留三份，装入卷底袋内备用。

第8条　手续简单的执行案件的文书材料，可与原审案卷合并立卷归档。需长期执行的案件的文书材料，用原审级收案号单独立执行卷，归档后与原审案卷合并保管。受委托代执行案件形成的简易材料，应移送原审法院保管。

第9条　下列诉讼文书材料可以不归档，由承办单位自行处理：

1. 答复来信来访人到有关单位直诉的；

2. 转交有关单位办理的；

3. 没有参考价值的信封、转办单、工作材料；

4. 内容相同的重份申诉材料；

5. 法规、条例复制件；

6. 一般的法律文书草稿（未定稿）；

7. 与本案无关的材料。

三、诉讼文书材料的排列

第10条　诉讼文书材料的排列顺序，总的要求是按照诉讼程序的客观进程形成文书时间的自然顺序，兼顾文件之间的有机联系进行排列。

第11条　刑事一审案件正卷诉讼文书材料的排列顺序：

①卷宗封面；②卷内目录；③案件移送书（收案笔录）；④起诉书（自诉状）正本及附件；⑤送达起诉书笔录；⑥聘请、指定、委托辩护人材料；⑦自行逮捕决定、逮捕证及对家属通知书；⑧搜查证、搜查勘验笔录及扣押物品清单；⑨查封令、查封物品清单；⑩取保候审、保外就医决定及保证书；⑪退回补充侦查函及补充侦查材料；⑫撤诉书；⑬调查笔录或调查取证材料；⑭赃、证物签定结论；⑮审问笔录；⑯被告人坦白交代、揭发问题登记表及查证材料；⑰延长审限的决定、报告及批复；⑱开庭前的通知、传票、提押票、换押票；⑲开庭公告底稿；⑳开庭审判笔录（公诉词、辩护词、证人证词、被告人陈述词）；㉑判决书、裁定书正本（刑事附带民事部分的调解书、协议书、裁定书正本）；㉒宣判笔录（委托宣判函及宣判笔录）；㉓判决书、裁定书送达回证；㉔司法建议书；㉕提押票；㉖抗诉书；㉗上诉案件移送书存根；㉘上级人民法院退卷函；㉙上级人民法院判决书、裁定书；㉚执行通知书存根和回执（释放证回执）；㉛赃物、证物移送清单及处理手续材料；㉜备考表；㉝证物袋；㉞卷底。

刑事一审案件正卷中关于死刑、死缓诉讼文书材料的排列顺序，在㉓与㉔之间依次排列：

①死刑、死缓的复核报告及上诉移送函；②最高人民法院或高级人民法院判决书、裁定书或批复；③退卷函；④执行死刑命令；⑤暂停执行死刑的报告及批复；⑥死刑执行前验明正身笔录；⑦执行死刑笔录；⑧执行死刑布告签发稿；⑨执行死刑报告；⑩死刑执行前后照片；⑪死刑犯家属领取骨灰或尸体通知；⑫尸体处理登记表。

上列诉讼文书排列完毕，再继续排列㉔以后的诉讼文书。

第12条　刑事二审案件正卷诉讼文书材料的排列顺序：

①卷宗封面；②卷内目录；③上（抗）诉案件移送书；④原审法院判决书、裁定书；⑤上诉书（抗诉书）；⑥答辩状；⑦聘请、指定、委托辩护人材料；⑧调查笔录（调查取证材料）；⑨撤诉书；⑩审问笔录；⑪公诉人、辩护人出庭通知书；⑫开庭公告底稿；⑬传票、提押票；⑭开庭审判笔录；⑮公诉词、辩护词、陈述词；⑯庭审后的补充调查材料；⑰司法鉴定材料；⑱被告人坦白交代、揭发问题登记表及查证材料；⑲延长审限材料；⑳判决书、裁定书正本；㉑刑事附带民事部分调解书、协议书、裁定书；㉒宣判笔录、委托宣判函；㉓判决书、裁定书送达回证；㉔退卷函；㉕执行通知书存根和回执；㉖备考表；㉗证物袋；㉘卷底。

第13条　刑事二审案件正卷中关于死刑案件材料的排列顺序，在㉔后依次排列：

①执行死刑命令正本；②暂停执行死刑的通知、批复；③死刑执行报告及死刑执行前后照片；④执行通知书存根和回执（释放回执）；⑤备考表；⑥证物袋；⑦卷底。

第14条　民事一审案件正卷诉讼文书材料的排列顺序：

①卷宗封面；②卷内目录；③起诉书或口诉笔录；④立案（受理）通知书；⑤缴纳诉讼费或免费手续；⑥应诉通知书回执；⑦答辩状及附件；⑧原、被告诉讼代理人、法定代表人委托授权书、鉴定委托书及法定代表人身份证明；⑨原、被告举证材料；⑩询问、调查取证材料；⑪调解笔录及调解材料；⑫开庭通知、传票及开庭公告底稿；⑬开庭审判笔录；⑭判决书、调解书、裁定书正本；⑮宣判笔录；⑯判决书、调解书、裁定书、送达回证；⑰上诉案件移送函根；⑱上级法院退卷函；⑲上级法院判决书、调解书、裁定书正本；⑳证物处理手续；㉑执行手续材料；㉒备考表；㉓证物袋；㉔卷底。

第15条　民事二审案件正卷诉讼文书材料的排列顺序：

①卷宗封面；②卷内目录；③上诉案件移送书；④原审法院判决书、调解书、裁定书；⑤缴纳诉讼费或免费手续；⑥上诉书正本；⑦答辩状；⑧询问、调查笔录或调查取证材料；⑨调解笔录及调解材料；⑩撤诉书；⑪开庭通知、传票；⑫辩护委托书及辩护词；⑬开庭审判笔录；⑭判决书、调解书、裁定书正本；⑮司法建议书；⑯宣判笔录委托宣判函；⑰送达回证；⑱退卷函存根；⑲备考表；⑳证物袋；㉑卷底。

第16条　经济一审案件正卷诉讼文书材料的排列顺序：

①卷宗封面；②卷内目录；③立案审批表；④起诉书及附件；⑤受理案件通知书；⑥缴纳诉讼费通知及预收收据；⑦送达起诉书回执；⑧答辩状及附件；⑨原告、被告、第三人法定代表人身份证明及授权委托书；⑩原告、被告举证材料；⑪诉讼保全或先行给付申请及本院裁定；⑫诉讼保全或先行给付的执行记录；⑬询问、调查笔录及调查取证材料；⑭调解笔录及调解材料；⑮撤诉书；⑯鉴定委托书及鉴定书；⑰开庭通知、传票、开庭公告底稿；⑱开庭审判笔录；⑲判决书、调解书、裁定书正本；⑳宣

判笔录；㉑诉讼费收据；㉒上诉案件移送书存根；㉓送达回证；㉔上级法院退卷函；㉕上级法院判决书、调解书、裁定书；㉖证物处理手续材料；㉗司法建议书；㉘备考表；㉙证物袋；㉚卷底。

第17条　经济二审案件正卷诉讼文书材料的排列顺序：

①卷宗封面；②卷内目录；③上诉案件移送书；④原审法院判决书、裁定书；⑤上诉书及附件；⑥缴纳诉讼费通知及预收收据；⑦答辩状及附件；⑧诉讼代理人和法定代表人的身份证明及授权委托书；⑨上诉人、被上诉人举证材料；⑩询问、调查笔录或调查取证材料；⑪调解笔录及调解材料；⑫撤诉书；⑬开庭通知、传票等；⑭开庭公告；⑮开庭宣判笔录及辩护材料；⑯判决书、调解书、裁定书正本；⑰宣判笔录；⑱送达回证；⑲诉讼费收据；⑳司法建议书；㉑退卷函存根；㉒证物处理手续；㉓备考表；㉔证物袋；㉕卷底。

第18条　行政一审案件正卷诉讼文书材料的排列顺序：

①卷宗封面；②卷内目录；③起诉书、口诉笔录及附件（行政处罚及处理材料）；④受理案件通知书；⑤缴纳诉讼费通知及预收收据；⑥应诉通知书回执；⑦答辩状及附件⑧法定代表人及诉讼代理人的身份证明及授权委托书；⑨询问、调查笔录及调查取证材料；⑩开庭通知、传票、公告底稿；⑪停止行政机关具体行政行为继续执行的法律文书；⑫开庭审判笔录；⑬代理词、辩护词；⑭撤诉书；⑮判决书、裁定书正本；⑯宣判笔录；⑰送达回证；⑱诉讼费收据；⑲上诉或复核案件移送书；⑳上级法院退卷函；㉑上级法院的判决书、裁定书或批复；㉒证物处理手续；㉓备考表；㉔证物袋；㉕卷底。

第19条　行政二审案件正卷诉讼文书材料的排列顺序：

①卷宗封面；②卷内目录；③原审法院案件复核或上诉移送书；④原审判决书、裁定书；⑤上诉状或申请复核书；⑥缴纳诉讼费通知及预收收据；⑦上诉状副本或申请复核送达回证；⑧答辩状；⑨法定代表人、代理人身份证明及授权委托书；⑩询问、调查笔录及取证材料；⑪鉴定委托书及鉴定报告；⑫开庭通知、传票、公告；⑬开庭审判笔录；⑭代理词、辩护词；⑮撤诉书；⑯判决书、裁定书、复核批复正本；⑰宣判笔录；⑱送达回证；⑲诉讼费收据；⑳退卷函存根；㉑司法建议书；㉒备考表；㉓证物袋；㉔卷底。

第20条　再审、申诉案件正卷诉讼文书材料的排列顺序：

①卷宗封面；②卷内目录；③立案审批表或提起再审决定书；④申诉书；⑤原审判决书、裁定书；⑥提审、询问当事人笔录；⑦提押票、传票；⑧调查笔录或调查取证材料；⑨判决书、裁定书、批复正本；⑩宣判笔录；⑪送达回证；⑫退卷函存根；⑬备考表；⑭证物袋；⑮卷底。

第21条　各类案件副卷诉讼文书材料的排列顺序：

①卷宗封面；②卷内目录；③阅卷笔录；④案件承办人的审查报告；⑤承办人与

有关部门内部交换意见的材料或笔录；⑥有关本案的内部请示及批复；⑦合议庭评议案件笔录；⑧审判庭研究、汇报案件记录；⑨审判委员会讨论记录；⑩案情综合报告原、正本；⑪判决书、裁定书原本；⑫审判监督表或发回重审意见书；⑬其他不宜对外公开的材料；⑭备考表；⑮卷底。

第 22 条　第 11 条至第 21 条中的未尽项目，各级人民法院可以根据实际情况，按照形成文书材料的时间顺序排列。复核案件、减刑假释案件、执行案件的诉讼文书材料的排列，可参照所属该类案件一、二审材料的排列顺序办理。

四、诉讼文书材料的立卷编目

第 23 条　诉讼文书材料经过系统排列后，要逐页编号。页号一律用阿拉伯数字编写在有文字正面的右上角，背面的左上角。卷宗封面、卷内目录、备考表、证物袋、卷底不编号。

第 24 条　卷内目录应按诉讼文书材料排列顺序逐件填写。一份诉讼文书材料编一个顺序号。

第 25 条　卷宗封面、卷内目录要用毛笔或钢笔按规定项目逐项填写齐全。字迹要工整、规范、清晰。结案日期填写宣判日期。

五、卷宗装订

第 26 条　卷宗装订前，要对诉讼文书材料进行全面检查，材料不完整的要补齐，破损或褪色的要修补、复制。订口过窄或有字迹的要粘贴衬纸。纸张过大的材料要修剪折叠。加边、加衬、折叠均以 16 开办公纸为准。对于字迹难以辨认的材料，应附上抄件。外文及少数民族文字材料应附上汉语译文。需要附卷保存的信封，要打开展平加贴衬纸，邮票不得取掉。文书材料上的金属物必须剔除干净。

第 27 条　每卷的厚度以不超过 15 毫米为宜。材料过多的，应按顺序分册装订。

第 28 条　卷宗必须用线绳三孔一线装订。长度以 160 毫米左右为宜。并在卷底装订线结扣处粘贴封志，由立卷人及档案管理部门加盖骑缝章。

六、诉讼卷宗归档

第 29 条　案件结案后 3 个月内由审判庭内勤或承办书记员编写归档清册向档案管理部门移交归档。接收人要逐卷检查验收。卷宗质量不符合本办法要求的，应退回立卷单位重新整理。

第 30 条　随卷归档的录音带、录像带、照片等声像档案材料，应按《人民法院声像档案管理办法》的规定办理。

第 31 条　凡能附卷保存的证物均应装订入卷。无法装订的可装入证物袋，并标明证物名称、数量、特征、来源。不便附卷的证物应拍照片附卷。

第 32 条　已经归档的卷宗不得从卷内抽取材料，确需增添诉讼文书材料的，应征得档案管理人员同意后，按立卷要求办理。

七、附 则

第33条 各高级人民法院在必要时可以根据本办法的规定制定补充办法。并报最高人民法院备案。

人民法院声像档案管理办法

第一章 总则

第一条 为了加强对声像档案的管理，充分发挥声像档案在人民法院审判活动和行政管理工作中的作用，根据《中华人民共和国档案法》等有关规定，结合人民法院声像档案的实际情况，制定本办法。

第二条 人民法院的声像档案，是指各级人民法院在工作活动中直接形成的具有保存查考利用价值的照片、录音带、录像带、影视片等专门载体材料。

第三条 人民法院在其职能活动中形成的声像档案，直观地记录了事物的原貌，是文字记录的补充，与文字材料一样是法院档案的组成部分和职能活动的记录，必须按本办法收集齐全，整理归档，实行集中统一管理。

第二章 声像材料的归档

第四条 声像材料的归档范围

①上级领导对本院的工作进行视察或检查时形成的声像材料；②本院召开的重要工作会议和重大活动中形成的声像材料；③本院外事活动中形成的声像材料；④本院为进行法制宣传教育而拍摄、录制的具有保存查考利用价值的声像材料；⑤重大典型案件审判活动的声像材料；⑥刑事案件执行死刑验明正身的声像材料；⑦在审理案件过程中，当事人提供并被采用作为证据的声像材料；⑧随卷归档不能附卷的证物拍成的照片；⑨其他有保存查考利用价值的声像材料。

第五条 声像材料的归档要求

①主办部门或经办人员要把声像材料与有关行政文书材料或诉讼文书材料一起整理，单独组卷，统一编号。②归档的声像材料必须是原版、原件。③声像材料，必须图像清晰、声音清楚，并加以必要的说明。④照片材料必须由底片、照片、文字说明三部分构成。说明部分包括：事由（案由、案号）、时间、地点、人物、背景和摄影者。⑤录音带、录像带、影视片须注明当事人姓名、案由、案号、录制时间、录制内容、录制人、盘数及带长、型号、保管期限等内容。⑥声像材料的说明必须用毛笔或碳素、蓝黑墨水的钢笔书写。⑦声像材料的归档时间须按声像材料形成的特点，由主办部门或经办人员分别按行政文书档案或诉讼文书档案规定的归档时间向档案管理部门移交。

第三章 声像档案的整理

第六条 声像档案的整理必须保持声像材料之间的有机联系，以一张（盒、盘）或一组密不可分的材料为一个保管单位。

声像档案按载体形式的不同分类整理，声像档案主要分为照片、录音带、录像带、影视片四类，其代符各为 ZP、LY、LX、YS。

第七条　照片正片与底片各自编号。一张或一组密不可分的照片只有一个顺序号，若是一组照片，则在顺序号后加编分号。把底片号用铁笔横排刻写在胶片乳剂面片边处右上方。底片放入底片袋内，在底片袋的右上方注明底片号，再按底片号顺序将底片插入底片册。彩色照片的底片需翻拍成黑白底片。

照片正片要与说明一起固定在芯页的正面，若是一组（若干张）正片，最前面要加总说明，每张再分别编写简要的分说明。

照片根据分类将同类的正片与说明组成卷宗，卷宗内的芯页以三十页左右为宜。凡随同诉讼文书归档的照片，其正片和底片亦按上述要求整理。

第八条　录音带、录像带如同一内容分录了数盒（或盘），应统一编号，每盒（或盘）再编分号；若一盒（或盘）内录制了若干项，则编一个号，再按顺序详细注明每一内容，并在每一项内容上注明带长（起讫时间）。每一项内容都要按类单独登记。

录音带、录像带的盒套外要贴上标签、写明编号、案由（事由）、案号、题目、讲话人、录制日期、录制内容、录制人、盒数、参见号、带长、型号、保管期限等。

影视片的整理方法与录音带、录像带相同。

第四章　声像档案的保管

第九条　声像档案入库前要进行检查。对不合格的声像材料，需经技术处理后方可入库，并加注说明。

第十条　入库后底片、录音带、录像带均应立放于柜架上，不能挤压。录音带、录像带每隔6至12个月重绕一次，以释放内部压力，避免产生粘连或复印现象。如发现录音带、录像带变形、断裂、磁粉脱落、照片发黄、霉变等现象，要及时采取措施加以补救。

第十一条　声像档案的库房需密封，做到防火、防光、防盗、防尘、防磁、防热、防潮和防低温等。温度保持在18-24℃；相对湿度在40-60%之间。

第十二条　声像档案的利用需经有关主管领导批准，任何部门或个人不得擅自借出、复制、消磁和涂改。

第十三条　声像档案的保管期限分永久、长期、短期三种，根据形成特点分别参照人民法院行政文书档案，诉讼文书档案保管期限表的规定确定。

声像档案的保管期限应与同一卷号不同载体的档案的保管期限保持一致。

对于保管期限届满、需销毁的声像档案，按有关规定办理。

第五章　附则

第十四条　各高级人民法院在必要时可根据本办法和本地区的实际情况，制定补充办法，并报最高人民法院备案。

📝 练习与思考

1. 第一审民事判决书在正本的末页的年月日的左下方，书记员署名的左上方，应盖上（   ）字样，以示负责。

A. 本件与原本核对无异　　　　　　B. 本件与原本核对无疑

C. 本件与原本核对无误　　　　　　D. 本件与原本核对一

2. 法院书记员笔录与其他诉讼文书相比有哪些不同（   ）

A. 特定的制作主体　　　　　　　　B. 特定的制作时间

C. 规范的制作形式　　　　　　　　D. 使用规范的汉语拼音

3 保守秘密是书记员的职业道德之一，它要求书记员做到：（   ）

A. 必须有严格的保密意识

B. 不得为当事人或其代理人联系和介绍案件的法官

C. 可以打探法官承办案件的审理情况和有关信息

D. 不得向当事人提供有关案件审理情况和信息

4. 根据电子卷宗管理办法相关规定，诉讼案件开庭结束后，应当在 2 个工作日内完成下列材料扫描的材料包括（   ）

A. 答辩状　　　　　B. 应诉通知书　　　　　C. 举证通知书

D. 被告身份证明　　E. 授权委托书

5. 下列说法正确的是（   ）

A. 电子卷宗材料应按照纸质卷宗装订要求，分别立正卷和副卷

B. 电子卷宗材料的顺序要与该案纸质卷宗材料顺序保持一致

C. 业务部门在结案后归档前，办案人员应认真检查全案的材料是否扫描齐全，内容、顺序是否与纸质卷宗一致，若发现案件材料扫描不齐或不清晰的，排列顺序不正确或与纸质卷宗不一致的，办案人员应当及时补齐或补救，重新生成电子卷宗

D. 电子卷宗档案的原始数据不得任意增加或删除。确需增加或删除电子卷宗档案内材料的，应经原办案部门领导及分管院领导和档案管理部门领导及分管院领导批准同意后方可进行

【项目实训】小组比赛装订案卷且归档。

【实训目的】通过实训掌握各类诉讼案卷的立卷归档范围；掌握立卷归档的步骤，以及掌握各类诉讼文书材料的排列顺序。

【情境设计】法院举办卷宗装订技能竞赛，竞赛前成立了技能竞赛考核指导小组，制定了详细的竞赛方案，全院书记员均需参加竞赛，在规定时间内将一堆堆零散的材料装订成案件卷宗，并明确了考核标准与奖励细则。按照《人民法院档案管理办法》和《人民法院诉讼文书立卷归档办法》的要求做到卷宗装订材料齐备、编排有序、装订整齐、字迹工整、规范美观。

【实训步骤】

步骤1：根据班级人数分组，5~8人为一组，分工协作，选出1人参加装订案卷比赛；

步骤2：各小组根据实训任务进行讨论并情景模拟案卷装订比赛现场，选派代表参加比赛；

步骤3：通过比赛选出优胜学生代表与优胜小组；

步骤4：指导老师根据各小组综合表现评分并进行点评。

单 元 三

司法警察工作实务

📝 **知识结构图**

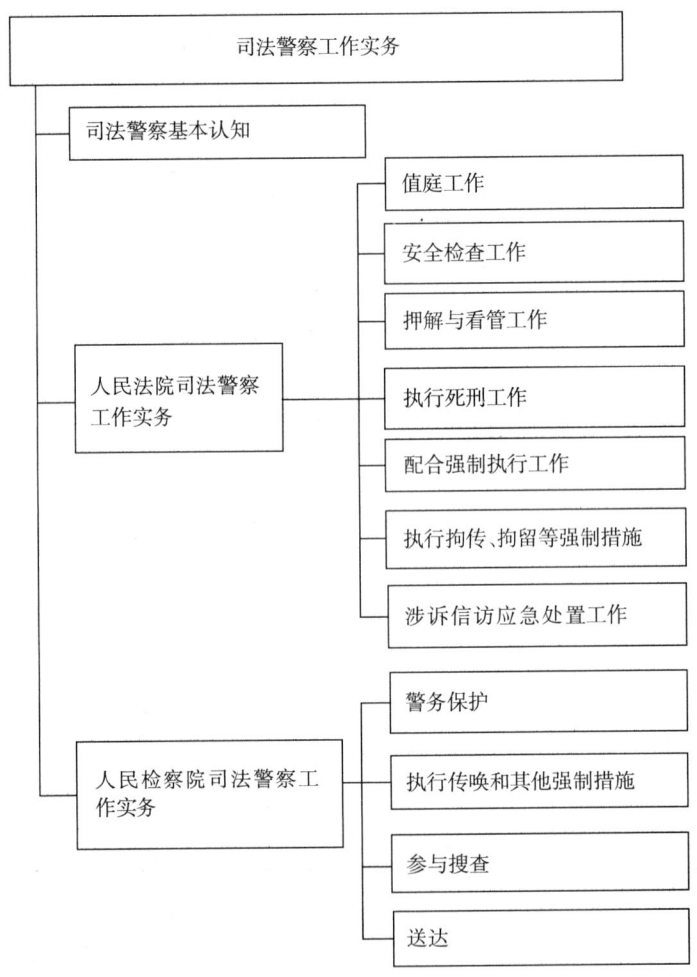

```
                    ┌─────────────────────────────┐
                    │       司法警察工作实务          │
                    └──────────────┬──────────────┘
         ┌─────────────────────────┤
         │  ┌──────────────────┐
         ├──│  司法警察基本认知    │
         │  └──────────────────┘       ┌──────────────────┐
         │                          ┌──│     值庭工作        │
         │                          │  └──────────────────┘
         │                          │  ┌──────────────────┐
         │                          ├──│    安全检查工作      │
         │                          │  └──────────────────┘
         │                          │  ┌──────────────────┐
         │                          ├──│   押解与看管工作     │
         │                          │  └──────────────────┘
         │  ┌──────────────────┐    │  ┌──────────────────┐
         ├──│  人民法院司法警察   │────┼──│    执行死刑工作      │
         │  │    工作实务         │    │  └──────────────────┘
         │  └──────────────────┘    │  ┌──────────────────┐
         │                          ├──│   配合强制执行工作    │
         │                          │  └──────────────────┘
         │                          │  ┌──────────────────┐
         │                          ├──│ 执行拘传、拘留等强制措施 │
         │                          │  └──────────────────┘
         │                          │  ┌──────────────────┐
         │                          └──│  涉诉信访应急处置工作  │
         │                             └──────────────────┘
         │                             ┌──────────────────┐
         │                          ┌──│     警务保护        │
         │                          │  └──────────────────┘
         │  ┌──────────────────┐    │  ┌──────────────────┐
         └──│ 人民检察院司法警察工 │────┼──│ 执行传唤和其他强制措施 │
            │    作实务           │    │  └──────────────────┘
            └──────────────────┘    │  ┌──────────────────┐
                                    ├──│     参与搜查        │
                                    │  └──────────────────┘
                                    │  ┌──────────────────┐
                                    └──│      送达          │
                                       └──────────────────┘
```

📝 **司法警察基本认知**

《人民警察法》第 2 条规定："……人民警察包括公安机关、国家安全机关、监狱、

174

劳动教养管理机关的人民警察和人民法院、人民检察院的司法警察。"我国的司法警察是指隶属于司法机关，依照法律规定可以使用特殊强制手段维护司法场所安全与司法活动秩序的执法人员，包括人民法院的司法警察和人民检察院的司法警察。

人民法院司法警察是隶属于人民法院的一支武装性质的司法力量，根据《中华人民共和国人民法院组织法》（以下简称《人民法院组织法》）和《人民法院司法警察条例》的规定，人民法院的司法警察负责法庭警戒、人员押解和看管等警务事项，预防、制止和惩治妨碍审判活动的违法犯罪行为，维护审判秩序，保障审判工作顺利进行。

人民检察院司法警察是隶属于人民检察院的一支武装性质的司法力量，根据《中华人民共和国人民检察院组织法》（以下简称《人民检察院组织法》）和《人民检察院司法警察条例》的规定，人民检察院的司法警察负责办案场所警戒、人员押解和看管等警务事项。人民检察院司法警察的通过行使职权，维护社会主义法制，维护检察工作秩序，预防、制止妨碍检察活动的违法犯罪行为，保障检察工作的顺利进行。

一、司法警察应具备的条件

根据《人民法院司法警察条例》《人民法院司法警察条例》规定：人民法院人民检察院录用司法警察，应当按照国家规定，公开考试，严格考核，择优选用。新录用的司法警察试用期为1年，试用期满经考核合格的，正式任职并评定、授予相应警衔；不合格的，取消录用资格；其他人员调任、转任到人民法院、人民检察院担任司法警察职务的，应当符合担任人民法院、人民检察院司法警察的条件和拟任职位所要求的资格条件。各级法院、检察院根据本区域具体情况，在招聘司法警察的时除要求符合上述条件外还会对年龄、专业技能等方面做具体要求。以广州市天河区人民法院2018年公开招录司法警察为例，应聘司法警察应当具备以下条件：

1. 拥护宪法，遵守法律、法规和社会公德。
2. 具有中华人民共和国国籍。
3. 具有大学专科以上学历。
4. 年龄20周岁以上、30周岁以下。
5. 具有履行职责所需要的身体素质和工作能力。
6. 担任司法辅警所应当具备的其他条件。

有下列情形之一的，不得报名：

1. 曾被追究过刑事责任或者涉嫌犯罪尚未结案的。
2. 曾被行政拘留、收容教养、收容教育或者有吸毒史的。
3. 曾因违法违纪等原因被国家机关、事业单位开除公职或者辞退的。
4. 曾因违反公安机关管理规定被解除合同的。
5. 有较为严重的个人不良信用记录的。

6. 依照国家规定不适合从事辅警工作的其他情形。

二、司法警察基本工作职责

1. 根据《人民法院司法警察条例》第 7 条的规定，人民法院司法警察的职责包括：①维护审判秩序；②对进入审判区域的人员进行安全检查；③刑事审判中押解、看管被告或者罪犯，传带证人、鉴定人和传递证据；④在生效法律文书的强制执行中，配合实施执行措施，必要时依法采取强制措施；⑤执行死刑；⑥协助机关安全和涉诉信访应急处置工作；⑦执行拘传、拘留等强制措施；⑧法律、法规规定的其他职责。

2. 根据《人民检察院司法警察条例》第 7 条的规定，人民检察院司法警察依法履行下列职责：①保护人民检察院直接立案侦查案件的犯罪现场；②执行传唤、拘传；③协助执行监视居住、拘留、逮捕，协助追捕在逃或者脱逃的犯罪嫌疑人；④参与搜查；⑤提押、看管犯罪嫌疑人、被告人和罪犯；⑥送达有关法律文书；⑦保护出席法庭、执行死刑临场监督检察人员的安全；⑧协助维护检察机关接待群众来访场所的秩序和安全，参与处置突发事件；⑨法律、法规规定的其他职责。

三、司法警察基本素养要求

司法警察素养，是指司法警察应具备的先天的身体条件、生理条件和心理品质等自然素养，以及后天所习得的文化知识、业务知识、专业技能与履职能力等社会素养的总和。它是司法警察完成其工作任务的主观先决条件和内在保障，也是衡量司法警察执法能力的重要指标依据，同时还反映着司法警察队伍的整体素养和基本战斗力。

根据司法警察素养的内容和性质，司法警察的基本素质有以下五个方面：

第一，司法警察的政治素养，是指体现在政治品质、政治态度、政治信仰等方面的素养。司法警察应努力提高政治素养，增强廉洁自律意识，提高防腐拒变能力。

第二，司法警察文化素养，是指司法警察根据自己的职业特点所应该具备和掌握的科学文化知识的量与质的有机结合，表现为学识程度、专业水平、审美情趣、语言表达以及良好的待人处世行为等。

第三，身体素养是司法警察职业活动的必要条件之一，是有效发挥其他素养优势、胜任本职工作的重要基础。作为围绕审判和检察工作进行执法活动的武装力量，必须有强健的体魄才能适应工作的需要。

第四，司法警察的心理素养，是指司法警察工作中表现出来的认知、情感、意志等心理过程特点，能力、气质、性格、心理倾向等个性心理以及整体心理健康水平。司法警察的心理健康状况对保障审判、检察工作的正常开展有重要的现实意义。

第五，司法警察的业务素养是执行司法警务工作的素养水平。司法警察业务素养的范围从广义上讲，包括所有的业务；从狭义上讲，是指司法警察的文化程度、业务知识、专业技能、执法水平等素养的综合体现。具体而言，司法警察的业务素养可以分为以下几种：技能素养、科学理论知识素养、业务知识素养。

项目一　人民法院司法警察工作实务

知识目标

1. 明确审判法庭的布置及功能，值庭司法警察的位置、值庭的姿势和相应的动作要领；

2. 掌握安全检查一般操作规程；

3. 掌握押解、看管的类型，押解、看管过程中司法警察的职责和纪律；

4. 掌握执行死刑的方式；

5. 掌握常用强制执行措施的类型、实施条件和程序；

6. 熟悉拘传、训诫、强行带离、罚款、拘留等强制措施的适用范围；

7. 掌握司法警察协助涉诉信访处置的工作范围。

能力目标

1. 通过学习和训练，具有依据审判活动的要求制定值庭预案、落实值庭基本任务的能力；

2. 具备安全检查实施能力；

3. 明确押解的组织实施与操作要领；

4. 准确掌握执行死刑勤务的组织实施；

5. 具备掌握协助执行人员依照执行程序和方法执行的能力；

6. 掌握强制措施实施一般操作规程；

7. 掌握司法警察协助涉诉信访处置的具体方法。

任务一　值庭工作

案例引入

2019 年 10 月 16 日 9 时 30 分，阎良法院刑事审判庭公开审理 8 名被告人涉嫌开设赌场、非法拘禁、寻衅滋事涉恶团伙案。阎良法院法警大队全力保障，严密部署、统筹安排，确保刑事押解、值庭警务工作的顺利完成。

据了解，该案社会关注度高、社会影响恶劣、涉案人员众多。加之其中一名因严重传染性疾病被取保候审的被告人正处于传染性极强的发病期，在接到庭审警务保障任务后，法警大队高度重视，于庭前 3 天召开了大队全体干警工作部署会，明确任务、落实责任、提出要求。开庭前 1 天，大队长杨博带领干警对庭审现场进行查看，排除安全隐患，设置警戒隔离栏，以确保本次警务保障工作万无一失。

开庭当日 8 时 30 分，大队全体干警整装待发。9 时 20 分，8 名被告人被法警有序带入法庭。在长达 12 个小时的紧张、严肃的警务保障工作过程中，大队每一位法警发扬了吃苦耐劳的精神，以饱满的精神、高度的警惕心和责任心，严格按照警务保障方案，有序开展提押、看管、值庭等各项工作。对其中 1 名有传染性疾病的被告人，押解人员在做好自我防护的基础上对其采取有效的防护措施，以保护所有参加庭审的诉讼参与人的身体健康。

阎良法院法警大队从整装出发提押到安全将所有被告人送回看守所返回院内，整整持续了 12 个小时，始终以良好的精神风貌，过硬的业务技能，保障了本次刑事押解、值庭警务保障任务的圆满完成。[1]

如何进行值庭工作？

基本原理

值庭是人民法院司法警察在法庭审判活动中，为维护法庭秩序，保证参与审判活动人员的安全，保障审判活动顺利进行所实施的职务行为。值庭是法院司法警察的一项主要职责，值庭工作在直接保证审判案件的有序进行，烘托审判法庭的庄严氛围，体现人民民主专政的威严，防止突发事件等方面都起着重要的作用。

一、值庭的分类和适用范围

（一）值庭的分类

根据庭审方式的不同，值庭分为现场审判的值庭和视频审判的值庭。

根据法院审理案件性质的不同，值庭分为刑事案件审判的值庭、民事案件审判的值庭、行政案件审判的值庭。

根据值庭的任务的不同，值庭分为刑事案件的值庭、涉外案件的值庭、大型公审活动的值庭以及需要司法警察值庭的民事、经济、行政等案件的值庭等。

（二）值庭的适用范围

原则上要求所有的庭审活动都应该配备值庭的司法警察，虽然我国法院司法警察的数量不能满足所有庭审都配备值庭司法警察的要求，但必须保证下列案件的庭审活动配备值庭司法警察：刑事案件审判活动、重大案件审判活动、涉外案件审判活动、大型宣判活动、其他必须配备司法警察值庭的案件。为方便理解，本书以刑事案件审判的值庭为主要解释对象。

---

[1] 案例来源：摘自和讯新闻网，2019 年 10 月 23 日。

二、值庭职责的内容

（一）维护法庭审判秩序，保障审判工作的顺利进行

维护法庭审判秩序，既是值庭活动的首要任务，也是值庭活动的最终目的。值庭活动在保障审判职能的顺利实现的同时，还体现了法庭审判活动的严肃、庄严的气氛。

（二）保障审判场所及参与审判活动人员的安全

1. 保障审判场所的安全。"审判场所"包含法院内用于进行审判活动的法庭、用于宣判的其他室内场所及为了法制宣传需要在室外进行的大型宣判活动的露天场所。司法警察通过值庭活动保护上述审判场所的安全。

2. 保障审判人员和诉讼参与人员的人身安全。担任值庭任务的司法警察要保障庭审现场参与人员的人身安全，包括审判人员、检察人员、诉讼参与人及旁听人员等。

（三）传带证人、鉴定人

根据我国诉讼法的相关规定，证人、鉴定人等其他诉讼参与人依法到庭参加诉讼活动。庭审过程中，当需要证人、鉴定人等依法到庭参加诉讼时，值庭法警应当根据审判长的指令传带，以保证诉讼活动的有序进行。

（四）传递、展示证据

根据我国诉讼法的有关规定，在法院审理案件过程中，刑事案件中的公诉人、辩护人等应当向法庭出示证物，让被告人辨认。民事案件中，当事人有举证的权利和责任。司法警察根据法庭审理程序的需要，服从审判长指令，向被告人等传递、展示证据。

（五）制止妨害审判活动的行为

司法警察对于违反法庭纪律、妨害审判活动的行为应当予以劝阻、制止，必要时依法采取强制措施。

1. 对旁听人员，值庭的司法警察应当进行安全检查。发现未成年人、精神病人、醉酒的人和其他不宜旁听的人员，应当阻止或者劝其退出审判法庭。

2. 发现旁听人员存在未经允许录音、摄影和录像，随意走动或擅自进入审判区，鼓掌、喧哗、哄闹，擅自发言、提问，吸烟或随地吐痰，使用通讯工具及其他违反法庭纪律的行为，值庭的司法警察应当予以劝阻和制止。

3. 对于冲击法庭，侮辱、威胁、殴打司法工作人员、诉讼参与人或其他人员等严重扰乱法庭秩序的行为，值庭的司法警察可以根据审判长或独任审判员的指令，依法采取强制措施。

三、值庭的组织实施

值庭的组织实施包括庭审前、庭审中、庭审后的组织实施。庭审前的组织实施从值庭警务受领到值庭警务准备，最后制定周密的值庭方案，具体包括接受用警部门的申请、审核用警申请、熟悉案情，进行庭前安全检查、制定值庭方案；庭审中的组织实施包括庭前引导旁听人员就座，维持法庭秩序，保障参与审判活动人员安全，传带证人、鉴定人、有专门知识的人或者其他诉讼参与人，传递、展示证据，依照审判长或者独任审判员的指令处置违反法庭纪律、扰乱法庭秩序、危害法庭安全等行为。庭审后的组织实施，包括庭后安全检查和总结讲评。庭审结束后，进行全场安检，值庭的司法警察迅速全面检查法庭，排除安全隐患。总结讲评是召集值庭的司法警察进行讲评，肯定成绩，找出问题，为以后的值庭工作积累经验。

任务二　安全检查工作

案例引入

2013 年 4 月 19 日，广东梅县法院开庭审理原告叶某某与被告吴某某离婚纠纷案。庭审结束后，在原告核对庭审笔录过程中，被告突然向原告丢出自制爆炸物，随后又用水果刀将原告刺倒在地，后又引爆另一枚自制炸弹，致原告叶某某死亡，造成其他旁听人员 1 人受轻伤。

2015 年 9 月 9 日，湖北十堰一男子胡某某因不满法院判决，携带尖刀将十堰市中级人民法院 4 名法官捅伤。当天，胡某某系来法院领取判决书，到楼下打电话给法院书记员，后被书记员直接带入办公室。胡某某看完判决书后十分生气，抽出报纸包裹的尖刀朝法院工作人员砍去。行凶后逃至法院地下车库，后被闻讯赶来的法警制服。[1]

如何开展安全检查？

基本原理

司法警察安全检查工作就是通过对进入审判场所的人员及其携带的物品进行安全检查，及时发现和处置可能危及法庭安全或参加庭审活动人员安全的限制物品、管制物品、易燃易爆物品和强腐蚀性物品等危险物品、违禁品，最终保证参加庭审活动人员的人身安全和审判工作的顺利进行。

一、安全检查的类型

（一）证件检查

司法警察在检查中能够证明被检人员身份的证件主要有：①居民身份证；②护照和签证；③其他身份证明，包括机动车驾驶证、工作证、学生证、律师证、证明信、介绍信以及特殊通行证等。

---

〔1〕　案例来源：摘自搜狐杭州中院，2017 年 7 月 25 日。

（二）人身及随行物品安全检查

人身检查，是指对出入审判场所人员的身体全部及其衣物的检查。随行物品检查，是指对被检查对象所携带的所有物品的检查。

安全检查时，对公诉人、律师等依法出庭履行职务的人员，进行有效证件查验和登记；对参加庭审活动的诉讼参与人、第三人和参加旁听的人员，在进行证件查验和登记的同时，还应进行人身及随身携带物品的安全检查。

二、安全检查一般情况的处置

1. 拒绝检查的处置。在安全检查时，常有拒绝检查的现象发生。拒绝安全检查的对象有普通群众，也有企图对法庭审判活动实施违法犯罪的人员，他们出于各种不同原因，对安全检查持抵制心态，行为上就表现出了拒绝检查的意思。对拒绝接受安全检查或不服从安全检查人员安排的受检者，应阻止其进入审判法庭。不听劝告者，可依法采取强制措施。

2. 对违禁品和危险品及其持有人的处置。有以下三种处置方式：

（1）寄存。对一般的限制物品，由专人进行物主证件、物品型号、数量登记，发给寄存号牌，将物品暂时寄存在物品寄存柜内并妥善保管，待庭审结束后，物主凭借证件和寄存号牌取回寄存的限制物品。

（2）收缴。对违禁物品，查出的禁止私人携带的枪支弹药、管制刀具、易燃易爆、腐蚀性等危险物品予以立即收缴，并由司法警察部门统一上缴公安机关处理。

（3）控制。当危险品或违禁品持有人拒绝安全检查并不断逼近安检人员时，安检人员应立刻伸出左手阻止被检人继续逼近，并在命令其站住，同时适当后退，使自己始终与被检人保持 1.5～2 米的安全距离，防止出现袭警情况，还应严厉警告其若继续靠近所面临严重后果。当违禁物品或危险物品持有人拒绝安全检查并强行冲越时，安全检查工作人员应利用警力优势立刻将其控制、并采取强制措施，必要时可临时关闭安检场所。

任务二　押解与看管工作

🖐 **案例引入**

2019 年 5 月 19 日，法警人员在查看刑庭排期表时，发现 5 月 23 日开庭 1 名被告人邓某被关押在特殊病监区，核实后发现被告人邓某确患有艾滋病。面对这一情况，全体法警立即召开会议，针对该被告人的押解工作进行艾滋病相关知识普及，制定工作预案，配备相关物品，充分保障押解工作顺利开展。

庭审当天，被告人邓某被押解至法院羁押室单独看押，期间法警人员又了解到邓某除艾滋病外还患有癫痫。为保障庭审顺利进行，法警大队书记立即前往药店购买了葡萄糖等应急药物，以备不时之需。果然，在法庭单独调查完毕，邓某返回羁押室后出现身体不适状况。在法警人员给其饮用了葡萄糖、矿泉水等物资，并对其进行细心询问、耐心开解的情况下，邓某的不适状况逐渐得以缓解。

该案于下午 5：40 庭审完毕，法警于 6：30 将被告人邓某押解回西区医院，顺利完成 2019 年首例特殊病例押解值庭任务。[1]

如何押解与看管？

📖 **基本原理**

押解是依据法律有关规定将羁押的犯罪嫌疑人、被告人和罪犯强制提解、押送到指定地点，接受讯问、接受审判或执行刑罚活动的过程，是司法警察所有工作中危险性最大、工作量最重、流动性最强的一项工作。根据询问和审判工作的需要押解分提押、押解、还押三个环节。

看管是指司法警察根据办案或审判活动的需要，依法对犯罪嫌疑人、被告人或罪犯在羁押室或其他临时场所进行临时的看守和管理，以保证司法机关办案或审判活动顺利进行的职务行为。

一、押解工作

（一）押解的类型

1. 途中押解。途中押解是指司法警察将押解对象由一地提押到另一地点接受审判或监管的过程。

2. 法庭押解。司法警察根据审判长的指令，将押解对象从法院的临时羁押场所押送到审判法庭，接受审判的过程。

3. 死刑押解。死刑押解是司法警察将判处死刑立即执行的罪犯，从宣判场所（羁押场所）押赴刑场执行死刑的过程。死刑押解是途中押解和法庭押解的结合。

4. 其他情况下的押解。其他情况的押解是指为了保障审判（侦查）工作需要，司法警察将押解对象由一地押解到另一地进行特殊诉讼活动的过程，主要包括以下几种情况：①押解被押对象到犯罪现场进行辨认；②押解被押对象进行司法鉴定；③押解被押对象因在审判活动中突发疾病去指定医院检查治疗；④押解被押对象参加民事、经济、行政案件的诉讼活动。

（二）押解工作的警力配备

押解工作的警力配备要根据押解对象的数量、犯罪性质、押解的方式来确定。具

---

〔1〕 案例来源：摘自网易达州市达川区人民法院，2019 年 5 月 24 日。

体的警力配备应遵循以下原则：一名被告人应当由两名司法警察押解；对重大案件的被告人，由三名司法警察押解；女性被告人由女性司法警察押解；押解多名犯罪嫌疑人或被告、徒步押解以及长途押解时，应相应增加警力；乘车押解时，每辆警车押解的司法警察不得少于两名；庭审时间较长的押解，应增加交替警力。

（三）押解的组织实施

1. 监所提押的组织实施。首先是提押前的准备工作，具体包括以下：①对被告人（犯罪嫌疑人）临时羁押场所、车辆进出路线、被告人进出法庭路线、站立位置以及法庭外的警戒哨位等进行实地勘察，制定具体实施方案；②根据案情和被告人（犯罪嫌疑人）的数额确定押解警力；③与相关部门进行协调，明确职责；④确定司法警察的分工及协作计划；⑤制定紧急情况的处置措施；⑥检查专用囚车、警械、武器、通讯设备等警用装备；⑦选派司法警察担任专职驾驶员。其次是司法警察执行提押时的注意事项，包括：①严格遵守看守所或其他羁押场所的有关规章制度，逐个核对被告人的姓名、年龄、案由等身份要件，并对被告人（犯罪嫌疑人）进行人身检查，防止携带危险物品。提押时对被告人（犯罪嫌疑人）应当使用戒具；②同案被告人（犯罪嫌疑人），成年被告人（犯罪嫌疑人）、未成年（犯罪嫌疑人），男性被告人（犯罪嫌疑人）、女性被告人（犯罪嫌疑人）以及其他不宜同车乘坐的被告人（犯罪嫌疑人）均应分车提押；重大案件的被告人（犯罪嫌疑人）保证一人一车。③；周密制定行车路线；数辆囚车担任提押任务时，应编队行进；两辆以上囚车押解被告人时，应配备指挥车，必要时还需配备备用车辆；专用囚车内不得搭乘与提押工作无关的人员。

2. 庭审押解的组织实施。首先是做好庭审押解前的准备工作，具体如下：①了解本案被告人的身份、人数等有关情况；②掌握被告人出庭顺序和出庭时间；③检查警具和枪械；④对具有企图哄闹法庭、脱逃、自杀、自残等危险性的被告人，应做好防范措施。其次认真执行法庭押解时的工作，包括：①根据审判长或独任审判员的指令依法履行法庭押解职责；②不得让无关人员接触被告人；不得随意与被告人交谈或询问案情；不得侮辱或变相体罚被告人；不得有催促审判人员缩短庭审时间等妨害审判活动的行为；③对被告人一般不得使用戒具。涉及重大案件被告人的开庭，可以根据安全需要使用戒具；对未成年被告人一律不得使用戒具；④将被告人押入法庭时，司法警察位于被告人的侧后，手抓被告人的肘部，步伐要规范。将被告人带到指定位置，面对审判人员站立。在审判长或者独任审判员指令"请打开被告人的戒具"后，应立即打开被告人的戒具；⑤根据不同情况采用站姿或坐姿：公诉人起诉书宣读完毕之前和法庭宣判时，司法警察采用站姿，站立于被告人侧后方，单手抓住被告人肘部，另一手自然下垂，两脚跟靠拢并齐，双腿挺直，自然挺胸；其余时间司法警察可以采用坐姿，坐于被告人侧后方，上身挺直，双臂放于大腿或椅子扶手上，两腿分开与肩同宽；⑥3名司法警察押解重大案件被告人时，应始终采用站姿。其中，2名司法警察分别位于被告人两侧后，一手抓住被告人的肘部，另一手自然下垂；另一名司法警察在被告人身后，保持立正姿势。

法庭休庭或闭庭后，司法警察执行还押时，应给被告人戴上戒具。如遇群众围观，司法警察应严密控制被告人，并合理组织警戒。司法警察将被告人押回看守所或其他羁押场所时，应再次核对被告人的身份、人数，妥善办理登记、交接手续，避免出现差错。

3. 死刑押解。死刑押解是司法警察将判处死刑立即执行的罪犯，从宣判场所（羁押场所）押赴刑场执行死刑的过程。死刑押解应做好应以下工作：

（1）确定押解行车路线，做好预案，防止突发事件。

（2）要备足押解警力，死刑押解每名罪犯要配备 3 名司法警察外，还应增加机动警力，以应对押解途中出现的各种突发情况。

（3）做好死刑罪犯的伏法工作。死刑犯的伏法工作内容包括：①对认罪伏法的死刑犯，重点做好思想安抚，促使其配合执行工作；②对判处死刑思想准备不足，虽不有服判决表现，但能服从管理的罪犯，应对其做好认罪伏法教育，讲清配合执行的利弊关系，随时掌握罪犯的思想、行为动态；③对不服从管理的死刑犯，应采取有效的强制措施将其制服，并教育其认罪伏法，配合执行；④对有重大揭发检举的死刑犯，应及时将有关的情况报告审判人员。

（4）死刑押解的特别要求。①死刑押解必须配备刑场指挥车，用于开道指挥。押解必须使用专用囚车，并应配备备用囚车；②死刑押解必须保持通讯畅通；③担任死刑押解的司法警察必须配备武器；④押解中不得以任何理由对死刑犯进行体罚、虐待。

二、看管工作

看管是指司法警察根据办案或审判活动的需要，依法对犯罪嫌疑人、被告人或罪犯在羁押室或其他羁押场所进行临时的看守和管理，以保证司法机关办案或审判活动顺利进行的职务行为。

司法警察执行看管的任务是临时的看守和管理。看守关押在羁押场所的看管对象，保障其人身安全，维护看管场所的秩序，并对看管对象在羁押期间实施相应生活卫生的管理。

人民法院司法警察执行的看管，是根据审判工作的需要，依法在人民法院羁押室或其他指定地点等场所候审期间，对被告人进行看守管理，以保证审判活动顺利进行的职务行为。司法警察领受看管工作之后，准备及组织实施这项任务。人民检察院司法警察执行的看管，是根据人民检察院办案工作需要，在人民检察院办案工作区或其他指定地点，依法对犯罪嫌疑人、被告人进行看守管理，以保证办案活动顺利进行的职务行为。

看管工作的组织实施包括以下几个步骤：

1. 警务领受。根据业务部门提出看管用警申请，司法警察部门受理、审批，指派司法警察执行看管任务。

2. 警务准备。熟悉案情，包括看管对象情况、案件情况。

3. 制定看管方案。根据看管任务要求，确定和组织看管警力，明确看管的职责和分工，并由司法警察部门领导或看管警务负责人制定警务保障实施方案。确定看管工作的负责人，合理科学进行警力配置和岗位安排，针对不同看管任务配备警械具、救护用品。指定专人负责与司法行政装备（后勤）管理部门沟通协调，做好警务活动期间的食宿安排、车辆调度等后勤保障工作。

4. 组织实施。

（1）安全检查司法警察在执行看管警务过程中，应对羁押场所和看管对象进行安全检查。

（2）交接登记。将被告人、犯罪嫌疑人或罪犯从看守所押至人民法院或人民检察院指定的羁押场所时，负责押解的司法警察应当与负责看管的司法警察履行交接手续，清点人数与核对身份，并填写出入登记和看管记录。

（3）监控管理。在固定羁押场所或者其他指定场所候审期间，全面、严密、有效地监控被告人的举动以及羁押场所的各种状况，及时处置看管警务中发生的突发情况，确保刑事审判活动的顺利进行。在候审期间，负责看管的司法警察应将被告人的戒具固定在手铐、脚镣固定环上，并通过视频监控和现场监控对被告人和羁押场所监控管理。

看管过程中发现异常情况，看管对象脱逃、自杀、自残情况，看管对象突发疾病等情况应及时向上级汇报，启动突发事件应急处置方案。

任务四　执行死刑工作

案例引入

中新网 2013 年 3 月 1 日电 据中央电视台报道，今天下午 2 时，昆明中级人民法院执行法警将到云南省看守所对糯康等 4 名罪犯进行提押，这意味着之后马上就会对他们执行死刑。法院将采用注射方式对 4 名罪犯执行死刑。

如何执行死刑？

基本原理

执行死刑是指执刑人员依据最高人民法院院长签发的执行死刑命令，依照法定的程序，采用枪决或者注射等方式，依法剥夺已判处死刑罪犯生命的一项执法活动。执行死刑由人民法院司法警察执行，但如果人民法院确实没有条件执行时，可交付公安机关的武装警察执行。

一、我国死刑执行的方式

（一）枪决执行死刑

枪决是指利用枪械抵近射击罪犯致其死亡，依法剥夺死刑罪犯生命的执行死刑方法，也是我国长期使用的一种执行死刑方法。

（二）注射执行死刑

注射是指通过致命药物对静脉实施注射，依法剥夺死刑罪犯生命的执行死刑方法。注射是更为人道、先进、文明的一种执行死刑方法。

二、执行死刑的组织实施

（一）执行死刑的准备工作

1. 枪决执行死刑的准备。包括：①成立执行死刑任务的领导小组；②制订执行死刑的工作方案；③确定执行死刑任务的人员，并进行明确分工；④认真查看执行死刑的场地；⑤选择最佳的行车路线；⑥做好执行死刑的勤务保障；⑦掌握被执行死刑的罪犯的相关情况，包括罪犯的姓名、性别、特征、籍贯、居住地、案由等。

2. 注射执行死刑的组织实施。注射执行死刑的准备工作除了做好按照枪决执行死刑的准备工作外，还应做好以下准备工作：①确定并查看执行死刑的注射场所；②领取执行死刑的注射器和注射药物；③确定执行死刑的注射人员。注射人员由司法警察担任，视情况也可以由法医担任；目前，向执行死刑罪犯静脉置入针头由指定医院的护士协助完成，启动注射泵由司法警察完成。

（二）执行死刑勤务的实施方法

1. 验明正身。验明正身是指查验核对即将交付执行死刑的罪犯是否就是死刑判决确定并宣告判处死刑的罪犯。《刑事诉讼法》第 263 条第 4 款规定，指挥执行的审判人员，对罪犯应当验明正身。验明正身一般在羁押地点进行，是死刑执行程序中防止错杀的一个重要环节，必须认真对待。

2. 死刑罪犯押解。验明正身完毕后，迅速将死刑罪犯押解上囚车。押解途中，押解车辆要编队行进，按指挥车、执行人员车、囚车、审判人员车的顺序行进。押解过程中，严格按照押解的有关规定，高度警惕，严密注意死刑罪犯的动态，防止发生意外情况。

3. 刑场执行死刑。①刑场指挥人员、执刑人员先行进入刑场，执刑人员按指挥人员的口令装填子弹或者准备注射器具，在指定地点站立待命；②死刑罪犯押至刑场后，刑场指挥人员立即指挥将死刑罪犯按顺序押解至执行位置。使用枪决方式执行时，让罪犯跪立；使用注射方式执行时，令罪犯仰卧在执行床上，进行固定固牢，并将注射药物连通静脉，为执刑人员创造良好的执刑条件；③执行总指挥下达执行命令后，刑场指挥员随即命令执刑人员迅速进入射击或注射位置；④刑场指挥员检查完毕后，迅速下达"射击"或"注射"的口令，执刑人员立即实施射击或注射；⑤射击或注射后，经法医检查，如果罪犯没有毙命，执刑人员按指挥员口令及时补射或再行注射，直至死亡。

（三）执行死刑勤务结束后的工作

1. 遗书、信札及其尸体的处理。执行死刑后，对死刑罪犯的遗书、信札应当及时进行审查处理，对罪犯尸体由人民法院根据《最高人民法院关于适用〈中华人民共和国刑事诉讼法〉的解释》第428条的规定处理。

2. 解除警戒与撤离。刑场指挥员组织射击手验枪，决定解除刑场警戒，组织执勤人员撤离刑场。

3. 注射器具的销毁。注射执行死刑后，负责执行的司法警察，要在有关领导的严格监督下，将使用过的注射器销毁。

任务五　配合强制执行工作

案例引入

2019年3月5日消息 据媒体报道，辽宁岫岩居民刘某夫妻向孙某借款，还欠9000元未归还，执法干警多次进村执法都被刘某夫妻逃脱。2月27日，执法干警启用了无人机，兵分两路抓捕夫妻二人。干警先抓获了女子，随后男子主动现身。最后，老赖夫妻一次性履行9000元。据了解，涉案老赖夫妻非常狡猾，之前法警好几次上门执行任务时，都没有找到被执行人。近日，经调查得知这对老赖夫妻正处于家中，于是法院立即抽派执法人员赶往现场，并让案件原告前往其家中先稳住对方。

当执法人员来到村口时，案件原告电话告知干警被执行人分两路往山上逃跑了。接到电话后，执行法警动用无人机参与追铺，并分成两路对两名老赖展开追铺。

追捕中，法警先是抓到了女老赖，后由于法警对于老赖家庭的了解情况，判断男老赖会因为女老赖被抓主动投案。事实证明，过了大约七八分钟后，这名男老赖就从山上下来了。

被带到法院审理之前，老赖夫妻表示无法履行判决义务。最后，执行法警将两人带回法院并进行教育开导后，案件原告与老赖夫妻达成和解协议，老赖夫妻一次性偿还欠款9000元。至此，该案件才算结案。[1]

如何配合强制执行？

---

[1]　案例来源：摘自搜狐IT之家，2019年3月5日。

基本原理

强制执行，是指法律赋予执行权的国家机关按照法律规定的程序，运用国家公权力，将已经发生法律效力的法律文书所确定的内容予以实现的法律活动。因诉讼性质的不同，强制执行可以分为民事执行、行政执行和刑事执行三种。

配合强制执行，是指在人民法院对生效判决、裁定的执行中，人民法院司法警察根据执行机构的需要和用警申请，配合执行部门共同实施执行措施或依法采取强制措施，以保障执行活动顺利进行的职务行为。司法警察配合强制执行具体包括配合实施搜查、查封、扣押、强制迁出等措施。

一、协助搜查

搜查是指人民法院的执行人员在被申请执行人逾期不履行义务并有隐匿财产嫌疑的情况下，依照法定程序对被申请执行人的人身及其住所、财产隐匿地进行搜索、查找的一种强制性执行措施。

协助搜查是指人民法院司法警察根据执行机构的需要和用警申请，配合执行部门共同实施搜查措施，以保障执行活动顺利进行的职务行为。司法警察在协助执行人员进行搜查时，根据执行人员的要求和指令，协助执行人员完成搜查工作。

搜查时，司法警察应当向被执行人出示搜查令、人民警察证或执行公务证。同时告知其应遵守的规定及拒不配合或妨碍搜查的法律后果，并要求被执行人在搜查令上签字。司法警察协助执行部门完成下列工作：

1. 协助通知有关人员到场。司法警察根据现场情况可协助执行人员通知有关人员到场。

2. 维护现场秩序，保护执行人员的人身安全。宣布实施搜查后，应责令其他无关人员退出搜查现场，以免其转移财产妨碍搜查。遇有暴力干扰时应及时采取强制措施，果断处置，保障执行人员人身安全。

3. 协助清点财产。司法警察根据现场情况可协助执行人员清点搜查财产，在搜查中发现应当依法查封、扣押、交付的财产，人民法院应当开列查获财产清单，并立即采取相应措施。财产清单由在场人员签名或盖章后，交被执行人一份。被执行人是公民的，亦可交其成年家属。

4. 协助制作搜查记录。司法警察根据现场情况可协助执行人员制作搜查记录。

5. 协助清理搜查现场。司法警察根据现场情况协助执行人员清理搜查现场。

二、协助查封、扣押

查封，是指被执行人未按执行通知履行法律文书确定的义务时，人民法院依法对被执行人不宜搬动的财产张贴封条、就地封存，禁止任何人未经允许启封、动用该财产的执行措施。

扣押，是指被执行人未按执行通知履行法律文书确定的义务时，人民法院依法将被执行人的财产运往异地或者就地扣留，暂不准许任何人处分的执行措施。

协助查封、扣押，是指人民法院司法警察根据执行机构的需要和用警申请，配合执行部门共同实施查封、扣押措施，以保障执行活动顺利进行的职务行为。司法警察在协助执行人员进行查封、扣押时，根据执行人员的要求和指令，协助执行人员完成查封、扣押工作。

查封、扣押时，司法警察应当向被执行人出示人民警察证或执行公务证，宣读裁定书。协助执行部门完成下列工作：

1. 协助通知有关人员到场。司法警察可根据现场情况协助通知有关人员到场。

2. 维护现场秩序，保障执行人员人身安全。遇有暴力干扰时，应及时采取强制措施，果断处置，保障执行人员人身安全。

3. 协助制作财产清单、制作执行笔录。

三、协助强制迁出房屋或退出土地

强制迁出房屋或退出土地，是人民法院根据生效法律文书确定的义务和权利人的申请，强制被执行人或居住人搬出非法占有、非法使用的房屋并交付申请执行人，或者强制被执行人退还非法占用的土地并交付申请执行人使用和支配的一种执行措施。

协助强制迁出房屋或退出土地，是指人民法院司法警察根据执行机构的需要和用警申请，配合执行部门共同实施强制迁出房屋或退出土地措施，以保障执行活动顺利进行的职务行为。司法警察在协助执行人员进行强制迁出房屋或退出土地时，根据执行人员的要求和指令，协助执行人员完成强制迁出房屋或退出土地工作。

采取强制迁出执行措施时，司法警察应当向被执行人出示人民警察证或执行公务证。同时告知其应遵守的规定及拒不配合或妨碍强制迁出的法律后果。协助执行部门完成下列工作：

1. 协助通知有关人员到场。

2. 维护现场秩序，保障执行人员人身安全。司法警察应设置警戒线，及时疏散无关人员，确保进出通道的畅通；遇有暴力干扰时，应及时采取强制措施，果断处置，保障执行人员人身安全。

3. 协助采取强制迁出措施。司法警察协助实施强制迁出措施，保障执行人员将房屋内、土地上的财物搬离，交给被执行人，腾空后，将强制腾空的房屋或强制退出的土地交付申请执行人。

4. 协助制作强制迁出笔录。协助做好强制迁出情况笔录，由在场人员签名或盖章。

四、配合强制执行工作的组织实施

（一）警务受领

人民法院执行部门根据执行案件的需要，一般应当提前 3 个工作日向司法警察部门提出用警的申请，司法警察部门审核用警申请的具体内容，重点了解执行标的物的种类、数量和性能，被执行人的基本情况、风险评估状况。受领任务后，司法警察部门负责人应当根据案件情况指定司法警察为配合强制执行的任务负责人。

（二）警务准备

接受任务后，配合强制执行的任务负责人应当向执行部门进一步了解执行案件的案情、被执行人的财产状况和被执行人的基本情况，并与执行部门共同分析可能出现的各种情况，制订相应的保障方案。任务负责人对执行任务进行分工，领取所需装备并进行检查、携带有效证件，必要时可先进行实地勘察。

（三）警务实施

配合强制执行的警务实施过程一般包括司法警察出示相关证件，维护执行现场秩序，协助通知被执行物的有关人员到场，协助搜查、查封、扣押、清点执行标的物和协助记录等。

（四）撤离

执行活动结束后，司法警察根据执行法官和任务负责人的指令撤离。配合强制执行的任务负责人应将本次配合执行的警务情况向司法警察部门负责人汇报。

任务六　执行拘传、拘留等强制措施

📖 案例引入

2017 年 12 月 22 日凌晨 5 时，山东省聊城市东昌府区人民法院警灯闪烁、人头攒动，涉民生案件集中执行"凌晨行动"悄悄拉开帷幕。截至当日下午 4 时，该院共拘传 11 人。

这次行动是按照最高人民法院、省高级人民法院及市中级人民法院提出的在 2018 年元旦、春节期间开展涉民生案件集中执行活动部署，该院精心筹划的一次行动。除了警车、警具，参加这次行动的两台新设备格外醒目——无人侦察机和驱狗器。

执行中"找人难"，喊开被执行人的家门更难。往往家住高层建筑的被执行人在家，任凭你执行人员喊破喉咙，躲在紧闭的防盗门后，被执行人依然保持"沉默"。家住农村的被执行人，躲在深宅大院里，大门一闭，看门狗一放，更是让执行人员一筹莫展。为此，该院从工作实际出发，为执行局配备了一架小型无人机，它可以升到 20

层左右的高空中，终端连接手机，可将被执行人住所的画面拍摄下来，传至手机屏幕上。这样一来，执行法官就可以知晓被执行人究竟是否在家，而且还可以实时监控执行现场周边是否有人员聚集等实况，以利执行指挥、决策。除此之外，为防止下村入户执行被狗所伤，执行法官还配备有驱狗器，利用声波防止恶狗上前伤人，同时不会对其造成任何伤害。

当日凌晨5时30分，该院50名执行法官及法警分两组如时出发，按照之前合理规划的路线，挨个上门去堵截失信被执行人。截止到当日下午4时，该院共拘传11人，和解5案，执行完毕4案，到位金额16.6万元，拘留2人。[1]

如何执行拘传、拘留？

基本原理

一、协助拘传

拘传，是指对必须到人民法院接受调查或询问的人员，无正当理由拒不到场的，由人民法院院长签发拘传票，将其强制带到指定地点接受调查询问的一种强制措施。

执行拘传是指司法警察协助执行法官完成拘传这一强制措施的警务活动。执行拘传的组织实施如下：

1. 警务受领。案件承办部门将经院长签发的拘传票送交司法警察部门，向司法警察部门提出用警申请，详细准确说明案件承办人、联系人、联系方式、案件基本情况、被拘传人的基本情况外，还包括对被拘传人的风险评估及其他与安全有关的信息。

2. 警务准备。①审核。接到案件承办部门送交的拘传票和用警申请后，司法警察部门应当审核申请表的内容，特别是登记是否具体、清楚、准确；②指定负责人。根据案件承办部门提出的用警申请，应当指定实施拘传强制措施的负责人，并明确工作任务、工作要求；③现场勘察。对风险评估等级较高的被拘传人，司法警察部门应当指派司法警察到实施现场进行勘察，特别是被拘传人居住的环境，如房屋结构、出入通道、毗邻情况、同住人员情况；④制定实施方案。实施协助拘传强制措施的负责人应当根据掌握的具体情况，制定拘传实施方案。例如进出线路安排、突发事件的应对等。⑤布置任务。执行拘传任务的负责人召集有执行任务的司法警察，按照实施方案明确各自任务和工作要求。

3. 警务实施。

（1）检查。出发前认真检查拘传票，核对被拘传人的姓名、年龄、工作单位和家庭住址，熟悉被拘传人及其亲属的基本情况，特别要防止错误拘传。

（2）联络。根据执行的实际需要，司法警察配合案件承办人员可与当地的村委会、

---

〔1〕 案例来源：摘自聊城齐鲁网，2017年12月29日。

居委会或有关单位进行联系、沟通，了解被拘传人的最新情况，取得相关部门的支持。

（3）到达现场。根据协助拘传实施方案中确定的车辆进出线路、排列顺序安全到达被拘传人住所地或单位所在地，立刻寻找被拘传人。

（4）核对身份。协助拘传的司法警察应当当面详细核实被拘传人的姓名、性别、工作单位、住址等信息。

（5）告知事项。协助拘传司法警察应当出示人民警察证表明身份，并告知被拘传人："×××，我们是××人民法院司法警察，现依法对你实施拘传，请你配合我们执行公务。"

（6）宣读决定。宣读完告知事项后，向被拘传人出示拘传票并宣读拘传决定："××××人民法院依照《中华人民共和国××××××法》第×××条规定，决定对你予以拘传。"同时告知被拘传人拘传的性质及拒不接受拘传的法律后果。

（7）签名确认。司法警察应当在拘传票上填写"本拘传票已于××××年×月×日××时××分送达被拘传人"，并让被拘传人在拘传票上签名或捺手印。如被拘传人不满 18 周岁的，可以通知其监护人到场。拒绝签名或捺手印的，应请当地派出所或居委会等基层组织的工作人员签名或捺手印。

（8）执行。执行拘传时，司法警察应当站立于被拘传人的侧后方，用手抓被拘传人的肘部，保持高度警惕，密切关注其可疑行为，做好应对突发情况的准备。对经批评教育仍拒不接受拘传的被拘传人，可强制其到指定地点，必要时可使用戒具。女性被拘传人，应当由女性司法警察执行，男性司法警察协助。

（9）带离。被拘传人签完名后，司法警察应立刻将其带上执行车辆并迅速离开现场，按照拘传票上确定的应到时间，将被拘传人直接带至应到地点。

（10）存档。拘传任务完成后，执行拘传任务的负责人将用警申请材料、拘传实施方案、拘传执行情况等资料交司法警察部门存档。

二、强行带离

强行带离是指司法警察对于妨害诉讼活动且拒不执行警告制止、责令退出命令的人员，强制其离开审判法庭或事发地点，以防止妨害行为继续进行的一种强制措施。强行带离的组织实施如下：

1. 警务受领。①在法庭审判过程中，审判长或独任审判员责令违反法庭规则的行为人退出法庭，但该行为人拒不退出的，审判长或独任审判员可以当庭向司法警察下达"将行为人强行带离法庭"的指令；②在提押或还押过程中，出现被告人亲属或其他人员哄闹拦阻囚车的，司法警察应当对相关人员提出警告，在警告无效后可将带头闹事者强行带离现场或采取其他强制措施；③在配合强制执行过程中，出现被执行人及其他人员围攻执行人员、哄抢、毁损财物、寻衅滋事、围追堵截等暴力抗法事件时，司法警察应当协助执行人员，将被执行人员强行带离执行现场；④对不宜进入审判区域而强行进入的人员，司法警察在警告制止无效后，可以当场将其强行带离。

2. 警务准备。司法警察在执勤过程中，应当携带警棍、手铐、催泪喷射器、对讲机、急救包、执法记录仪、防割手套等警用装备，并根据现场情况随时执行指令或自行视情况采取强制带离措施。

3. 警务实施。①出示证件。司法警察应当向被强行带离人出示人民警察证等有效证件；②告知。告知被强行带离人被强行带离的原因；③实施。强行带离过程中，保持高度警惕，防止被强行带离人实施自伤自残或行凶等过激行为，必要时可以使用警械具；④带离后的稳控。司法警察将被强行带离人带离现场后，应当加强对其情绪、行为的控制，防止其出现过激行为。

三、罚款

罚款，是指人民法院对妨害诉讼活动的行为人依法责令其在指定期限内缴纳一定数额的金钱，并以此来约束行为人以防止妨害行为继续发生的一种强制措施。罚款这一强制措施适用于以下几类人：①扰乱法庭审判秩序情节严重的行为人；②妨害诉讼活动的诉讼参与人或其他人；③阻碍司法工作人员执行职务的行为人。罚款的组织实施如下：

1. 警务受领。案件承办部门将经院长签发的罚款决定书送交司法警察部门，办理用警申请，说明被罚款人姓名（或名称）、住址罚款事由、罚款法律依据、罚款金额与缴纳期限，由司法警察部门组织实施。

2. 警务准备。①审核。司法警察部门接到案件承办部门送交的罚款决定书和用警申请后，应当审核用相关文书内容登记是否具体、清楚、准确，详细了解被罚款人及其家庭成员基本情况、风险评估状况；②指定负责人。司法警察部门根据案件承办部门提出的用警申请，应当指定实施罚款强制措施的负责人，并明确工作任务、工作要求；③制定实施方案。执行罚款强制措施的负责人应当根据掌握的具体情况，制定实施方案；④布置任务。实施罚款强制措施的负责人应当向执行罚款强制措施的司法警察宣布分工和工作要求。

3. 警务实施。①检查。检查是否携带罚款决定书，并认真核对被罚款人的姓名、年龄、工作单位和家庭住址和熟悉被罚款人及其家庭成员的基本情况；②到达现场。到达被罚款人住所地或单位所在地后找到被罚款人；③核对身份。核对被罚款人的相关信息；④告知。出示人民警察证表明身份后告知被罚款人处罚的原因、性质及拒不接受罚款的法律后果；⑤宣读罚款决定书；⑥送达。罚款决定书送达之后立即生效；⑦执行罚款。被罚款人应当按照罚款决定书上指定的期限，向人民法院指定的银行账户缴纳罚款；⑧存档。实施罚款强制措施的负责人将用警审批手续、执行罚款实施方案、罚款决定书送达情况等资料交司法警察部门留存备查。

四、拘留

此处的拘留专指司法拘留，是指人民法院在审判过程中对妨害诉讼活动情节较为严重但尚未构成犯罪的行为人，依法在一定期间内限制其人身自由，以防止其继续实妨害诉讼行为的一种强制措施。拘留的组织实施如下：

1. 警务受领。案件承办部门将院长签发的司法拘留决定书、执行拘留通知书（包括回执）送交司法警察部门，并办理用警申请手续，由司法警察部门组织实施。

2. 警务准备。①审核。接到案件承办部门送交的司法拘留决定书和用警申请手续后，司法警察部门应当审核内容登记是否清楚、规范，详细了解被拘留人及其家庭成员基本情况、风险评估状况，确保各种信息准确无误。②指定负责人，司法警察部门领导应当根据案件承办部门提出的用警申请，指定实施拘留强制措施的负责人。③现场勘察。对风险评估等级较高的被拘留人，司法警察部门应当指派司法警察到执行现场进行勘察，对被拘留人居住的环境，如房屋结构出通道、毗邻情况、家庭成员情况等进行了解。④制定实施方案。根据掌握的具体情况制定执行拘留强制措施的实施方案。⑤布置任务。实施拘留强制措施的负责人应当召集参加任务的司法警察，明确各自的分工和工作要求。

3. 组织实施。①检查。检查拘留决定书和通知书，认真核对被拘留人的姓名、年龄、工作单位和住址，熟悉被拘留人及其家庭成员的基本情况；②联络。根据实际需要，司法警察配合案件承办部门人员与当地的村委会、居委会或有关单位进行联系、沟通，了解被拘留人的最新情况，取得当地基层组织或有关单位的支持；③到达现场。根据实施方案中确定的车辆出入线路、排列顺序的安排，到达现场后立刻找到被拘留人；④核对身份。司法警察应当详细核实被拘留人的案由、案号、被拘留人姓名、工作单位、住址等信息；⑤告知。司法警察应当出示人民警察证，表明身份后宣读拘留决定书，告知被拘留人拘留的性质及拒不接受拘留的法律后果；⑥送达。司法警察配合承办部门人员让被拘留人在《拘留决定书》及送达回证上签名，捺手印，注明送达时间，并将拘留决定书直接送达被拘留人（或送达给被拘留人的成年家属）；⑦带离。拘留决定书送达后立即生效，司法警察应迅速将被拘留人带上执行车辆并离开现场；⑧送交。到达拘留所后，司法警察应当将执行拘留通知书（包括回执）连同被拘留人一并送交拘留地公安机关；⑨存档。实施拘留强制措施的负责人应当将拘留决定书、送达回证、执行拘留通知书（回执）送交案件承办部门人员带回存卷，将用警申请手续、执行拘留实施方案、拘留执行情况等资料交司法警察部门留存备查。

任务七 涉诉信访应急处置工作

案例引入

2016 年 5 月 9 日，一当事人携带剧毒农药欲闯进旌德法院诉讼服务大厅，并扬言要喝农药自杀。该院司法警察大队启动应急预案，妥善处置，避免了事态的进一步扩大。

上午 9 时许，该院诉讼服务大厅里像往常一样忙碌着，前来办理诉讼业务的人员在法警的引导下有序地依次通过安检门。值班法警在检查一名当事人随身携带的竹篮时，发现其中有一瓶液体非常可疑，法警当即询问当事人，要求其说明情况并上交。发现东西被查，当事人情绪非常激动，拒绝说明情况、拒绝上交，并扬言要找某法官，称今天不给其一个满意答复，就喝下这一瓶农药死在法院。见此情形，法警马上向院领导进行电话汇报，同时严密监控当事人，将疑似农药的不明液体没收，防止当事人喝下。接到电话后，分管院长立即安排接待。经分管院长的释明法理，当事人情绪终于稳定下来。经查，该不明液体为高效氯氰菊酯，为一种剧毒杀虫剂。[1]

如何进行涉诉信访应急处置？

基本原理

涉诉信访应急事件是指在涉诉信访过程中突然发生，造成或者可能造成人员伤亡、财产损失，损害司法权威，妨碍审判执行活动，危及法院、检察院安全，需要司法警察采取应急处置措施予以应对的紧急情况。

一、涉诉信访当事人言语哄闹式的处置方法

遇有涉诉信访当事人语言过激，威胁、侮辱、漫骂信访工作人员、哄闹信访场所的，甚至攻击法院、检察院工作人员的，司法警察应当采取如下处置方式：

1. 立即采取训诫、警告、控制等处置措施制止来访人员的不当行为，稳定闹事人员情绪，保护接访人员的安全，同时还应及时向部门领导报告，请求支援。

2. 保护接访人员并速撤离现场，同时还要做好审判区域的隔离警戒工作。迅速查明闹事者的身份和意图，对不听劝阻、违法行为情节严重的，依法对闹事人员进行隔离或采取强制措施。

3. 对严重违反法律规定的人员，由相关业务部依法采取强制措施，司法警察部门负责实施。若造成严重后果，应移交公安机关处理。

---

[1] 案例来源：摘自新浪网，2016 年 05 月 11 日。

二、涉诉信访当事人行动围堵式的处置方法

出现涉诉信访人员在法院、检察院机关门口集会、静坐、堵塞机关大门、举牌喊冤、冲击机关、拦截接访领导和审判人员等妨碍信访秩序和机关办公秩序的，司法警察应当根据现场事态采取以下措施：

1. 迅速增派警力到现场维持秩序，配合信访接待领导或其他接待人员做好疏导、劝解工作，控制局面，引导上访人员或他们的代表到信访接待大厅等候接谈。

2. 接谈后上访人员仍不满意，继续聚众闹访的，司法警察应及时逐级向应急处置领导小组报告（特殊情况下可越级报告）。

3. 应急处置领导小组接到报告后，启动应急处置预案，司法警察迅速赶赴现场，并按分工分别做好现场警戒、采取强制措施及提取、固定证据等工作。

4. 及时联系相关业务部门的领导或案件承办法官，对来访人员进行法律释明与宣传教育工作，引导当事人推选代表接谈，警告带头闹访者，并告知其法律后果，同时做好固定证据等工作。

5. 劝说无效，事态发展到影响道路通行、威胁机关安全时，司法警察应果断收缴涉诉信访人员的标语、状纸、状衣等物品，疏散人群，疏通道路；出现围堵法院、检察院大门、冲击法院、检察院机关的，对无合理要求且不听劝阻者，报请院领导批准后，由司法警察对其采取强制措施，及时启动联动机制，与公安机关取得联系，由公安机关依法处理。

三、涉诉信访人员携带危险物品的处置方法

当发现涉诉信访人员携带危险物品时，司法警察应在劝说的同时立即疏散人群，并保持安全距离，迅速报警，交由公安机关处置。

1. 司法警察要先控制涉诉信访人员，稳定其情绪，责令交出危险物品，确保人、物隔离，同时要疏散人群，设置安全警戒区域，并报告应急处置领导小组启动应急处置预案，应急分队赶赴现场加强警戒，控制事态扩大。

2. 对抗拒交出危险物品的涉诉信访人员，司法警察在确保安全的情况下对其进行警告、训诫，采取强制措施予以收缴。协助接访人员对其进行劝导，经劝导无效的，移送公安机关处理。

3. 发现涉诉信访人员携带爆炸、放射性等自身无法处置的危险物品时，如果处理不慎可能发生严重危害后果，应立即报警，由应急处置领导小组及时与辖区公安、武警等相关部门协调联系，请求警力增援和专业技术人员的支持。

四、涉诉信访人员企图自伤、自杀的处置方法

1. 司法警察应果断制止其行为，收缴其用于自伤、自杀的凶器或其他危险物品，

对其采取约束性措施。必要时，按处置程序逐级报告，应急处置领导小组启动应急处置预案。

2. 司法警察应急分队立即赶赴现场控制局面，协助接访人员做好说服教育工作，并做好现场取证工作。

3. 对已经造成伤害后果的，司法警察协同相关部门及时将其送往医院救治，并注意做好善后劝导工作，保护好现场，固定证据。

五、涉诉信访人员弃留的处置方法

出现部分来访人故意将年幼、年老、体弱、重病、残疾等无民事行为能力、限制民事行为能力或者生活不能自理的人弃留在人民法院的，企图以非暴力的方式强迫法院满足其个人意愿的情况处置。

1. 司法警察应当及时同相关业务部门的领导或案件承办法官联系，反映现场有关情况。

2. 司法警察部门会同案件承办部门采取劝阻、制止、防护等措施，联系其监护人、近亲属或者相关单位将其接回；无法联系或者经联系后拒不接回的，应当通知社会救助或者福利机构予以救助，司法警察部门派员予以协助。

六、来访人无理滞留式的处置方法

来访人无理滞留式的情况由信访工作人员和所涉案件承办部门负责劝离，司法警察负责维持秩序；需要强制带离的，由法警实施。法警处置过程中，信访室派员做好证据保全和收集工作。

⌨ **法律资料** ⌐

人民法院司法警察条例
第一章　总则

第1条　为加强人民法院司法警察队伍建设和科学管理，保障司法警察依法行使职权，根据《中华人民共和国公务员法》、《中华人民共和国人民法院组织法》、《中华人民共和国人民警察法》等法律，制定本条例。

第2条　人民法院司法警察是中华人民共和国人民警察的警种之一。

第3条　人民法院司法警察的任务是预防、制止和惩治妨碍审判活动的违法犯罪行为，维护审判秩序，保障审判工作顺利进行。

第4条　最高人民法院领导地方各级人民法院和专门法院司法警察工作，上级人民法院领导下级人民法院司法警察工作。

第5条　人民法院司法警察必须以宪法和法律为活动准则，全心全意为人民服务，忠于职守，清正廉洁，服从命令，严格执法。

第 6 条　人民法院司法警察依法执行职务，受法律保护。

第二章　职权

第 7 条　人民法院司法警察的职责：

①维护审判秩序；②对进入审判区域的人员进行安全检查；③刑事审判中押解、看管被告人或者罪犯，传带证人、鉴定人和传递证据；④在生效法律文书的强制执行中，配合实施执行措施，必要时依法采取强制措施；⑤执行死刑；⑥协助机关安全和涉诉信访应急处置工作；⑦执行拘传、拘留等强制措施；⑧法律、法规规定的其他职责。

第 8 条　在法庭审判过程中，人民法院司法警察应当按照审判长或者独任审判员的指令，对违反法庭规则，哄闹、冲击法庭，侮辱、诽谤、威胁、殴打司法工作人员、诉讼参与人或者其他人员等扰乱法庭秩序的，依法予以强行带离，执行罚款或者拘留。

出现危及法庭内人员人身安全、被告人或者罪犯脱逃等紧急情况时，人民法院司法警察应当先行采取必要措施。

第 9 条　对以暴力、威胁或者其他方法阻碍司法工作人员执行职务的，人民法院司法警察应当及时予以控制，根据需要进行询问、提取或者固定相关证据，依法执行罚款、拘留等强制措施。

第 10 条　对不宜进入审判区域而强行进入的，人民法院司法警察应当依法强行带离；对涉嫌违法犯罪的，人民法院司法警察应当予以控制，并视情节及时移送公安机关。

第 11 条　在生效法律文书的强制执行中，人民法院司法警察可以依法配合实施搜查、查封、扣押、强制迁出等执行行为。

第 12 条　人民法院司法警察在履行职责过程中，遇当事人或者其他人员实施自杀、自伤等行为时，应当及时采取措施予以制止和协助救治，必要时应当对其采取约束性保护措施，并视情节移送公安机关。

第 13 条　对严重扰乱人民法院工作秩序、危害人民法院工作人员人身安全及法院机关财产安全的，人民法院司法警察应当采取训诫、制止、控制等处置措施，保存相关证据，对涉嫌违法犯罪的，及时移送公安机关。

第 14 条　遇有脱逃、拦劫囚车、抢夺枪支或者其他暴力行为的紧急情况，人民法院司法警察可以依照国家有关规定适用警械；使用警械不能制止或者不使用武器制止可能发生严重后果的，可以依照国家有关规定使用武器。

第三章　组织管理

第 15 条　人民法院司法警察依法实行警衔制度。人民法院授予警衔的人员应当使用国家专项编制，具有司法警察职务，并履行司法警察职责。

第 16 条　人民法院司法警察的编制、建制，由最高人民法院规定。

第 17 条　人民法院司法警察实行编队管理。最高人民法院设立司法警察局，高级人民法院设立司法警察总队，中级人民法院设立司法警察支队，基层人民法院设立司法警察大队。

第18条　人民法院司法警察接受所在人民法院院长和上级人民法院司法警察部门的领导，接受所在人民法院司法警察部门的管理。

第19条　各级人民法院司法警察部门管理本级司法警察工作的主要职责：

①组织落实司法警察的条例、条令及其他相关文件；②制定实施司法警察工作的规章制度和细则；③组织司法警察履行职责；④组织司法警察教育训练工作；⑤协助管理司法警察警衔；⑥管理司法警察装备；⑦完成院长交办的其他任务。

第20条　上级人民法院司法警察部门管理下级人民法院司法警察工作的主要职责：

①研究、制定司法警察工作的规划和规章制度；②指导、监督、考评司法警察工作；③制定司法警察教育训练计划；④承担司法警察部门主要负责人的任免职备案工作；⑤管理司法警察警衔；⑥协调跨地区的重大警务活动；⑦承担其他需要管理的事项。

第21条　人民法院录用的司法警察，应当符合国家规定的条件。

人民法院司法警察录用司法警察，应当按照国家规定，公开考试，严格考核，择优选用。

新录用的司法警察试用期为一年1年，试用期满经考核合格的，正式任职并评定、授予相应警衔；不合格的，取消录用资格。

第22条　调任、转任到人民法院担任司法警察职务的，应当符合担任人民法院司法警察的条件和拟任职位所要求的资格条件。

第23条　人民法院对司法警察的调配，应当征求本院司法警察部门的意见；司法警察部门主要负责人的任免，应当报上级人民法院司法警察部门备案。

第24条　人民法院司法警察应当经过司法警察专业培训，考试考核合格方可任职或者晋升职务、授予或者晋升警衔。

第25条　人民法院司法警察实行警察职务序列，分为警官职务序列、警员职务序列和警务技术职务序列。

第26条　人民法院司法警察应当按照规定着装，佩戴警用标志，保持警容严整，举止端庄。人民法院司法警察在执行职务时，应当携带人民警察证。

第27条　人民法院司法警察的奖惩按照国家相关法律和有关规定及最高人民法院的有关规定办理。

第四章　警务保障

第28条　人民法院司法警察必须执行上级的决定和命令。

人民法院司法警察认为决定和命令有错误的，可以按照规定提出意见，但不得中止或者改变决定和命令的执行；提出的意见不被采纳时，必须服从决定和命令；执行决定和命令的后果由作出决定和命令的上级负责。

人民法院司法警察对超越法律、法规规定的人民法院司法警察职责范围的指令，有权拒绝执行，并同时向上级机关报告。

对审判长、独任审判员指令的执行，依照前款规定。

第29条　人民法院司法警察的警用标志、制式服装、武器和警械，由公安部统一监制，最高人民法院会同公安部管理，其他个人和组织不得非法制造、贩卖。

人民法院司法警察的警用标志、制式服装、武器、警械、人民警察证为司法警察专用，其他个人和组织不得持有和使用。

第30条　人民法院司法警察工作和训练所需经费应当得到保证，并列入人民法院财务预算。

第31条　人民法院应当加强司法警察装备现代化建设，有计划地改善司法警察工作必须的指挥、信通、武器、警械、防护、交通、救援等装备设施。

第32条　人民法院司法警察实行国家公务员工资制度，并享受国家规定的警衔津贴和其他津贴、补贴、抚恤以及社会保险等福利待遇。

第五章　附　则

第33条　本条例由最高人民法院负责解释。

第34条　本条例自 2012 年 12 月 1 日起施行。1997 年 5 月 4 日公布的《人们法院司法警察暂行条例》同时废止。

人民法院司法警察刑事审判警务保障工作规则

第一章　总　则

第1条　为了规范人民法院司法警察刑事审判警务保障工作，保障刑事审判活动安全有序进行，根据《中华人民共和国刑事诉讼法》《中华人民共和国人民警察法》《中华人民共和国人民法院法庭规则》《人民法院司法警察条例》等法律、法规以及相关规范性文件，制定本规则。

第2条　刑事审判警务保障工作（以下简称警务保障）是司法警察在刑事审判中，依法实施的押解、看管、值庭等职务行为。

第3条　警务保障应当遵循确保安全、依法依规、分工负责、稳妥处置、规范文明的原则。

第4条　各级人民法院院长、分管司法警务和刑事审判工作的院领导应当加强对警务保障的组织领导。审判、办公室、行政装备等部门应当会同司法警察部门做好警务保障工作，对其职责范围内的协调配合、安全防范等工作负责。

第5条　上下级法院司法警察部门之间应当建立警情通报（报告）机制，及时沟通共享相关案件信息和警务保障情况。

第6条　刑事审判部门应当按照规定时限将用警申请、提押票、起诉书副本等材料送交司法警察部门，并告知风险评估情况和相关注意事项。

刑事审判、司法警察部门应当在庭审前，加强对审判安全风险和隐患的分析研判、沟通协调。

第7条 司法警察部门应当根据案件类型、被告人人数和审理方式等情况部署充足警力，必要时可以按照规定的权限和程序调动使用其他法院的警力。

第8条 司法警察应当根据《中华人民共和国人民警察使用警械和武器条例》《人民法院司法警察佩带使用枪支办法》《人民法院司法警察不同执勤岗位警用装备配备标准》等规定和案件的风险评估情况佩带使用警械、武器和其他警用装备。

第9条 对于被告人人数较多或者重大案件的警务保障，司法警察部门应当制定实施方案。

实施方案应当包含组织指挥、警力部署、突发事件预防处置措施、勤务保障等内容。

第10条 司法警察执行警务保障任务时，应当按规定着装，佩带人民警察标志，携带人民警察证等有效证件，保持警容严整，举止端庄，自觉维护良好的执法形象。

第11条 人民法院应当建设完善、配齐配足符合安全标准的警务保障设施、装备，提高信息化、智能化建设水平。

人民法院应当加强警务保障的全过程监控，注意保存音视频资料。

第12条 司法警察发现被告人有传递信息、串供、携带可疑物品等行为或者发生脱逃、行凶、自杀、自伤和其他危险行为的，应当果断先予处置，并及时向司法警察部门负责人、审判长或者独任审判员请示报告，根据命令或者指令采取进一步措施。

被告人有检举、揭发的要求时，司法警察应当立即报告审判长或者独任审判员，并及时报告司法警察部门负责人，及时配合处理。

第13条 警务保障结束后，司法警察应当清点、回收装备，总结讲评，向司法警察部门负责人或者院领导汇报任务完成情况。

第14条 人民法院应当加强司法警察职业风险保障，对执行特殊警务保障任务的司法警察，应当采取必要的安全和卫生防护措施，给予相应的心理疏导、疗养和补助。

第15条 司法警察履行警务保障职责，应当严格遵守国家法律法规，严格遵守人民法院和人民警察的纪律规定，保守工作秘密，尊重和保障人权。

司法警察在警务保障中依法执行职务行为受法律保护，因按照法定条件和程序履行职责、行使权力，对公民、法人或者其他组织合法权益造成损害的，不承担法律责任，由其所属法院按照国家有关规定对造成的损害给予补偿。

第二章 押解

第16条 押解是司法警察在刑事审判中，依法强制将被告人从看守所或者其他监管机构押到法庭接受审判，再将其押回看守所或者其他监管机构，保障审判活动安全有序进行的职务行为。押解包括提押、庭审押解、还押三个环节。

第 17 条　司法警察押解职责：

①将被告人提押到法院指定的羁押场所；②将被告人从羁押场所押解到法庭；③将被告人还押到看守所或者其他监管机构；④防止被告人串供、接触与押解无关的人员；⑤预防和处置被告人脱逃、行凶、自杀、自伤或者其他危险行为；⑥处置押解中的其他突发事件。

第 18 条　司法警察押解前的准备工作：

①应当熟悉案件基本情况、了解被告人身体状况和在押期间的表现，进行风险评估，必要时制定押解方案；②根据任务要求配备相应的专用囚车、警械、武器、通信设备等警用装备，确保装备处于可靠适用状态；③按照一名被告人至少由两名司法警察押解，重大案件的被告人至少由三名司法警察押解，女性被告人由女性司法警察押解的要求配备警力；④必要时提前对看守所或者其他监管机构、交通道路等情况进行实地勘察，确定押解路线；⑤与相关部门沟通协调，明确任务，分工协作。

第 19 条　司法警察执行提押时应当按照以下程序进行：

①凭有效证件、文书办理提押手续；②核对被告人身份以及人数；③确认看守所已为被告人换上正装或者便装；④对被告人告知权利义务；⑤对被告人规范使用戒具；⑥对被告人进行安全检查；⑦按规范要求对被告人分配车辆、座位等。

第 20 条　司法警察执行庭审押解时应当按照以下程序进行：

①庭前向审判长或者独任审判员确认是否解除被告人戒具；②核对被告人身份以及人数，确认出庭顺序；③依照审判长或者独任审判员的指令，将被告人押解到法庭指定位置；④依照审判长或者独任审判员的指令，解除被告人戒具；⑤根据情况采取立正、跨立、坐姿或者其他戒备姿势看管控制被告人。

第 21 条　司法警察执行庭审押解时应当注意以下事项：

①严格遵守法庭纪律；②对人身危险性大或者有脱逃、自杀、自伤等倾向的被告人不得解除戒具；③不得让被告人与无关人员接触；④如遇法庭内突发紧急情况，应当严密控制被告人，不得擅离岗位，情况紧急时可以将被告人暂时带离法庭。

第 22 条　庭审结束后，司法警察应当及时将被告人还押到看守所或者其他监管机构，一般不得让被告人在法庭或者法院羁押场所签阅庭审笔录。

第 23 条　司法警察执行还押时应当按照以下程序进行：

①对被告人规范使用戒具；②核对被告人身份以及人数；③对被告人进行安全检查；④按规范要求对被告人分配车辆、座位等；⑤妥善办理交接手续。

第 24 条　司法警察执行提押、还押时应当注意以下事项：

①严格遵守看守所或者其他监管机构的规章制度；②专用囚车内不得搭乘与押解工作无关的人员；③押解残疾、行动不便的被告人，可以根据需要使用辅助设备、器械；④严密监控被告人，及时处置突发情况；⑤规范使用警灯、警报器。

第三章　看管

第25条　看管是司法警察在刑事审判中，依法对在人民法院羁押场所或者其他指定地点候审的被告人进行看守管理，保障审判活动安全有序进行的职务行为。

第26条　司法警察看管职责：

①核对被告人身份，清点被告人人数，填写看管记录；②对被告人进行安全检查；③关注被告人动态，实施有效管理和控制；④防止被告人串供、接触与看管无关的人员；⑤预防和处置被告人脱逃、行凶、自杀、自伤或者其他危险行为；⑥处置看管中的其他突发事件。

第27条　司法警察应当根据案件类型、被告人人数、在押表现和危险程度等配备充足的看管警力，明确分工。

第28条　看管前应当提前对羁押场所、周边环境以及设施、装备进行检查。

第29条　将被告人从看守所或者其他监管机构押至人民法院羁押场所时，负责看管的司法警察应当与负责押解的司法警察履行交接手续，了解基本情况，清点人数、核对身份、逐一登记，共同签字确认。

第30条　看管期间，应当对同案被告人，成年和未成年被告人，男性和女性被告人，以及其他需要分开看管的被告人实行分别看管，原则上保证一人一室，确保有效隔离。女性被告人应当由女性司法警察执行看管。

第31条　看管期间，对被告人可以解除戒具。对可能发生脱逃、行凶、自杀、自伤和其他危险行为的被告人，应当根据安全需要使用相应戒具。对未成年被告人一般不得使用戒具，但确有人身危险性的除外。

第32条　被告人如厕时，司法警察应当提前对卫生间环境进行检查，并对其实施有效监控。女性被告人应当由女性司法警察监控。

第33条　如因看管时间较长等因素需要就餐，人民法院应当为被告人提供安全的食品。

如遇被告人突发疾病，司法警察应当立即向审判长或者独任审判员报告，并协助采取必要的救护措施。

第四章　值庭

第34条　值庭是司法警察在刑事审判中，依法维持法庭秩序，保证参与庭审活动人员安全，保障审判活动安全有序进行的职务行为。

第35条　司法警察值庭职责：

①维持法庭秩序；②保障参与审判活动人员安全；③传带证人、鉴定人、有专门知识的人或者其他诉讼参与人；④传递、展示证据；⑤依照审判长或者独任审判员的指令处置违反法庭纪律、扰乱法庭秩序、危害法庭安全等行为。

第36条　司法警察部门应当根据庭审活动的时间、规模、类型、场地条件等情况，合理配备值庭警力。必要时制定专门的值庭方案。

第 37 条 司法警察值庭分为审判活动区值庭和旁听区值庭。司法警察在审判活动区值庭时，应当位于审判台前两侧，背向审判台，面向旁听席；司法警察在旁听区值庭时，应当位于便于观察、处置情况的适当位置。值庭时根据需要采取立正、跨立、坐姿或者其他戒备姿势。

第 38 条 司法警察值庭时，应当在书记员宣布法庭纪律前进入法庭。庭审结束后，在审判人员、诉讼参与人和旁听人员离开法庭后，退出法庭。

第 39 条 司法警察发现醉酒的人、精神状态异常的人、未获得人民法院批准的未成年人或者其他不宜旁听的人员，应当阻止或者劝其退出法庭。必要时可以再次对旁听人员进行安全检查。

第 40 条 司法警察应当依照审判长或者独任审判员的指令准确传递、展示证据，与被告人保持安全距离，不得将证据交到被告人手中，防止证据被抢夺、损毁。

第 41 条 司法警察应当依照审判长或者独任审判员的指令引导证人、鉴定人、有专门知识的人或者其他诉讼参与人到达指定位置，加强对被传带人员的安全保护。

第 42 条 司法警察遇有下列违反法庭纪律的行为时，应当予以劝阻、制止，并依照审判长或者独任审判员的指令依法进一步采取强制手段或者强制措施：

①鼓掌、喧哗；②吸烟、进食；③拨打或者接听电话；④未经允许对庭审活动进行录音、录像、拍照或者使用移动通信工具等传播庭审活动；⑤其他违反法庭纪律的行为。

第 43 条 司法警察遇有下列危及法庭安全或者严重扰乱法庭秩序的行为时，应当立即采取必要的处置措施，并依照审判长或者独任审判员的指令依法进一步采取强制手段和强制措施：

①非法携带枪支、弹药、管制刀具或者爆炸性、易燃性、放射性、毒害性、腐蚀性物品以及传染病病原体进入法庭；②哄闹、冲击法庭；③侮辱、诽谤、威胁、殴打司法工作人员或者诉讼参与人；④毁坏法庭设施，抢夺、损毁诉讼文书、证据；⑤其他危害法庭安全或者严重扰乱法庭秩序的行为。

第五章 奖励惩处

第 44 条 司法警察在警务保障中认真履行职责，有效处置突发事件，成功执行重大警务任务，为保障人民法院刑事审判活动安全有序进行，作出突出贡献和成绩的，应当按照规定予以表彰奖励。

第 45 条 司法警察在警务保障中，没有按照本规则规范履职，导致审判秩序受到严重干扰、造成恶劣影响或者被告人脱逃等事故，有下列情形之一的，按照相关规定追究责任：

①擅离职守或者不认真履行岗位职责的；②与被告人或其家属相互串通，为被告人传递信件、物品，通风报信的；③不按规定使用武器、警械以及强制手段、强制措施的；④对于突发紧急情况没有及时采取措施予以处置，造成严重后果的；⑤具有其

他需追究责任的情形。

第46条　司法警察部门负责人在警务保障中，没有正确履行领导和指挥职责，导致审判秩序受到严重干扰、造成恶劣影响或者被告人脱逃等事故，有下列情形之一的，按照相关规定追究责任：①庭审前没有按照规定组织实施各项警务保障准备工作的；②没有按照规定和任务需求配备警力、武器、警械和其他装备的；③警力、武器、警械和其他装备不足以完成任务时，不向相关领导报告，违反规定强行命令司法警察执行任务的；④任务执行过程中，组织管理和监督检查不到位的；⑤对于突发紧急情况应对不及时，指挥不正确的；⑥具有其他需追究责任的情形。

第47条　人民法院相关院领导和其他工作人员在警务保障中，没有遵守本规则相关规定，导致审判秩序受到严重干扰、造成恶劣影响或者被告人脱逃等事故，有下列情形之一的，按照相关规定追究责任：

①法庭、羁押室、武器、警械、车辆等设施、装备不符合警务安全规范要求，没有按照规定标准予以改造、更新或者采取其他补救措施的；②警力、武器、警械和其他装备不足以完成任务时，违反规定强行命令司法警察执行任务的；③不按照规定履行庭前申请派警、风险评估、沟通协调等程序，或者在审判过程中违规使用警力的；④决定、指令不及时或者不当的；⑤具有其他需追究责任的情形。

第48条　在警务保障中发生责任事故的，根据事故的性质和严重程度，对相关责任人给予纪律处分。构成犯罪的，依法追究刑事责任。

第六章　附则

第49条　刑事案件中的视频提讯（审判）、自诉案件需拘传被告人出庭以及民事、行政案件中需提押在押犯罪嫌疑人、罪犯出庭等审判工作的警务保障参照本规定执行。

第50条　本规则由最高人民法院负责解释。

第51条　本规则自2019年3月1日起施行。本规则施行后，《人民法院司法警察值庭规则》（法发〔2003〕13号）、《人民法院司法警察押解规则》（法发〔2003〕19号）、《人民法院司法警察看管规则》（法发〔2004〕4号）、《人民法院司法警察刑事审判警务保障规则》（法发〔2009〕46号）、《人民法院司法警察远程视频提讯警务保障规则》（法发〔2010〕19号）同时废止。

人民法院司法警察安全检查规则

第1条　为保障人民法院审判活动的正常进行，规范人民法院司法警察的安全检查工作，根据《中华人民共和国人民警察法》、《中华人民共和国治安管理处罚条例》、《中华人民共和国人民法院法庭规则》等法律、法规制定本规则。

第2条　安全检查是人民法院司法警察根据审判工作需要，依法防止限制物品、管制物品、易燃易爆物品、强腐蚀性物品等危险物品进入审判场所，保证参加庭审活动人员的人身安全和审判工作的顺利进行的职务行为。

第3条　人民法院审判法庭的安全检查工作应坚持严格、细致、文明的原则，由各级人民法院的司法警察部门负责组织实施，相关部门协助。

司法警察在执行安全检查时，必须按规定着装，高度警惕，警容严整，一般情况下不少于两个人，安全检查工作量大时应适当增加人员。

第4条　各级法院审判法庭应配备安全检查门、手持金属探测器、物品柜等必要的安全检查设备，有条件的法院可配备 X 射线探测检查设备。

安全检查门一般放置于进入法院审判法庭必经大门内一侧，设立安全检查专门通道。通道前摆放安全检查告知事项牌。手持探测器作为补充检测手段，用于受检者通过安全检查门报警时进行人工检测。物品柜放置于安全检查门的一侧，以备暂时寄存物品。

安全检查设备由司法警察部门派专人保管，使用之前要开机检测，确保其处于良好工作状态；手持探测器应确保电池电量充足，状态良好。

第5条　安全检查时设引导员和检测员两个基本工作岗位。

引导员的主要工作是查验或登记受检者证件，引导其进入安全检查门；检测员的主要工作是进行安全检查门的人身安全检查和对随身携带物品的安全检查。

第6条　司法警察执行安全检查时：

①对公诉人、律师等依法出庭履行职务的人员，应进行有效证件查验和登记；

②对参加庭审活动的诉讼参与人、第三人和参加旁听的人员，在进行证件查验和登记的同时，还应进行人身安全检查、随身携带物品的安全检查。

第7条　下列人员不得进入审判场所：

①无证件、伪造、冒用他人证件的；②未成年的（经法院批准的除外）；③精神病和醉酒的；④被剥夺政治权利、正在监外服刑和被监视居住、取保候审的；⑤拒绝接受安全检查或不听从安全检查人员安排的；⑥其他可能妨害法庭审判秩序的。

第8条　下列物品不得携带进入审判场所：

①未经法院允许的各种录音、录像、摄影器材等限制物品；②禁止私人携带的枪支、刀具和其它具有类似功能的器械或棍棒等管制物品；③易燃易爆物品、强腐蚀性物品等危险物品；④其它可能妨害法庭审判秩序的物品。

第9条　对证件的查验和登记：

①是否超过有效期；②照片、姓名、年龄、性别等相关要素是否与持证人相符；③准予旁听的证件是否与旁听的案件和法庭相符；④设立专用登记本，对受检者进行证件登记。

第10条　对人身的安全检查：

①引导员提示受检者取下随身携带物品，放置于设在安全检查门边的工作台上；②对通过安全检查门报警的受检者，检测员应当令其重新过门检查或采用人工安全检查的方法进行复检；采用人工检查时，对女性受检者的人身安全检查应由女司法警察

执行；③人工检查分手持探测器检查和手工检查两种方式。进行人工检查的具体顺序是：由上到下、由里到外、由前到后。即从受检查者前领起，至双肩外侧、双手手掌、双肩内侧、腋下、背部、后腰部、裆部、双腿、脚部。进行手持探测器检查时，手持金属探测器移动要平稳、均速；进行手工检查时，应以"触压"为主，手的用力要适当、均匀；④对检查有疑点的受检者，应进行询问；⑤检查完毕后，应提示受检者取走自己的物品。

第11条　对随身携带物品的安全检查：

①配有X射线探测设备的法院，应对所有箱包进行安全探测检查，对有疑点的箱包还应用手工方式进行当面开包检查；②开包检查时应注意箱包的底部、角部和外侧小兜，注意发现夹层；③对包（袋）等被检查物检查时应轻拿轻放，防止损坏或弄脏，涉及个人隐私物品应注意妥善放置；④对有疑点的物品，要进行询问，对管制物品和危险物品应先行控制再询问；⑤检查完毕后，应协助理妥箱包，并提示受检者取走自己的随身携带物品。

第12条　对查出的限制物品、管制物品和危险物品的处理：

①对限制物品实行寄存制。对限制物品的物主证件和限制物品的件数、型号进行登记，经受检者确认签字后，发给寄存号牌。限制物品暂时寄存于物品柜内，待庭审结束后，凭本人证件和号牌，在确认物品齐全、完好并签字后取回寄存物。对寄存物品应妥善保管，防止损坏或遗失；②对不许私人携带的枪支、刀具等管制物品予以收缴，由司法警察部门统一处理；③对查出的易燃易爆物品、强腐蚀性物品等危险物品和其他不得带入法庭的物品，在确保没有危险的情况下，按限制物品寄存方式处理或按有关规定予以收缴。

第13条　对拒绝接受安全检查或不服从安全检查人员安排的受检者，应阻止其进入审判法庭。不听劝告者，可依法采取强制措施。

第14条　执行安全检查任务的司法警察有擅离岗位、懈怠、渎职等情况，造成严重后果的，视情节轻重，依据《中华人民共和国人民警察法》和《人民法院审判人员违法审判责任追究办法（试行）》和《人民法院审判纪律处分办法（试行）》等有关规定处理；构成犯罪的依法追究刑事责任。

第15条　本规则自公布之日起实行。2004年5月24日。

练习与思考

1. 下列属于人民法院司法警察的职责有（　　　　）

A. 维护审判秩序

B. 对进入审判区域的人员进行安全检查

C. 刑事审判中押解、看管被告人或者罪犯，传带证人、鉴定人和传递证据

D. 执行死刑

2. 根据法院审理案件性质的不同，值庭可分为（　　　）

A. 刑事案件审判的值庭

B. 民事案件审判的值庭

C. 行政案件审判的值庭

D. 大型公审活动的值庭

3. 押解是依据法律有关规定将羁押的犯罪嫌疑人、被告人和罪犯强制提解、押送到指定地点，接受讯问、接受审判或执行刑罚活动的过程，是司法警察所有工作中危险性最大、工作量最重、流动性最强的一项工作。押解分为（　　　）

A. 提押

B. 法庭押解

C. 途中押解

D. 还押

4. 配合强制执行，是指在人民法院对生效判决、裁定的执行中，人民法院司法警察根据执行机构的需要和用警申请，配合执行部门共同实施执行措施或依法采取强制措施，以保障执行活动顺利进行的职务行为。司法警察配合强制执行具体包括（　　　）

A. 搜查

B. 查封

C. 扣押

D. 强制迁出

5. 协助拘传是指司法警察协助执行法官完成拘传这一强制措施的警务活动，协助拘传的组织实施的步骤如下：（　　　）

①警务受领　　　②警务准备　　　③警务实施

A. ①③②　　　B. ②①③　　　C. ①②③　　　D. ②③①

【项目实训】值庭

【训练内容】

1. 模拟法庭的布置；

2. 值庭人员的位置、站姿和坐姿的动作要领；

3. 证据传递和传带证人的动作要领和注意事项；

4. 值庭勤务过程中司法警察换岗动作要领。

【训练目的】

熟练掌握值庭勤务的基本动作和注意事项。

【训练前的准备】

1. 确定训练场地，布置模拟法庭；

2. 人员分组，准备相关器械，如手铐、脚镣、手套、警棍、警绳、模拟的各种物证等。

【训练方法步骤】

1. 按照老师所提供的案例进行角色分配，由部分参训学生充当法官、书记员、检察官、证人、旁听人员，组织开庭；

2. 2名司法警察进入法庭按固定位置承担值庭任务；

3. 庭审过程中2名司法警察进入法庭换岗；

4. 证据的展示与传递、传带证人进入法庭。

【训练过程与分工】

1. 训练时间为2学时；

2. 参加训练的同学，10人为一个单位分成若干小组；

3. 要求学生能在正确的位置、以规范的姿势和动作要领完成相关的值庭任务；

4. 训练过程中可以在理论学习的基础上，自己进行模拟练习，在练习的过程中，进行角色互换练习，同学之间可以针对训练中的问题进行讨论、总结，也可以向老师寻求帮助；

5. 训练结束后，请老师考核；

6. 教师根据每小组训练中的表现和值庭动作是否规范等方面进行考核，并按百分制给出成绩。

【考核方式与标准】

（一）考核方式

1. 由教师对学生的操作过程进行考核；

2. 学生之间相互评价操作过程，做出评议；

3. 教师进行总结。

（二）考核标准

四级评分制：

1. 优秀：学生站位、换岗、传递与出示证据材料、凶器传递与出示、传带证人或鉴定人等动作规范到位，值庭的位置、姿势和动作要领符合要求。

2. 良好：学生站位、换岗、传递与出示证据材料、凶器传递与出示、传带证人或鉴定人等动作基本规范到位，值庭的位置、姿势和动作要领基本符合要求。

3. 及格：学生站位、换岗、传递与出示证据材料、凶器传递与出示、传带证人或鉴定人等动作勉强能完成，值庭的位置、姿势和动作要领勉强符合要求。

4. 不及格：学生站位、换岗、传递与出示证据材料、凶器传递与出示、传带证人或鉴定人等动作不到位不规范，值庭的位置、姿势和动作要领不符合要求。

项目二 人民检察院司法警察工作实务

知识目标

1. 掌握警务保护的类型和警务保护组织实施；
2. 了解传唤与拘传的适用范围；
3. 掌握协助执行强制措施的种类与操作程序；
4. 了解参与搜查的任务和方法；
5. 了解提押与看管过程中司法警察的职责和纪律；
6. 掌握送达工作种类和方式。

能力目标

1. 具备对各类警务保护任务组织实施能力；
2. 具备传唤与拘传的组织实施能力；
3. 掌握强制措施实施的一般操作规程；
4. 具备参与搜查组织实施能力；
5. 具备提押、与看管的组织实施能力；
6. 具备不同送达方式的组织实施能力。

任务一 警务保护

案例引入

11月14日，大荔县人民检察院公诉部办理的臧某某等8人寻衅滋事一案在县人民法院公开审理，涉及犯罪嫌疑人臧某某、徐某、李某某等8人，该案在大荔县城及社会上造成的影响很大，当日到庭参加旁听的嫌疑人家属、亲朋好友以及社会群众较多。为确保案件正常审理，保护公诉人的人身安全，大荔县人民检察院法警大队派出6名法警与县法院10名法警组成联合警力保障小组全程参与庭审。

如何进行警务保护？

基本原理

根据《人民检察院司法警察条例》的规定，检察院司法警察有职责对人民检察院直接立案侦查案件的犯罪现场以及出席法庭、执行死刑临场监督检察人员进行保护。

一、警务保护的类型与适用

（一）犯罪现场的保护及其适用

犯罪现场的保护是指人民检察院司法警察对检察机关直接立案侦查的案件，根据检察官的指令和要求，为防止犯罪的证据受到自然或人为因素的破坏而进行的专门性保卫和防护工作。保护的对象和范围包括：

1. 物证、书证及其发现地、隐藏地、存放地；

2. 视听资料、电子数据的大型载体、设备的存放地；

3. 检察官进行犯罪现场侦查活动的工作区域。

（二）保护诉讼参与人及其保护内容

检察院司法警察保护的诉讼参与人，特指检察机关参与案件开庭审理的公诉人、书记员以及为支持公诉而出庭作证的证人。保护的内容是：①保护出庭公诉人是指人民检察院司法警察保护出庭公诉人员的人身和诉讼卷宗、证据安全的执法行为，是对检察机关依法开展的公诉活动提供警务保障；②保护出庭证人是指人民检察院司法警察保障证人依法出庭参与诉讼活动的执法行为。司法警察根据业务部门的申请，派出人员保护出庭证人的人身安全。

（三）保护执行死刑临场监督检察人员及其适用

保护执行死刑临场监督检察人员安全是指司法警察部门根据业务部门的申请，派出司法警察在执行死刑现场保护检察人员、书记员人身安全，协助人民法院、公安机关处置突发事件的执法行为。保护的具体对象包括：①从事死刑执行临场监督工作的检察人员；②从事死刑执行临场监督工作的书记员；③人民检察院根据工作需要派出的其他人员。

二、警务保护的组织实施

（一）警务保护的受领

1. 接受申请。在检察活动过程中，业务部门根据具体案件情况，向法警部门提出用警申请。证人申请保护的，由证人首先向公诉部门提出保护请求，再由公诉部门向法警部门提出，法警部门不直接受理证人提出的保护申请。

2. 审核申请。法警部门接到业务部门的派警申请后，核查用警申请和案件有关资料，以确保准确无误。公诉人在开庭中遇到突发情况的，可直接与法警部门联系，由法警部门启动应急预案处理，提供警务保护。

3. 安排警务。分管司法警察的副检察长或者法警部门主要负责人签发派警令后，法警部门安排具有执法资格的司法警察出警，并指定任务负责人。

（二）警务保护的准备

1. 了解案情。联系用警部门，了解和协调与警务保护有关的事项，掌握案件相关信息。

2. 制定警务保护方案。包括警力配置、职责分工、警用装备和车辆的配备、突发事件应急处置等。

3. 装备领取和检查。根据公诉部门的要求、案件的性质和不同时段的具体情况，可以着制式服装、作训服装或者便装；可以徒手执行任务或者使用警用装备；使用警用装备时，通常使用防御性质的警用装备。

4. 携带有效证件。

5. 实地勘查。

（三）警务保护的具体实施

1. 犯罪现场保护的实施。①划定保护范围，犯罪现场的保护范围通常依其所在的客观地理条件划定。范围划定后，即应加强保护措施。可用警戒线围蔽或在地上画线为记，防止行人进入。对于现场重要部位的出入口，应当派专人看守。②布控保护现场。根据业务部门的申请和法警部门领导的安排，按要求赶到指定地点，对要保护的地点、范围进行布控。③实施现场保护。第一步，在保护区域范围内发布通告，告知现场群众，检察机关因办案需要将对现场采取封闭措施，要求无关人员撤离；第二步，对保护现场实施清场。在保护区域设立警示标记，便于群众辨认保护区域范围。群众撤离后，保护组负责人应当组织现场检查。发现无关人员滞留的，应当在查明原因后带出；对拒不离开的，进行劝导或者强制带离；第三步，实施现场封闭。根据现场指挥检察官的要求，设立警戒线或者警戒标志，禁止无关人员越过标志范围；最后，撤离保护现场。接收现场指挥检察官发出的撤离指示后，清点、回收警用装备和用具，恢复现场的正常功能和秩序，由司法警察保护组负责人带队撤离。

2. 保护出庭公诉人的实施。普通案件中对出庭公诉人的保护，根据公诉部门的要求安排警力，通常安排两名司法警察执行保护任务。保护出庭公诉人的勤务实施如下：

（1）负责护送公诉部门出庭人员安全地前往法院，进入法庭。

（2）开庭后，在公诉人身后站立，负责安全警戒。

（3）进入法庭直至离开法院，始终陪伴公诉人左右。

（4）出现对公诉人不利的情况及时制止，无法控制事态时，保护公诉人撤离现场。

3. 保护出庭证人的实施

（1）贴身保护。对生命安全受到严重威胁的证人，实施24小时的贴身保护，直到案件审判结束或者危险消除。

（2）短期安置。对于身份无法保密的证人（例如犯罪分子作案的时候看到证人或者认识），如果确实人身受到威胁，可将证人临时转移到安全的场所，直到案件审判结束或者危险消除。

（3）安全巡查。对于可能受到安全威胁，可在不影响其日常生活的情况下，派警力加强对其居住、工作场所的巡查。

4. 保护执行死刑临场监督检察人员的实施。出警之前，与死刑临场监督检察人员、人民法院、公安机关进行沟通，明确工作重点和职责分工，按照事先拟订的保护方案实施。根据保护执行死刑临场监管检察人员的工作内容，配备至少 2 名以上司法警察负责临场监督人员进入和离开执行现场前后的安全保卫工作。

任务二　执行传唤和其他强制措施

 **基本原理**

一、执行传唤

执行传唤是指人民检察院司法警察根据检察官的要求，以书面或口头形式，通知当事人在一定的时间到指定地点接受讯问或询问的一项活动。人民检察院的法警执行的传唤是检察院为了查明案件真相、保证检察工作顺利进行而对当事人采取的一项措施。

（一）执行传唤的方式

执行传唤是不具有强制性质的法律措施，因此在适用方式上比较灵活，通常采取的方式主要有两种，即文书传唤与口头传唤。

1. 文书传唤。文书传唤，是以文书的形式对当事人进行传唤的一种方式，是司法实践中最常用的传唤方式。使用文书传唤具有以下特点：传唤通知书、传票具有法律效力，被传唤人收到通知书、传票后应按时到指定地点接受讯问或询问。无正当理由拒不到案或逃避传唤的，可以拘传。

2. 口头传唤。口头传唤，是指对当事人以口头通知的方式，在指定地点接受讯问或询问的一种特殊的传唤方式。实践中，口头传唤一般由检察官、法官自己进行。

（二）执行传唤的组织实施

人民检察院的司法警察执行传唤的实施步骤：

1. 认真核对、登记传票。司法警察部门接到传唤通知书、传票后，应认真检查、核对被传唤人的姓名、年龄、性别、住址，应送达的处所和限定的时间等内容。

2. 布置任务。司法警察部门在接到传唤任务后，应当及时指派司法警察专门执行。

3. 准时送达、签收传唤通知书或传票。司法警察在执行传唤时，应当在法律规定的时间内将法律文书送达被传唤人。

（三）执行传唤任务的注意事项

1. 执行传唤前，了解被传唤人的姓名、性别、年龄、工作单位、住址及传唤内容等基本情况；

2. 传唤犯罪嫌疑人时，应当向被传唤人出示传唤证，并责令其在传唤证上签名、捺指印；

3. 传唤犯罪嫌疑人时，其家属在场的，当场将传唤的原因和处所口头告知其家属；其家属不在场的，及时将传唤通知书送达其家属，并由其家属在传唤通知书副本上签名或者盖章；其家属拒绝签名或者盖章的，在传唤通知书副本上注明；无法通知的，及时通知案件承办人；

4. 传唤被取保候审、监视居住的犯罪嫌疑人、被告人，须先行与采取强制措施的执行机关联系，到被传唤人所在地派出所登记后方可执行；

5. 犯罪嫌疑人无正当理由拒不接受传唤或者逃避传唤的，及时通知案件承办人。

6. 传唤任务完成后，及时将相关法律文书交案件承办人。

二、拘传（参考本单元项目一任务六）

三、协助执行其他刑事强制措施

刑事强制措施中，公、检、法三机关都具备取保候审、监视居住的决定权和执行权，人民检察院具备拘留和逮捕的决定或批准权，在具体实施过程中，法官、检察官不直接执行上述刑事强制措施，由检察院司法警察在《人民检察院司法警察条例》和《人民检察院司法警察执行职务规则》规定的范围内协助执行监视居住、拘留和逮捕等刑事强制措施。

（一）协助执行监视居住

人民检察院决定监视居住的，应派人向被监视居住人宣读监视居住决定书，由犯罪嫌疑人、被告人签名或盖章后，将监视居住决定书、监视居住通知书，送达负责执行的公安机关，必要时，检察院可以派出司法警察协助执行。协助执行的司法警察应当与负责执行的公安机关共同监督、考察犯罪嫌疑人、被告人。

协助执行监视居住的组织实施：

1. 警务受领。案件承办部门将院长签发的监视居住决定书、执行监视居住通知书（包括回执）送交司法警察部门，办理用警申请手续，说明案由、案号、被监视居住人姓名、住址、违法事实、监视居住法律依据、审批人意见等，由司法警察部门组织实施。

2. 警务准备。接到案件承办部门送交的监视居住决定书和用警申请手续后，司法警察部门应当审核内容登记是否具体、清楚、准确；根据案件承办部门提出的用警申请，司法警察部门领导应当指定实施监视居住强制措施的负责人，并明确工作任务，提出工作要求。对风险评估等级较高的被监视居住人，司法警察部门应当指派司法警察到实施现场进行勘查并制定实施方案。

3. 警务实施。

（1）协助执行指定居所监视居住前，了解被监视居住对象的基本情况、监视居住的处所内部设施及周围环境，制定安全防范应急预案；对指定居所不符合安全条件的，及时向分管院领导报告，并提出整改建议。

（2）犯罪嫌疑人进入监视居住处所时，应当对犯罪嫌疑人的人身、随身携带的物品进行安全检查，发现与案件相关的证据或者可疑物品以及可能危害人身安全的物品，应当及时向案件承办人报告。

（3）协助执行指定居所监视居住时，应当加强与公安机关执行民警的协调，严格落实二十四小时值班制度，认真做好值班记录；交接班时，交班人员要向接班人员说明监管情况，并做好交接记录。

（4）协助执行指定居所监视居住时，必须坚守岗位，加强监管，重点做好犯罪嫌疑人就餐、如厕、就寝和就医等日常生活起居关键环节的监管工作，注意观察犯罪嫌疑人身体状况和情绪变化，对出现突发疾病、情绪波动等情况的，及时报告和处置，防止意外事件发生。

（5）辩护律师会见法律规定需经许可会见的犯罪嫌疑人时，应当要求其出示许可会见犯罪嫌疑人决定书，并做好安全防范工作。

（6）协助执行指定居所监视居住时，不得体罚、虐待或者变相体罚、虐待犯罪嫌疑人；发现办案人员有违法违规行为时，应当制止，制止无效的，及时向分管院领导报告。

（二）协助执行拘留、逮捕

协助执行拘留、逮捕，是指人民检察院司法警察协助公安机关执行由人民检察院决定拘留的现行犯或者重大犯罪嫌疑分子和决定逮捕的犯罪嫌疑人、被告人的行为。

司法警察协助执行拘留、逮捕的组织实施如下：

1. 警务受领。案件承办部门将院长签发的拘留决定书、逮捕决定书、执行拘留通知书、执行逮捕通知书（包括回执）送交司法警察部门，办理用警申请手续，说明案由、案号、犯罪嫌疑人的姓名、性别、年龄、工作单位、住址、身份证号码、违法事实、拘留逮捕法律依据、审批人意见等。

2. 警务准备。接到案件承办部门送交的拘留或逮捕决定书和用警申请手续后，司法警察部门应当审核内容登记是否具体、清楚、准确；根据案件承办部门提出的用警申请，司法警察部门领导应当指定实施拘留或逮捕强制措施的负责人，并明确工作任务，提出工作要求。对风险评估等级较高的被拘留或逮捕人，司法警察部门应当指派司法警察到执行现场进行勘查并制定具体实施方案。

3. 组织实施。① 出发前。司法警察应当检查警戒具、武器及车辆状况，确保处于良好状态；应当携带拘留决定书和通知书，认真核对被拘留人的姓名、年龄、工作单位和住址。根据执行的实际需要，司法警察配合案件承办部门人员与当地的村委会、居委会或有关单位进行联系、沟通，了解被拘留人的最新情况，取得当地基层组织或有关单位的支持。②到达现场。根据实施方案中确定的车辆出入线路、顺序，到达被拘留人住所地或单位所在地，找到被拘留人并核对身份。司法警察应当出示人民警察证，表明身份，并向被拘留或逮捕的人说明拘留、逮捕的原因、性质及拒不接受拘留、逮捕的法律后果，并当场宣读拘留决定书。司法警察配合承办部门人员让被拘留人在《拘留决定书》《逮捕证》的回证上签名，捺手印，并注明送达时间。执行拘留、逮捕强制措施时，司法警察应当保持高度警惕，注意被拘留人的可疑行为，严密防范被拘留人实施逃跑、自伤、自杀或行凶等行为，并依法使用警戒具。被拘留人是女性的，应当有女性司法警察参加。③带离现场。协助执行拘留、逮捕之后迅速将被拘留、逮捕人带上车辆并离开现场。车辆行驶过程中，司法警察应当始终坐在被拘留人的两侧，抓住被拘留人的肘部。④交付执行。到达拘留所、看守所后，司法警察应当将执行拘留通知书、执行逮捕通知书（包括回执）连同被拘留（逮捕）人一并送交拘留地公安机关。公安机关收押被拘留（逮捕）人后，司法警察应当将经公安机关填写收押时间、收押地点的执行拘留（逮捕）通知书（回执）带回。⑤存档备查。实施拘留强制措施的负责人应当将拘留决定书、送达回证、执行拘留通知书（回执）送交案件承办部门人员带回存卷，将用警申请手续、执行拘留实施方案、拘留执行情况等资料交司法警察部门留存备查。

任务三　参与搜查

📖 基本原理

参与搜查是指人民检察院司法警察在检察官的指挥下，依法履行职责，参与并配合检察院侦查人员依法对犯罪嫌疑人的人身、物品以及可能隐藏犯罪嫌疑人或者犯罪证据的住处和其他有关场所进行搜索、检查的一项勤务任务。

一、参与搜查的主要任务

根据《人民检察院司法警察条例》和《人民检察院司法警察执行职务规则》的有关规定，司法警察参与搜查的主要任务包括以下四项：①场地警戒，保证搜查工作顺利进行；②保护搜查人员的人身安全；③协助办案人员搜查；④制止无关人员进入现场。

二、参与搜查的组织实施

（一）参与搜查任务的受领

人民检察院的司法警察接受检察官的指令，一切围绕搜查工作的需要而开展工作，搜查前应由检察长签发搜查证。

（二）参与搜查的准备

1. 明确搜查目的，了解案件情况。搜查前，参与搜查的人员应详细、准确地了解搜查的具体目的和重点，这有助于搜查人员判断和发现目标。

2. 做好物资准备，配备器材工具。出发前，司法警察必须对拟使用的交通工具、通讯器材及警械武器进行认真、全面的检查。

（三）参与搜查的实施

1. 迅速到达指定部位。参与搜查的司法警察按照检察官的工作要求和具体分工，全副武装、迅速准时到达指定部位。

2. 快速布控。执勤的司法警察根据工作的具体要求，对主要通道、出入口、关键部位进行合理布控、有效控制，防止无关人员进入执勤的工作区域。

3. 实施搜查。搜查应有两名或两名以上搜查人员共同进行，必须首先向被搜查人或者他的家属出示搜查证，应当有被搜查人或者他的家属、邻居或者其他与案件无关的见证人在场见证。

4. 制作搜查笔录。搜查时应按规定制作搜查笔录和进行必要的拍照录像。搜查笔录制作一式两份，一份随诉讼案卷材料移交，一份存在侦查案卷内备案。

5. 撤离现场。搜查工作结束后，执勤司法警察随检察官一同撤离现场，在随同检察官撤离现场时，中心任务是保护搜查成果和搜查人员的安全，防止意外发生。

任务四　送达

📋 案例引入

2014 年 3 月 18 日家住河北省霸州市的被害人王某，收到了由天津市滨海新区大港检察院两位司法警察送来的委托诉讼代理人通知书和听取被害人意见通知书，同时两位司法警察还为他讲解了应当知晓的诉讼权利和义务。听完法警的讲解，王某在送达回证上郑重签上了自己的名字。

试述如何送达？

📋 基本原理

送达是人民法院和人民检察院进行的一种重要的法律诉讼行为，其实质是司法机关的告知行为。指司法机关依照法定程序和方式，将法律文书送交当事人、诉讼参与人或有关单位的诉讼行为。由于《人民法院司法警察条例》（2012 年修订）已撤销法院司法警察送达职责，人民法院审判中的法律文书由承办案件的法官完成，法院司法警察在法官履行送达职责时，对法院工作人员及送达文书进行警务保护。

一、送达法律文书的种类

人民检察院司法警察送达的法律文书主要有：

1. 立案、侦查文书。如立案决定书、传唤通知书、批准延长侦查羁押期限决定书等。

2. 刑事强制措施类文书。如拘传证、拘留通知书、批准逮捕决定书、逮捕决定书、撤销取保候审决定书等。

3. 起诉类文书。如起诉意见书、不起诉意见书、起诉书、不起诉决定书等。

4. 审判监督类文书。如刑事抗诉书、民事抗诉书、行政抗诉书、撤回抗诉决定书、不抗诉决定书等。

5. 其他法律监督文书。如纠正违法通知书、纠正不当减刑裁定意见书、通知立案书等。

6. 其他需由司法警察送达的与案件有关的信函及文书。

送达是诉讼中的一项制度，它的作用及其必要性，不仅在于将诉讼文件交给收件人，使其了解文件的内容，得以按照法定程序参加诉讼活动，并行使诉讼权利、承担诉讼义务，以利于诉讼正常进行，而且在于赋予诉讼文件一定的法律效果。

二、送达的方式

（一）直接送达

直接送达是指司法机关派专人将法律文书、案卷直接交付受送达人的一种方式。

直接送达的程序是，送达人员将法律文书、案卷直接送达给受送达人本人，受送达人本人应在送达回执上签名，并记明收到日期。

（二）留置送达

留置送达是指受送达人或代收人无正当理由拒绝签收诉讼文书时，送达人依法将诉讼文书留在受送达人的住处，即视为合法送达的一种方式。

留置送达的程序：送达人可以邀请有关基层组织或所在单位的代表或者其他见证人到场，说明情况，在送达回证上记明拒收的事由和日期，由送达人、见证人签名或者盖章，把诉讼文书留在受送达人的住所，即视为送达；见证人不愿在送达回证上签名或盖章的，由送达人在送达回证上记明情况，把送达文书留在受送达人住所，也视为送达；也可以将诉讼文书留在受送达人的住所，并采用拍照、录像等方式记录送达过程，同样视为送达。

📝 **特别强调**

留置送达的方式只有在直接送达无法完成时才可采用。

（三）邮寄送达

邮寄送达是指司法机关通过邮政部门将诉讼文书用挂号信寄交受送达人的一种送达方式。

根据《邮寄送达规定》第7条之规定，邮寄送达检察法律文书，应当直接送交受送达人。

受送达人或者其代收人在签收时，应当出示其有效身份证件并在回执上填写该证件的号码，代收人还应填写其与受送达人的关系；受送达人或者其代收人拒绝签收的，由邮政企业的投递员记明情况，并将邮件退回人民检察院。

（四）电子送达

电子送达的条件：必须是受送达人同意检察机关采用传真、电子邮件、微信等能够确认其收到的方式送达。

电子送达的程序：由送达人员发送传真、电子邮件，以传真、电子邮件到达受送达人特定系统的日期为送达日期。

📝 **特别强调**

检察专递法律文书的范围为最高人民检察院明确规定的可以通过邮寄送达方式寄递的检察法律文书，主要包括民事检察、行政检察、控告检察、刑事申诉检察等法律文书。检察专递送达与检察院直接送达具有同等法律效力。

三、送达勤务的具体实施

负责送达的司法警察在接受任务后，要做好以下工作：

（一）对送达数量、送达对象、送达地点和送达路线的了解和安排

1. 认真核对送达诉讼文书的数量（清点份数、册数）；

2. 明确送达的时间、地点、受送达人姓名、住址等情况；

3. 对送达地址进行排列，力求做到在最短的时间，走最短的路程，完成送达任务。

（二）根据被送达对象情况，选择送达方式

1. 直接送达。在人民检察院送达法律文书时，这种送达方式是首选的。直接送达是最基本的送达方式。根据诉讼理论和诉讼法的有关精神，所有诉讼文书的送达，以直接送达为原则，凡是能够直接送达的，都应直接送达。司法警察应该将文书直接交

给受送达人，如果受送达人有指定代收人，交给代收人同样视为直接送达。受送达人或代收人应在送达回证上签名或盖章。

2. 留置送达。司法警察送达法律文书，应当要求受送达人在送达回证、司法警察送达法律文书登记本上签名盖章。受送达人不在，或者拒绝接收时，可以留置送达，留置送达必须由受送达人的基层组织或所在单位的代表到场作见证人，送达任务完成后应准确、及时将送达回证或其他交接手续反馈给案管部门，未能按时送达的应及时报告并说明原因。

3. 除以上送方式外，还可选择电子送达、邮寄送达、和公告送达。电子送达的条件是，受送达人同意采用传真、电子邮件、微信等方式送达的；邮寄送达的条件是受送达人住所距离较远，直接送达有困难，检察院用检察专递的方式委托邮政企业进行邮寄；公告送达的条件是受送达人下落不明，其他方式无法完成送达任务的。

（三）交还送达回证

送达时，应当要求受送达人在送达回证上签名、盖章；或是司法警察在送达回证上记明受送达人拒绝接收或者拒绝签名、盖章情况。送达任务完成后，检察院司法警察应准确、及时地将送达回证或其他交接手续反馈给案管部门，未能按时送达的应及时报告并说明原因。

📖 特别提醒

人民检察院司法警察的押解与看管工作，参考本单元项目一，任务三。人民检察院涉诉信访应急处置工作参考本单元项目一任务七。

📖 法律资料

人民检察院司法警察条例

第一章 总则

第一条 为了加强人民检察院司法警察队伍建设，保障司法警察依法行使职权，根据《中华人民共和国人民检察院组织法》、《中华人民共和国公务员法》和《中华人民共和国人民警察法》等法律，制定本条例。

第二条 人民检察院司法警察是中华人民共和国人民警察的警种之一，依法参与检察活动。

第三条 人民检察院司法警察的任务是通过行使职权，维护社会主义法制，维护检察工作秩序，预防、制止妨碍检察活动的违法犯罪行为，保障检察工作的顺利进行。

第四条 最高人民检察院领导地方各级人民检察院和专门人民检察院司法警察工作，上级人民检察院领导下级人民检察院司法警察工作。

第五条 人民检察院司法警察必须忠实执行宪法和法律，服务人民，忠于职守，清正廉洁，纪律严明，服从命令，严格、公正、文明、规范执法。

第六条　人民检察院司法警察依法执行职务，受法律保护。

第二章　职权

第七条　人民检察院司法警察依法履行下列职责：

（一）保护人民检察院直接立案侦查案件的犯罪现场；

（二）执行传唤、拘传；

（三）协助执行监视居住、拘留、逮捕，协助追捕在逃或者脱逃的犯罪嫌疑人；

（四）参与搜查；

（五）提押、看管犯罪嫌疑人、被告人和罪犯；

（六）送达有关法律文书；

（七）保护出席法庭、执行死刑临场监督检察人员的安全；

（八）协助维护检察机关接待群众来访场所的秩序和安全，参与处置突发事件；

（九）法律、法规规定的其他职责。

第八条　人民检察院司法警察在检察官的指挥下履行职责。

第九条　对以暴力、威胁或者其他方法阻碍检察人员依法执行职务的，人民检察院司法警察应当及时予以控制，并依法采取强行带离现场或者采取法律规定的其他措施。

第十条　对涉诉信访人员及其他人员在人民检察院办公区域或者门前实施自杀、自伤等过激行为或者其他违法行为的，人民检察院司法警察应当及时采取措施予以制止和协助救治，必要时应当对其采取约束性保护措施，并视情节移送公安机关。

第十一条　对严重危害人民检察院工作人员人身安全及检察机关财产安全的，人民检察院司法警察应当采取制止、控制等处置措施。对涉嫌违法犯罪的，及时移送公安机关。

第十二条　遇有拒捕、拦劫囚车、抢夺枪支或者其他暴力行为的紧急情况，人民检察院司法警察可以依照国家有关规定使用警械；使用警械不能制止或者不使用武器制止可能发生严重后果的，可以依照国家有关规定使用武器。

第十三条　对检察官或者其他办案人员在一定场所的讯问、询问活动中的违法违规行为，人民检察院司法警察应当及时提醒，必要时可以向分管检察长报告。

第三章　组织管理

第十四条　人民检察院司法警察依法实行警衔制度。人民检察院授予警衔的人员应当使用政法专项编制，具有司法警察职务，并履行司法警察职责。

第十五条　人民检察院司法警察的编制、建制，由最高人民检察院规定。

第十六条　人民检察院司法警察实行编队管理。最高人民检察院设立司法警察局；省、自治区、直辖市人民检察院设立司法警察总队；省、自治区、直辖市人民检察院分院和自治州、省辖市人民检察院设立司法警察支队；县、市、自治县和市辖区人民检察院设立司法警察大队。

第十七条　最高人民检察院司法警察局管理全国检察机关司法警察工作，其主要职责：

（一）研究、制定司法警察工作的规划和规章制度；

（二）指导、考评司法警察业务工作；

（三）监督、检查司法警察执行法律、法规的情况；

（四）协调跨省区的重大警务活动；

（五）指导、组织司法警察的教育培训；

（六）管理司法警察警衔；

（七）管理司法警察警用装备；

（八）完成检察长交办的其他任务。

第十八条　司法警察总队和司法警察支队管理本级和下级人民检察院司法警察工作，其主要职责：

（一）组织落实司法警察工作的条例、规定及其他相关文件；

（二）指导司法警察队伍建设，制定队伍管理的规章制度；

（三）指导、考评司法警察业务工作；

（四）组织司法警察履行职责；

（五）协调跨地区的重大警务活动；

（六）组织司法警察的教育培训；

（七）管理或者协同管理警司以下司法警察的警衔；

（八）管理司法警察警用装备；

（九）完成检察长交办的其他任务。

第十九条　司法警察大队管理本院司法警察工作，其主要职责：

（一）组织司法警察履行职责；

（二）落实司法警察工作的条例、规定及其他相关文件；

（三）制定本院司法警察管理的规章制度；

（四）制定司法警察工作计划；

（五）组织司法警察进行训练；

（六）管理司法警察警用装备；

（七）完成检察长交办的其他任务。

第二十条　人民检察院录用的司法警察，应当符合国家规定的条件。

人民检察院录用司法警察，应当按照国家规定，公开考试，严格考核，择优选用。司法警察录用试用期为一年1年。试用期满经考核合格的，正式任职并评定、授予相应警衔；不合格的，取消录用资格。

第二十一条　调任、转任到人民检察院拟任司法警察职务的，应当符合担任人民检察院司法警察的条件和拟任职位所要求的资格条件。

第二十二条　人民检察院司法警察的任职、晋升职务或者授予、晋升警衔，应当经过司法警察专业培训并考试考核合格。未经过培训的，一年内安排补训。

第二十三条　人民检察院司法警察实行警察职务序列，分为警官职务序列、警员职务序列和警务技术职务序列。

第二十四条　人民检察院司法警察应当按照规定着装，佩带警用标志，保持警容严整，举止端庄。

人民检察院司法警察在执行职务时，应当携带人民警察证。

第二十五条　人民检察院司法警察的奖惩按照国家有关法律法规和最高人民检察院的有关规定办理。

第四章　警务保障

第二十六条　人民检察院司法警察必须执行上级的决定和命令。

人民检察院司法警察认为决定和命令有错误的，可以按照规定提出意见，但不得中止或者改变决定和命令的执行；提出的意见不被采纳时，必须服从决定和命令；执行决定和命令的后果由作出决定和命令的上级负责。

人民检察院司法警察对超越法律、法规规定的人民检察院司法警察职责范围的命令和指令，有权拒绝执行，并同时向上级机关报告。

对办案检察官指令的执行，依照前款规定。

第二十七条　人民检察院司法警察的警用标志、制式服装、武器和警械，由公安部统一监制，最高人民检察院会同公安部管理，其他个人和组织不得非法制造、贩卖。

人民检察院司法警察的警用标志、制式服装、武器、警械、人民警察证为司法警察专用，其他个人和组织不得持有和使用。

第二十八条　人民检察院司法警察工作和训练所需经费应当得到保证，并列入人民检察院财务预算。

第二十九条　人民检察院应当加强司法警察装备现代化建设，有计划地改善司法警察工作必需的警用装备、交通、通讯等装备设施。

第三十条　人民检察院司法警察部门应当建立严格的装备管理制度，经常开展爱护装备和管理、使用装备的教育，定期组织检查和维护，保证装备始终处于良好状态。

第三十一条　人民检察院司法警察实行国家公务员工资制度，并享受国家规定的警衔津贴和其他津贴、补贴、抚恤以及社会保险等福利待遇。

第五章　附　则

第三十二条　本条例自公布之日起施行。最高人民检察院1996年8月14日公布的《人民检察院司法警察暂行条例》同时废止。

第三十三条　本条例由最高人民检察院负责解释。

人民检察院司法警察执行职务规则

第一条　为了保障和规范人民检察院司法警察依法正确履行职责，根据《中华人民共和国刑事诉讼法》《中华人民共和国人民警察法》和《人民检察院司法警察条例》等有关规定，结合工作实际，制定本规则。

第二条　人民检察院司法警察在检察官的指挥下，依法履行职责。

第三条　人民检察院司法警察在执行职务过程中，遇有可能影响其公正履行职责的情形，应当按照规定回避，当事人及其法定代理人也有权要求其回避。

第四条　人民检察院司法警察执行职务应当根据用警部门的申请，填写执行职务派警令。执行一般任务的，执行职务派警令由警务部门负责人签发；执行重大警务活动或者执行任务需携带武器的，执行职务派警令由分管院领导签发；遇有紧急情况，经分管院领导同意可先派警，任务执行完毕后，及时补办相关手续。

第五条　人民检察院司法警察执行职务时应当按照规定着装，佩带人民警察标志，保持警容严整，举止文明，用语规范。

第六条　人民检察院司法警察执行职务，应当出示人民警察证。

第七条　人民检察院司法警察执行职务，应当严格依照有关规定使用警械和武器。

第八条　人民检察院司法警察执行职务，应当根据案件性质、涉案人数、危险程度、任务时限等情况配备警力。

执行重大案件警务保障或者处置涉检群体性突发事件警力不足的，以及跨区域执行任务需要警力协助的，上级人民检察院可以从下级人民检察院调用司法警察，下级人民检察院可以申请上一级人民检察院调用司法警察。

第九条　人民检察院司法警察执行保护人民检察院直接立案侦查案件的犯罪现场任务，应当做到：

（一）对犯罪现场进行警戒，维护现场秩序，禁止无关人员和车辆进入现场；

（二）发现可疑人员或者可疑情况立即向侦查人员报告，服从侦查人员指挥，及时采取相应措施，防止可疑人员逃离现场、转移物品、隐匿或者销毁证据；

（三）对以暴力、威胁或者其他方法妨碍现场侦查活动的人员，及时予以控制，依法采取强行带离现场或者法律规定的其他措施，保护现场侦查人员和群众的安全。

第十条　人民检察院司法警察执行传唤任务，应当做到：

（一）执行传唤前，了解被传唤人的姓名、性别、年龄、工作单位、住址及传唤内容等基本情况；

（二）传唤犯罪嫌疑人时，应当向被传唤人出示传唤证，并责令其在传唤证上签名、捺指印；

（三）传唤犯罪嫌疑人时，其家属在场的，当场将传唤的原因和处所口头告知其家属；

其家属不在场的，及时将传唤通知书送达其家属，并由其家属在传唤通知书副本上签名或者盖章；其家属拒绝签名或者盖章的，在传唤通知书副本上注明；无法通知的，及时通知案件承办人；

（四）传唤被取保候审、监视居住的犯罪嫌疑人、被告人，须先行与采取强制措施的执行机关联系，到被传唤人所在地派出所登记后方可执行；

（五）犯罪嫌疑人无正当理由拒不接受传唤或者逃避传唤的，及时通知案件承办人；

（六）传唤任务完成后，及时将相关法律文书交案件承办人。

第十一条　人民检察院司法警察执行拘传任务，应当做到：

（一）执行拘传前，了解被拘传人的姓名、性别、年龄、工作单位、住址、身份证号码等基本情况；

（二）拘传犯罪嫌疑人时，应当向被拘传人出示拘传证，犯罪嫌疑人到案后，责令其在拘传证上填写到案时间、签名、捺指印或者盖章；犯罪嫌疑人拒绝填写的，应当在拘传证上注明；

（三）对抗拒拘传的，可以使用警械具，强制到案；

（四）拘传后，应当对犯罪嫌疑人的人身、随身携带的物品进行安全检查，发现与案件相关的证据或者可疑物品以及可能危害人身安全的物品，应当及时向案件承办人报告；

（五）拘传任务完成后，及时将相关法律文书交案件承办人。

第十二条　人民检察院司法警察协助执行指定居所监视居住任务，应当做到：

（一）协助执行指定居所监视居住前，了解被监视居住对象的基本情况、监视居住的处所内部设施及周围环境，制定安全防范应急预案；对指定居所不符合安全条件的，及时向分管院领导报告，并提出整改建议；

（二）犯罪嫌疑人进入监视居住处所时，应当对犯罪嫌疑人的人身、随身携带的物品进行安全检查，发现与案件相关的证据或者可疑物品以及可能危害人身安全的物品，应当及时向案件承办人报告；

（三）协助执行指定居所监视居住时，应当加强与公安机关执行民警的协调，严格落实二十四小时24小时值班制度，认真做好值班记录；交接班时，交班人员要向接班人员说明监管情况，并做好交接记录；

（四）协助执行指定居所监视居住时，必须坚守岗位，加强监管，重点做好犯罪嫌疑人就餐、如厕、就寝和就医等日常生活起居关键环节的监管工作，注意观察犯罪嫌疑人身体状况和情绪变化，对出现突发疾病、情绪波动等情况的，及时报告和处置，防止意外事件发生；

（五）辩护律师会见法律规定需经许可会见的犯罪嫌疑人时，应当要求其出示许可会见犯罪嫌疑人决定书，并做好安全防范工作；

（六）协助执行指定居所监视居住时，不得体罚、虐待或者变相体罚、虐待犯罪嫌疑人；发现办案人员有违法违规行为时，应当制止，制止无效的，及时向分管院领导报告。

第十三条 人民检察院司法警察协助执行拘留、逮捕任务，应当做到：

（一）凭拘留证、逮捕证以及公安机关委托书或者授权书协助执行；

（二）协助执行拘留、逮捕任务前，了解犯罪嫌疑人的姓名、性别、年龄、工作单位、住址、身份证号码等基本情况；

（三）协助执行拘留、逮捕任务时，应当向犯罪嫌疑人出示拘留证、逮捕证；

（四）经执行机关授权，可以向犯罪嫌疑人宣布纪律，告知权利，责令其在拘留证、逮捕证上签名或者捺指印，犯罪嫌疑人拒绝签名或者捺指印的，应当在拘留证、逮捕证上注明；

（五）协助拘留、逮捕犯罪嫌疑人时，应当对犯罪嫌疑人的人身、随身携带的物品进行安全检查，发现与案件相关的证据或者可疑物品以及可能危害人身安全的物品，应当及时向案件承办人报告；

（六）对抗拒拘留、逮捕的犯罪嫌疑人，可以依法采取适当的措施，防止其脱逃、行凶、自杀、自伤、被劫持等事故的发生，必要时可以使用武器；

（七）犯罪嫌疑人被拘留、逮捕后，应当及时送看守所羁押，并将相关法律文书交案件承办人。

第十四条 人民检察院司法警察协助追捕在逃或者脱逃的犯罪嫌疑人，应当做到：

（一）详细了解在逃或者脱逃犯罪嫌疑人的基本情况、体貌特征、联系方式、可能藏匿的地点、有无凶器或者武器，以及相关联系人的单位、住址、电话等情况，拟制周密的追捕计划，准备相关的法律文书；

（二）追捕中要采取多种方式了解在逃或者脱逃犯罪嫌疑人行踪，注意隐蔽身份，严守保密纪律，防止走漏消息；

（三）捕获犯罪嫌疑人后，应当对其进行人身搜查，发现与案件相关的证据或者可疑物品以及可能危害人身安全的物品，应当及时向案件承办人报告；

（四）对拒捕的犯罪嫌疑人，可以依法采取约束性保护措施予以控制，防止犯罪嫌疑人再次脱逃或者行凶、自杀、自伤、被劫持等事故的发生；对携带枪支、爆炸、剧毒等危险物品拒捕的犯罪嫌疑人，立即向上级报告，并与当地公安机关联系，共同抓捕犯罪嫌疑人；

（五）如果捕获的犯罪嫌疑人意外受伤或者突发疾病，应当及时送医院治疗，并立即向上级报告；

（六）捕获犯罪嫌疑人后，应当按照有关规定立即将其押解归案，并将相关法律文书交案件承办人。

第十五条 人民检察院司法警察执行参与搜查任务，应当做到：

（一）参与搜查前，了解被搜查对象的基本情况、搜查现场及周围环境，确定搜查的范围和重点，明确分工和责任；

（二）侦查人员对犯罪嫌疑人、被告人的人身、住所、工作地点和其他有关地方进行搜查时，应当做好安全保障和警戒工作；

（三）对被搜查人及其家属进行严密监控，防止其隐匿、毁弃、转移犯罪证据；对以暴力、威胁或者其他方法阻碍搜查的，应当予以制止或者将其带离现场；

（四）对女性犯罪嫌疑人、被告人进行人身搜查时，应当由女性司法警察执行；

（五）协助侦查人员执行扣押、查封任务时，应当做好现场警戒，保护侦查人员安全，防止意外事件发生。

第十六条　人民检察院司法警察执行提押犯罪嫌疑人、被告人或者罪犯任务，应当做到：

（一）凭提讯、提解证执行；

（二）严格遵守看守所、监狱等羁押、监管场所的有关规定，核实被提押人身份，防止错提、错押；

（三）对被提押的犯罪嫌疑人、被告人或者罪犯应当使用警械具，对怀孕的妇女、有肢体残疾的人和未成年人等不适宜使用警械具的，可视情况处置；

（四）提押女性犯罪嫌疑人、被告人或者罪犯应当有女性司法警察在场；

（五）提押犯罪嫌疑人、被告人或者罪犯应当向其宣布有关法律规定，并责令其遵守；严密看管，严防被提押人脱逃、自杀、自伤、行凶、滋事或者被劫持等；押解途中如果发生突发事件，应当保护犯罪嫌疑人、被告人或者罪犯的安全，迅速将其转移到安全地点看管，并及时向上级报告；

（六）提押犯罪嫌疑人、被告人或者罪犯时，应当使用囚车押解；在距离较近、交通不便或者车辆无法继续行进等特殊情况下，经分管院领导批准，可以执行徒步押解；

（七）对男性和女性、成年人和未成年人、同案犯以及其他需要分别押解的犯罪嫌疑人、被告人或者罪犯，应当实行分车押解；对重、特大案件的犯罪嫌疑人、被告人或者罪犯，应当实行一人一车押解；

（八）长距离、跨省区乘坐公共交通工具提押犯罪嫌疑人、被告人或者罪犯，应当提前与相关部门及司乘人员取得联系，将犯罪嫌疑人、被告人或者罪犯安置在远离车窗、舱门等便于控制的位置或者相对封闭的空间，必要时可以使用约束性警械对其进行限制，防止犯罪嫌疑人、被告人或者罪犯脱逃、自伤、自杀、被劫持等事故发生；

（九）案件承办人讯问完毕后，应当及时将犯罪嫌疑人、被告人或者罪犯还押，并向看守人员反馈被提押人的动态，提讯、提解证由看守人员签字盖章后带回，交案件承办人。

第十七条　人民检察院司法警察执行看管犯罪嫌疑人、被告人或者罪犯任务，应当做到：

（一）对看管场所的设施及周边环境进行检查，消除安全隐患；

（二）依照规定与案件承办人做好交接手续，对犯罪嫌疑人、被告人或者罪犯的基本情况、进出看管场所的时间、有无疾病和异常情绪等逐一登记，准确填写看管记录；

（三）对犯罪嫌疑人、被告人或者罪犯的人身、随身携带的物品进行安全检查，发现与案件相关的证据或者可疑物品以及可能危害人身安全的物品，应当及时向案件承办人报告；

（四）依法告知犯罪嫌疑人、被告人或者罪犯在被看管期间享有的权利和必须遵守的规定；

（五）严格遵守看管工作规定，保持高度警惕，严防被看管人脱逃、自杀、自伤、行凶、串供、传递涉案信息或者有关物品等，遇有紧急情况时，可以采取相应强制措施制止，必要时可以依照有关规定使用警械具；

（六）适时提醒办案人员遵守办案时限，发现办案人员对犯罪嫌疑人、被告人或者罪犯体罚、虐待或者变相体罚、虐待、刑讯逼供时，应当制止，制止无效的，及时向分管院领导报告；

（七）遇有犯罪嫌疑人、被告人或者罪犯突发疾病的，及时报告案件承办人，配合做好救治工作。

第十八条　人民检察院司法警察执行送达有关法律文书任务，应当做到：

（一）送达必须按照法定程序进行；

（二）送达前要清点份数、册数，检查需送达的文书是否符合法定时效，是否留有送达所需的时间；

（三）准确、及时送达，未能按时送达的，及时报告并说明原因；送达时严守国家保密规定，不得将法律文书带到公共场所或者带回家中，不准将法律文书交给无关人员阅览和保管；

（四）送达时，应当要求受送达人在送达回证上签名、盖章；受送达人不在，可以交给与其同住的成年家属或者所在单位的负责人代收；受送达人或者代收人拒绝接收或者拒绝签名、盖章时，送达人可以邀请其邻居或者其他见证人到场，说明情况，把送达文书留在受送达人住所，在送达回证上记明情况。

第十九条　人民检察院司法警察执行保护出席法庭、临场监督执行死刑检察人员安全的任务，应当做到：

（一）提前与公诉部门或者刑事执行检察部门沟通，了解案件性质、涉案人数，出席法庭、临场监督执行死刑检察人员人数等情况，制定安全处置预案；

（二）依照有关规定携带警械具，重点保护好往返法庭、开庭期间、执行死刑过程中检察人员的人身安全；

（三）对于重大、敏感等案件，执行职务前应当与法院、公安机关沟通协调，共同做好防范工作；

（四）遇有聚众围攻、殴打出庭公诉、临场监督执行死刑检察人员的，应当采取适当的保护措施并及时与公安机关联系，保护检察人员人身安全。

第二十条　人民检察院司法警察执行协助维护检察机关接待群众来访场所的秩序和安全，参与处置突发事件任务，应当做到：

（一）对来访人员及其他人员扰乱接访秩序，实施自杀、自伤等过激行为的，及时采取措施予以制止和协助救治；

（二）对以暴力手段胁迫、殴打接访人员的，依法采取强行带离现场或者法律规定的其他措施，保护接访场所检察人员的人身安全；

（三）对破坏、冲击接访场所和检察机关办公场所秩序的不法分子，应当采取制止、控制等处置措施，保存相关证据，及时联系公安机关依法处置。

第二十一条　人民检察院司法警察在履行法律、法规规定的其他职责或者完成检察长交办的任务时，应当事先了解任务的性质、目的、要求及完成时限等，拟制相应的措施和方案，确保任务顺利完成。

第二十二条　人民检察院司法警察在执行职务过程中违反本规则，情节轻微的，应当给予批评教育；情节严重的，应当依据《中华人民共和国人民警察法》和最高人民检察院有关规定给予纪律处分；构成犯罪的，依法追究刑事责任。

第二十三条　本规则由最高人民检察院负责解释。

第二十四条　本规则自公布之日起施行。最高人民检察院 2001 年 6 月 18 日公布的《人民检察院司法警察执行职务规则（试行）》同时废止。

练习与思考

1. 检察院司法警察的警务保护职责包括（　　　　）

A. 人民检察院直接立案侦查案件的犯罪现场的保护

B. 对出席法庭的检察人员进行保护

C. 对执行死刑临场监督检察人员进行保护

D. 对出席法庭的诉讼参与人员进行保护

2. 下列属于人民检察院司法警察的送达的方式有（　　　　）

A. 直接送达　　B. 留置送达　　C. 邮寄送达　　D. 电子送达

3. 人民检察院司法警察参与搜查的实施步骤是：（　　　　）

①迅速到达指定部位　　②快速布控　　③实施搜查

④制作搜查笔录　　　⑤撤离现场

A. ①②③④⑤　　B. ②①③④⑤　　C. ①②④③⑤　　D. ②①④③⑤

4. 人民检察院司法警察执行传唤是检察院为了查明案件真相、保证检察工作顺利进行而对当事人采取的一项活动，执行传唤的方式有（　　　　）

A. 文书传唤　　B. 口头传唤　　C. 电子传唤　　D. 留置传唤

5. 下列不属于人民检察院司法警察应当履行的职责有（　　　　）

A. 保护人民检察院直接立案侦查案件的犯罪现场

B. 执行传唤、拘传

C. 送达有关法律文书

D. 值庭

【项目实训】直接送达与留置送达

【训练目的】

通过训练，使参训学生掌握直接送达、留置送达方式及送达程序。要求参训学生能够根据不同案件、诉讼文书及受送达人的具体情况选择适当的送达方式；能够掌握各种不同的送达方式必须履行的送达程序；能够规范填写送达回证。

【训练内容及要点】

（一）根据案件、诉讼文书及受送达人的具体情况选择适当的送达方式。

（二）直接送达、留置送达方式必须履行的送达程序。

（三）要求参加训练的同学：

1. 必须按小组制作一份送达回证及相关文书材料，送达回证及相关文书材料应严格遵循制作规范；

2. 参加训练的同学，应明确各自角色的性质、任务；

3. 训练后应由教师根据同学训练中的表现和制作送达回证及相关文书的质量，逐个进行讲评，按百分制给出成绩。

【训练前的准备】

（一）诉讼文书、送达回证、警官证等相关的法律文书；

（二）警用车辆及必要的防护器材，如武器、械具、雨衣、修理工具等。

【训练方法与步骤】

（一）角色分配：指导老师做法警队负责人，由1名同学担任受送达人，2名同学担任法警；

（二）检查需送达的诉讼文书是否符合法定时效，以及是否留有送达所需的时间；

（三）检查交通工具及必要的防护器材是否良好；

（四）根据案件、诉讼文书及受送达人的具体情况选择送达方式；

（五）根据选定的送达方式描述必须履行的送达程序；

（六）填写送达回证。

【注意事项】

（一）参训学生要按照自己的角色办事，并互换角色进行训练；

（二）要按照法律规定的送达程序办理送达有关手续；

（三）对送达的诉讼文书要妥善保管，防止丢失或损坏。

【相关法律文书写作格式规范与实例】

在送达训练中，送达回证是最主要的法律文书，参与训练的同学必须依据法律的相关规定和指导老师的指导，正确填写送达回证。

送达回证有固定的格式和内容。其内容包括：实施送达的法院，受送达人的姓名、职务、住所或者居住地，应当送达文书的名称和案件编号；送达方式；送达人、受送达人或者见证人签名、盖章、签收日期等。

送达回证是表格式文书，由表首、正表和表尾三部分组成。表首包括文书标题和发文单位；正表依次填清案由、案号、送达文书的名称和件数、受送达人、送达地址、代收人及代收理由和受送达人签名或盖章，如受送达人或代收人；尾部主要包括填发人和送达人的签名和印章。

1. 送达回证的格式。

×××人民检察院送达回证

案由		案号	（　）字第　号
送达文书 名称和件数			
受送达人			
送达地址			
受送达人 签名或盖章	年月日		
代收人及 代收理由	年月日		
备考			

填发人×××送达人×××

2. 送达回证写作实例。

××人民检察院送达回证

案由		案号	（2014）字第5号
送达文书 名称和件数	委托诉讼代理人通知书　1份 听取被害人意见通知书　1份		
受送达人	王××		
送达地址	××市××区××街10号		
受送达人 签名或盖章	王×× 　×年×月×日		

续表

案由		案号	（2014）字第 5 号
代收人及 代收理由	年　　月　　日		
备考			

填发人张×× 送达人赵××

【考核方法及标准】

（一）考核方式

指导老师 1 名，学生 3 人一组，由指导老师审查参训学生的操作过程；学生之间互相审查操作过程作出评议，最后由指导老师总结。

（二）考核标准

1. 优秀：准备充分，操作熟练，文书格式合法规范，记录内容清晰完整，法律手续完善。

2. 良好：准备较充分，操作较熟练，文书格式合法规范，记录内容清晰，法律手续完善。

3. 合格：准备基本充分，操作基本熟练，文书格式基本合法，规范记录内容基本清晰，法律手续完善。

4. 不合格：未达合格标准。

【案例设计】

2017 年 9 月 24 日，吕某川等 4 人涉嫌集资诈骗、非法吸收公众存款案在某市中院审查起诉，为了向本案被害人张义华告知审查起诉阶段享有的权利义务，由某市检察院司法警察向其送达某市人民检察院被害人诉讼权利义务告知书（审查起诉阶段）。在送达到其家时，家中无人，邻居告诉送达的司法干警，被害人张义华外出打工了，具体去哪儿他们也不知道，到晚上肯定回来，他老婆走亲戚了。后来在返回的路上遇见了正在去亲戚家路上的被害人张义华的老婆。送达人员即准备将被害人诉讼权利义务告知书送达给她，但是其拒绝接受文书，法院即留置送达了该文书。

训练要求与提示：

依法办理相关送达手续，根据案情选择恰当的送达方式，按规范填制送达回证。注意不同送达方式适用的送达程序。

参考结论：

本案受送过人的送达地址清楚明确，可首选直接送达的方式。直接送达的程序是，送达人将需送达的法律文书直接送达给受送达人本人，受送达人本人应在送达回执上签名，并记明收到日期。如果受送达人不在，则应由与他同住的成年家属或所在单位的负责人代收，代收人也应在送达回执上记明收到日期，并签名或盖章。在执行送达勤务的过程中，如受送达人或代收人无正当理由拒绝签收时，可改为选择留置送达的方式。在选择留置送达的方式后，送达人应当邀请有关基层组织或所在单位的代表或者其他见证人到场，说明情况，在送达回证上记明拒收的事由和日期，由送达人、见证人签名或者盖章，将一审判决书留在受送达人的住所。见证人不愿在送达回证上签名或盖章的，由送达人在送达回证上记明情况。

【思考练习】

2018 年 6 月 21 日，文成县检察院成功对一起台湾高等法院检察署委托的一起"诈欺案件"司法文书进行了送达，其中应受送达人刘某某为文成县南田镇人。此次委托送达，是文成县检察院首次依照《海峡两岸司法互助协议》合作开展台湾地区法律文书送达工作。6 月 15 日，收到温州市检察院关于代为送达台方法律文书的函件后，文成县检察院高度重视，立即安排司法警察负责送达相关事宜。由于文书上没有联系方式，为了尽快送达，当天下午两点多，文成县检察院两名法警便赶赴南田镇刘某某家中，但其家门紧闭。法警随即跟周围邻居打听情况，得知刘某某常年不在家，但有一个个哥哥住在不远的地方。法警请一位热心邻居带路找到刘某某哥哥住处，而对于这么一份突然而至的文书他却心有疑虑。法警耐心向他释法说理，强调这份文书的重要性，最终他签字并接收了文书，答应尽快交到弟弟手里。至此，文成县检察院圆满地完成了本次法律文书送达任务，接下来将把送达回证邮寄至温州市检察院。

1. 根据上述案情办理送达的法律手续后，确定送达的方式；
2. 根据上述案情布置送达现场，安排角色担任，完成送达任务；
3. 做好与送达相关的法律文书的制作。

附

练习与思考答案

单元一

项目一

1. C   2. D   3. AC   4. ABCD   5. ACD

项目二

1. D   2. D   3. ABD   4. ABCD   5. ABCD   6. ABCD

7. ABCD   8. ABCD

项目三

1. C   2. C   3. ABC   4. ABD   5. ABCD

6. ABCD   7. D   8. C   9. ABCD   10. ABCD

单元二

项目一

1. A   2. ABCD   3. C   4. ABCD   5. D

项目二

1. D   2. ABC   3. AC   4. B   5. A   6. D

项目三

1. ABC   2. D   3. D   4. ABCDE   5. ABCD   6. A

项目四

1. A   2. ABC   3. ABD   4. ABCDE   5. ABCD

单元三

项目一

1. ABCD   2. ABC   3. BC   4. ABCD   5. C

项目二

1. ABCD   2. ABCD   3. A   4. AB   5. D

参考书目

1. 徐家力：《律师实务》，法律出版社 2015 年版。

2. 朱加宁、徐鹏：《律师办案的思维和方法》，法律出版社 2018 年版。

3. 谢长宇：《在路上：从律师助理到成功执业》，法律出版社 2007 年版。

4. 谢长宇：《在路上：从律师助理到成功执业（2）——你的客户在哪里》，北京大学出版社 2008 年版。

5. 谢长宇：《在路上：从律师助理到成功执业（3）——公司法务有前途》，法律出版社 2010 年版。

6. 孙笑侠：《程序的法理》，商务印书馆 2005 年版。

7. 杨凯：《法官助理和书记员职业技能教育培训指南》，北京大学出版社 2016 年版。

8. 彭君：《法院书记员工作实务》，清华大学出版社 2016 年版。

9. 许文海：《法院书记员工作实务》，中国政法大学出版社 2015 年版。

10. 彭建新、韩艳：《法院书记员工作实务》，华中科技大学出版社 2015 年版。

11. 华关祥：《书记员工作实务技能》，人民法院出版社 2013 年版。

12. 王继平、金川主编：《人民法院司法警察理论与实务研究》，浙江工商大学出版社 2009 年版。

13. 王少波等主编：《人民法院司法礼仪手册》，中国法制出版社 2010 年版。

14. 周静茹、金琳主编：《司法警察实务》，暨南大学出版社 2011 年版。

15. 钟勇生、綦国芹主编：《人民法院司法警察制度改革与发展研究》，法律出版社 2011 年版。

16. 龚亭亭、周静茹主编：《司法警察基础》，暨南大学出版社 2013 年版。